Die weisen Frauen der Cherokee

Joyce Sequichie Hifler

Die weisen Frauen der Cherokee

Indianische Meditationen für jeden Tag

Aus dem Englischen
von Frank Fiedeler

Integral

Meinem Mann Charles J. Zofness
Meiner Tochter Jane Hifler
Meinem Freund und Berater,
Dem Großen Heiligen Geist

Die Originalausgabe erschien 1992 unter dem Titel
«A Cherokee Feast of Days» bei Council Oak Books,
Tulsa, Oklahoma, USA.

Erste Auflage 1998

Einbandgestaltung: Zembsch' Werkstatt, München

Vorwort

Die Indianer wußten ein Festmahl zu schätzen, lange bevor die Pilgerväter zum Essen kamen. Als Missionare ihnen vom gekreuzigten Jesus erzählten, stand der Häuptling auf und sagte: «Nein! Wir haben das nicht getan! Dieser Jesus hört sich an wie ein feiner Krieger. Wenn er zu uns kommt, bitten wir ihn, sich niederzusetzen und mit uns zu schmausen.» Dies ist eine Einladung, zu kommen und sich niederzulassen zu einem Festmahl, das jeden Morgen aufs neue beginnt. Wenn jenseits des Waldes die Sonne durchbricht und Gold unter die alten Eichen streut, ist es Zeit, ein neues Blatt aufzuschlagen und einen neuen Anfang zu feiern. Der Weg der Cherokee ist das Wissen, daß die Vergangenheit vorbei ist. Obgleich uns in vieler Hinsicht ein goldener Faden mit ihr verbindet, hält sie uns nicht länger gefangen, unsere Füße nicht mehr auf dem Pfad der Tränen. Wir haben eine neue Weisheit und ein neues Verstehen, und wagen es, das Gestern abzulegen und nach einem neuen Tag zu greifen. Immer, wenn wir mit denjenigen zusammensitzen, die nicht feiern, bemühen wir uns, ruhig zu sein, kümmern uns um Geschäfte, arbeiten mit unseren Händen und erfreuen uns unseres Geistes. Das Beste soll noch kommen.

Die Autorin möchte sich sehr herzlich für die Freundschaft und Hilfe der verstorbenen Mildred Milam Viles bedanken, der Tochter eines Cherokee-Häuptlings, die mir indianische Zitate aus ihrer umfangreichen Bibliothek in Claremore, Oklahoma, zur Verfügung stellte.

Zugleich sei der University of Oklahoma Press für die Erlaubnis gedankt, aus *The Cherokee* zu zitieren, verfaßt von einer anderen langjährigen Freundin, der verstorbenen Grace Steele Woodward aus Tulsa. Teile dieser Arbeit sind der landesweit in verschiedenen Zeitungen erschienenen Kolumne der Autorin *Think on these Things* entnommen.

Die Wörter und Sätze in Cherokee sind phonetische Übertragungen der Cherokee-Silbenschrift, die dem Volk der Cherokee um 1821 von dem genialen Cherokee Sequoya geschenkt wurde. Schreibweise und Aussprache variieren entsprechend den verschiedenen Dialekten.

JANUAR

Unu la ta nee'

Kalter Monat

Das Volk der Cherokee steht auf neuem Grund. Laßt uns hoffen, daß die Wolken, die das Land überschatten, sich zerstreuen und daß wir aufblühen werden wie nie zuvor.

HÄUPTLING JOHN ROSS
9. OKTOBER 1861

1. Januar

Wenn mir, wie einem Cherokee-Krieger, das neue Jahr als eine Gelegenheit erscheint, auf neuem Grund zu stehen, dann sind Stärke und Mut auf meiner Seite. Wenn ich lange darauf gewartet habe, daß alles vollkommen wäre – und es gab Augenblicke, die, so kurz sie auch waren, meine Erwartungen erfüllten –, dann kann ich mich den Herausforderungen stellen. Ich will mich daran erinnern, daß Dinge sich herausbilden, Körper genesen, Beziehungen sich einrenken – nicht, weil ich es gesagt habe, sondern weil ich es glaube. Aber es ist Zeit, das Richtige zu tun, auf dem Weg zu bleiben. Wie das Wasser frisch und frei aus der Quelle im Waldesgrund fließt, so wird aus meinem eigenen inneren Quell neues Leben und neuer Sinn emporsprudeln. Ich werde ruhig und beständig sein, denn es ist nichts zu gewinnen, wenn man in einer chaotischen Welt Furcht zeigt. Ich kann mich von Unwissenheit und Vorurteilen ab- und einem Licht zuwenden, das niemals ausgeht.

Der Tod der Furcht besteht darin, daß man das tut, wovor man sich fürchtet.

Sequichie Comingdeer

2. *Januar*

Heute morgen hüllte der Schnee jeden Baum und jeden Stein in sanftes Weiß und versprach, die Umrisse der fernen Hügel vor einem grauen Himmel verborgen zu halten. Aber er konnte sein Versprechen nicht halten. Nach wenigen Stunden kam die Sonne heraus und verwandelte alles in schöne, auf dem Gras funkelnde Edelsteine. Wir können so beschäftigt sein, daß wir die kleinen Dinge versäumen, die das Leben versüßen, die Art, wie ein Hund oder eine Katze darauf wartet, beachtet zu werden, wie eine Eule, eine *wahuhi*, im Wald tutet, und wie mitten im Winter ein Eichelhäher kichert. Es ist reizvoll, sich von geschäftiger Arbeit abzuwenden und den Dingen und den Wesen, die man liebt, Aufmerksamkeit zu schenken. Wir selbst warten darauf, daß uns jemand erklärt, wir seien wichtig. Wir sollten niemals zögern, etwas Schönes zu sagen oder zu denken, das den Tag für einen anderen leichter und sicherer macht.

Wir wollen keine Reichtümer. Wir wollen Frieden und Liebe.

Red Cloud, 1870

3. Januar

Als wir Essie das letztemal sahen, war sie aschfahl gewesen und ohne die Stärke, die wir jetzt an ihr wahrnehmen. Nun sitzt sie mit ausgestreckten Beinen auf dem Boden; Schilfgras baumelt von ihren Knien und liegt um sie her. Flinke Finger suchen nach dem am besten geeigneten Stück, um einen Korb zu beginnen. Essie ist unseren Herzen nahe. Sie trägt den Namen unserer Großmutter. Ihre Schweigsamkeit regt nicht zu leerem Gerede an, also fragen wir sie, was zu ihrer Veränderung geführt hat. Mit einem schnellen Blick sagt sie: «Gott heilen.» «Ist es möglich? So rasch und vollkommen?» Zögernd fragt sie: «Du haben Schnellofen?» Ich sage ja. «Was machen ihn arbeiten?» «Nun, Mikrowellen – Energie. Sie verändern die Moleküle, den Zustand des Brotes von kalt zu heiß.» Sekunden vergehen. Sie sagt, fast zu leise: «Energie von Gebet machen mich gut.»

Ich liebe ein Volk, das mich stets mit dem Besten empfangen hat, was es besaß ..., das ehrlich ist ohne Gesetze ..., das den Namen Gottes niemals ohne Not gebraucht ..., das Gott ohne eine Bibel verehrt ..., und ich glaube, Gott liebt es auch.

George Catlin, Künstler, 1830

4. Januar

Für die Cherokee ist der Ärger *dalala*, der Specht, der auf dem Dach herumhackt. Es ist leicht zu verstehen, daß selbst frisches Holz eine solche Behandlung nicht verträgt, ohne nachzugeben. Stellen Sie sich vor, was mit einem Dach geschieht, das schon Stürme und viele heiße Sommer hinter sich hat. Aber wie gehen wir mit diesem Specht um, der Ärger genannt wird? Wir sehen in ihm das, was er ist – ein Vogel, der Schaden anrichtet. Wir können schreien und ihn für eine Weile verscheuchen, aber sobald wir in unserer Wachsamkeit nachlassen, ist er wieder da. Der Ärger ist nicht plötzlich gekommen. Er ist Schritt für Schritt in unser Leben getreten, so daß wir es nicht bemerkt haben. Gewiß wird er vergehen, aber er fordert seinen Tribut so regelmäßig, daß wir uns daran gewöhnen und es für etwas ganz Normales halten. Wenn wir den Ärger auf dem Dach klopfen hören, können wir uns fragen: Worüber haben wir gesprochen? Was haben wir gehört? Was quält uns?

Udadolisdi nuwhtohiyada Jalagi. *Die Cherokee beten um Frieden.*

5. Januar

Nichts ist so trostlos wie ein Garten im Winter. Er verspricht nichts und läßt nur verwelkte Blätter sehen, grau und naß. Da sind keine geraden, erkennbaren Furchen, kein Anzeichen von Grün, das darauf hinweist, daß es jemals anders sein wird. Aber der Cherokee weiß es besser. Lang vor dem Winter, in der Jahreszeit des Pflanzens, säten wir die besten Samen, die wir säen konnten. So winzig und unbedeutend sie auch aussehen, sie werden treiben. Wenn das Beste gepflanzt und gegossen und gepflegt wird, kommt die Zeit, in der man es wachsen sieht, in der man ein Wunder erlebt. Das Leben kann erneuert und wiederhergestellt werden. So trostlos es auch sein mag – verzweifle nicht. Pflanze gute Worte, pflanze guten Samen. Nähre sie mit Aufmerksamkeit und sorgfältiger Pflege. Sei ein beständig Glaubender, und schau zu, wie die ersten warmen Sonnenstrahlen deinen Garten in der Jahreszeit des grünen Getreides zum Leben erwekken.

Süße Gräser und Samen dienen als Parfüm für Körper und Geist.

Indianischer Sinnspruch

6. Januar

Wage es, an Wunder zu glauben. Sieh über den Schmutz auf der Windschutzscheibe, über das Unabänderliche hinweg, und wisse, daß das Leben nicht nur Schmerz und Last ist. Suche jemanden zu erreichen, wenn dein Herz zu schwer ist, um den Sonnenschein zu fühlen oder den Regen zu schmecken. Mache dich frei von finsteren Gedanken und Schwermut. Öffne dein Gemüt der frischen Luft, der grenzenlosen Musik in deiner Seele. Thoreau schrieb vom Wachen in der Nacht, als er dem Dahinschwinden einer Musik lauschte – dem Gesang von Reisenden. Er sagte, sein ganzes Sein habe sich dabei so erweitert, er habe sich so grenzenlos und göttlich gefühlt, daß ihm die Enge seines bisherigen Denkens zu Bewußtsein gekommen sei. Die Cherokee lehren ihre Kinder vor allem, zu lauschen. Wir hören nicht das Schmettern der Zimbeln oder den Lärm, den die Radiowellen verbreiten, sondern den süßen Gesang der Wiese, die gleichmäßigen, rhythmischen Laute der Natur. Hier ist der Ort, an dem der Engel Dikanowadidohi singt.

Sprich zu dir selbst in geistigen Liedern, indem du in deinem Herzen singst und Melodien machst für den Herrn.

7. JANUAR

Die Erde ist zu klein, als daß all die einsamen Menschen einander vollkommen verfehlt haben könnten. Aber die Stimme der Einsamkeit scheint beharrlich zu sein und sich mit jeder Stunde zu vertiefen. Der ältere Cherokee lehrt den jungen Menschen: «Lerne dich kennen und lieben. Lerne, selbst dein bester Freund zu sein.» Lerne die Kunst der genüßlichen Einsamkeit – mit dir selbst zu Mittag zu essen und dich dabei wohl zu fühlen. Eine Person allein ist ein Ausnahmefall. Der Einsame zeigt dies durch gequältes Vorsichhinstarren. Manchmal entsteht Einsamkeit dadurch, daß wir nicht für jemand anderen Platz gemacht haben. Wir müssen unsere Grenzen überschreiten, aus dem vertrauten Territorium heraustreten, damit aufhören, Leere und Selbstmitleid zu pflegen. Die Einsamkeit sucht etwas, um eine Leere zu füllen. Freude bedeutet Erweiterung, so daß andere unser Leben zu teilen wünschen.

Möge dein Weg durch die vereinigende Kraft des Großen Heiligen Geistes mit Leben gesegnet sein.

GEBET DER CHEROKEE

8. Januar

Schau, der arme Indianer!
Dessen ungebildeter Geist
Gott in den Wolken sieht
Oder ihn im Wind hört.

Alexander Pope erkannte die Einfachheit des indianischen Glaubens. Obgleich alle Stämme über eine reiche Symbolik verfügen, um ihre Religion auszudrücken, glauben wir doch alle im Grunde genommen an einen Gott, einen Schöpfer, einen großen, liebevollen Geist über allen. Die Cherokee hatten ihren Schöpfervater Yowah, die Einheit von drei Wesen. Der Name Yowah war so heilig, daß nur bestimmte Priester ihn aussprechen durften. Dieser gleiche angeborene Glaube lebt in jedem von uns, wir müssen ihn nur entdecken. Die Anbetung kommt aus dem Herzen, tief, freudig, persönlich. Sie ist ein Lebensstrom zwischen jedem von uns und unserem Schöpfer. Wir können uns auf dem falschen Weg zerstören, aber niemals die Liebe, die jenseits unseres Verstehens ist. Sie ist da, selbst wenn wir zu eigensinnig sind, sie zu empfangen.

Wir wissen um einen Kampf zwischen Gut und Böse, und wir wissen auch, daß das Gute siegen wird.

Die Irokesen

9. Januar

Manchmal sind die Abstände zwischen den Höhepunkten unseres Lebens sehr groß. Die Zeit läuft schnell, und wir neigen dazu, sie achtlos verstreichen zu lassen, während wir auf ein weiteres Erfolgserlebnis warten. Wir entwerten sie zu einem Nichts, wenn wir nicht irgendeinen Glanzpunkt erreicht und zehn andere Leute auf dem Weg dahin überholt haben. Der Indianer betrachtet sich nicht als unnütz, wenn er stillsteht und schaut, lauscht, die Sterne sieht oder den Sonnenuntergang betrachtet. Sein geistiges Auge nimmt diese Zeichen und Wunder in sich auf, um ihn zu nähren, wenn er die wogenden Hügel, die rauschenden Ströme nicht sehen kann. Eine enge Sichtweise fragt ständig: Was soll ich essen? Was soll ich anziehen? Was kann mir ein Gefühl der Sicherheit geben? Und die ganze Zeit sind wir, ohne es zu merken, umgeben von Schönheit und Frieden, die nichts kosten. Der Neid und der Mangel an innerer Freude rauben uns unseren Seelenfrieden.

O lausche! Höre! Sing mit mir, denn ich bin Freude.

Lied der Cherokee

10. Januar

Wenn etwas in unserem Geist eine Glocke läuten läßt, um uns zu warnen, tun wir gut daran, zuzuhören. Was ist es, das uns von dem eingeschlagenen Pfad fortzulocken versucht? Ist er nicht von der guten Art? Dann laufe wie ein Kaninchen! Jeder von uns hat ein Testgerät, eine Prüfstelle, die uns offenbart, wie wir uns bewegen. Sie zeigt uns wie ein Kompaß den richtigen Weg, und wir sind töricht, *gohlga*, wenn wir nicht verstehen. Wenn wir die Eindrücke in unserem Inneren ignorieren, ist es, wie wenn man durch eine Tür zu gehen versucht, sich aber weigert, den Türgriff zu benutzen. Dumm zu sein ist eine Sache, sich mutwillig in der Wildnis zu verirren eine andere. Hör auf das Alarmsystem. Es existiert aus gutem Grund – und später müssen wir dann nicht sagen, daß etwas uns geraten hat, einen bestimmten Weg nicht zu gehen, und daß wir nicht darauf gehört haben.

Er hört Stimmen, die andere nicht hören; hat Visionen, die seine Träume bestätigen.

Eagle Old Man

11. Januar

An einem Abend mitten im Winter rufen die Eulen einander schon früh. Wenn die letzten Strahlen des Sonnenlichts in einem rosigen Glühen versinken, breitet sich Stille über die Landschaft. Für kurze Zeit ist alles zum Schweigen gebracht. In dieser Dämmerstunde legt sich der Wind, und kein Laut ist zu hören – so, als lausche der ganze Wald. Es ist ein kurzer Augenblick, in dem die Geschöpfe des Tages ihre Nester aufsuchen und die der Nacht zu erwachen beginnen. Es ist Zeit, von unserer Tätigkeit auszuruhen, eine stille Stunde zu finden, um den Druck abebben zu lassen. Eines der größten Wunder ist der Rhythmus und die Ordnung der Natur. Aber noch erstaunlicher ist die Flexibilität des Menschen – die Tatsache, daß wir uns bewegen, denken, entwerfen, planen und all das einordnen können. Und wenn der Tag verblaßt, können wir alles ablegen und den Frieden der Natur annehmen.

Achte nicht zu sehr auf die schwermütigen Nächte, die mit sorgenvollen Gedanken einhergehen.

Häuptling Runs-The-Battle

12. Januar

Allmählich lernen wir, daß das, was das Leben zu einem Erfolg macht, nicht die Geschwindigkeit ist, mit der wir unsere Arbeit tun, sondern die Qualität der verbrachten Zeit. Wie sehr genießen wir das Arbeiten, das Spielen oder einfach das Ausruhen? Zeitpläne und Termine bestimmen über uns. Selten können wir eine Tätigkeit um ihrer selbst willen ausüben. Wenn wir uns unter Druck fühlen, haben wir wenig Anreiz, zu genießen, was wir tun, und noch weniger, es gut zu machen. Viele, die den ganzen Tag sitzen müssen, langweilen sich und haben nichts, woran sie denken können, außer, wie unglücklich sie sind oder wie sie sich körperlich fühlen. Mehr Zeit ist nicht die Lösung. Wir brauchen eine bessere Qualität der Zeit, *i ga osi*, größere Ruhe, und sie beginnt mit unserer Einstellung. Was wir haben oder nicht haben, sollte niemals unser Leben diktieren, unsere Fähigkeit beeinträchtigen, einfach zu genießen.

Manche gehen ohne Gruß vorüber,
die größten von allen …

LIEBESLIED

13. Januar

Wenn wir nicht glücklich sind, liegt das daran, daß uns niemand die Erlaubnis dazu gegeben hat. Die Not und die Bedrängnis derjenigen, die uns vorausgegangen sind, lassen uns zweifeln, ob wir ein Recht haben, es besser zu machen. Ist es uns erlaubt, all unsere Vorgänger im Leben, im Handeln, im Arbeiten zu übertreffen? Haben wir unseren Kindern die Erlaubnis gegeben, stärker, besser und klüger zu sein als wir? Die Cherokee haben ein Wort dafür, *adahnehdi*, was «das Geschenk» bedeutet. Oder haben wir unsere Kinder gelehrt, sich an ihre Wurzeln zu klammern, anstatt sie zu achten? Haben wir sie zu Verwaltern gemacht, oder haben wir sie freigesetzt, um starke Baumeister auf festen Fundamenten zu sein? Erlaubnis ist schwer zu bekommen, wenn wir immer auf jemanden warten, der uns sagt, daß wir es gut gemacht haben, daß wir ein Recht haben, reife, geachtete Erwachsene zu sein. Nein, wir erlauben uns selbst, zu wachsen, lang und gut zu leben, zu gedeihen und bei guter Gesundheit zu sein.

Ich kann meinen Kindern sagen, daß der Weg zum Erlangen von Ehre darin besteht, gute Männer und Frauen zu sein.

Häuptling Running Bird

14. Januar

Was wir für selbstverständlich halten, betrachtet ein anderer als schön. Was wir loswerden wollen, ist für jemand anderen ein Schatz. Manchmal stehen wir etwas Wertvollem so nahe, daß wir nicht sehen können, wie wertvoll es ist. Unser Mangel an Gewahrsein beraubt uns dessen, was wir für immer zu besitzen glauben. Wir haben viele Augen, aber die meisten sind geschlossen oder getrübt. Die Augen des Geistes und der Seele nehmen weit mehr wahr, als unsere körperlichen Augen jemals sehen werden. Die Augen unseres Gehörs entdecken Laute, aber auch Gefühle und Einstellungen – und die Musik der Sphären. In der Sprache der Cherokee gibt es dafür das Wort *agowhtvhdi*, das «Sicht» bedeutet. Wenn wir etwas berühren, fühlen wir nicht nur, sondern sehen auch die Glätte oder Rauheit, die Tiefen und die Höhen. Nein, wir sind niemals blind, außer wenn wir uns abschließen und den Geist des Lebens verneinen.

Gib acht, mein Kind, erhebe deinen Blick, und schaue den Einen, der dir das Leben gebracht hat.

RITUALGESANG

15. Januar

Wenn man sich ausgelaugt und schwach in den Knien fühlt, so ist das nicht so sehr ein körperliches als vielmehr ein emotionales Problem. Zuviel Druck entzieht einem die Stärke, und wir haben das Gefühl, in Stücke zu zerfallen. Trägheit und Unkonzentriertheit können die Folge davon sein, daß man sich mit etwas konfrontiert sieht, das zu bewältigen scheinbar alle Kräfte übersteigt. Aber sie werden sich auflösen, wenn man ihnen mit Worten der Stärke und des Glaubens begegnet. Sobald die Stärke Fuß faßt und wieder zu fließen beginnt, wird uns bewußt, etwas so Raffiniertes und Subtiles niedergerungen zu haben, daß es zugleich real und imaginär war. Aber nichts hat Macht über starke Worte: «Ich werde suchen, was verlorenging, zurückbringen, was vertrieben wurde, zusammenbinden, was zerbrochen ist, und stärken, was krank war.» Und dann können wir auf den Wogen unserer Gefühle wie in einem Kanu fahren und werden nicht von ihnen umgeworfen.

Black Hawk ist ein echter Indianer und verachtet es, wie ein Weib zu flennen.

Black Hawk

16. Januar

Vorschriften werden erlassen, damit für unsere Sicherheit gesorgt ist, für Ehrlichkeit und eine gute Organisation, aber oft sind sie selbst wichtiger als der Zweck, dem sie dienen. Wir neigen dazu, uns ihnen zu unterwerfen. Wenn Vorschriften und Gesetze eine Weile Bestand gehabt haben, denkt man allgemein, daß es keine Ausnahmen geben kann – bis zur Grenze der Lächerlichkeit. Wenn eine Vorschrift so bindend geworden ist, daß sie dem gesunden Menschenverstand und ehrlichem Handeln im Wege steht, ist es an der Zeit, sie zu ändern. Vorschriften werden gemacht, um uns zu helfen, unser Bestes zu tun – in Cherokee: *I da tli ni gv si.* Sie sind dazu da, den Menschen zu dienen, und nicht umgekehrt. Wir brauchen die Vorschriften, aber ebenso die Weisheit.

Der Große Vater in Washington sagt, ihr müßt gehen!

INDIANERINSPEKTOR, 1877

17. Januar

Die meisten Veränderungen sind zu schleichend, um bemerkt zu werden. Der Nebel, *u gv ha dv*, der den frühen Morgen überdeckt, hängt so dick in den Wäldern, daß man die Hügel drüben nicht sehen kann. Dann plötzlich, ohne daß wir den Übergang wahrnehmen, ist er nicht mehr da. So ist es auch in unserer Beziehung zu anderen Menschen. Wir verstehen nicht die Stimmungen und Veränderungen, die ihren stillen Einfluß auf uns ausüben, wenn wir es am wenigsten erwarten. Wir reagieren darauf wie auf den Nebel und bemerken nicht, was geschieht, bis es vorüber ist. Wenn wir uns von Gefühlen leiten lassen, ist es schwer, die Verhältnisse um uns her zu verändern. Alle Erfahrungen eines Lebens haben unsere Entscheidungen beeinflußt und uns in einer Weise reagieren lassen, die etwas zerstörte, was vielleicht nie wieder aufzubauen ist. Wenn der Nebel sich verzieht, lüftet er den Schleier, so daß wir eine weite Strecke sehen können. Aber der innere Nebel verbirgt Leben und Liebe und Freundschaft – bis wir ihn auflösen.

Ich bin zufriedengestellt... Ich fürchte mich nicht, zu bekennen, was ich getan habe... Ich bin bereit, das Kriegsbeil zu begraben und die Friedenspfeife zu rauchen...

Souwahnock, 1833

18. Januar

Selbst im Januar, *Uno lv ta na*, ist es angenehm, in den tiefen Wäldern zu gehen, wo man vor dem Wind geschützt ist. Es ist dann ruhiger als in anderen Jahreszeiten, aber die Hirsche kommen täglich, um sich von Eicheln zu nähren, die über die moosbedeckte Erde verstreut sind. Der richtige Zeitpunkt ist wichtig, obgleich man von den Cherokee gesagt hat, sie hätten eine eigene Zeit – ein Kommen und Gehen, wie es ihnen passend erscheint. Aber selbst die Natur geht sich selbst manchmal voraus oder hinkt hinter sich her. Jetzt, im tiefsten Winter, treibt ein Streifen Sonnenlicht winzige mottenartige Insekten heraus, die ziellos auf und nieder tanzen. Es ist überaus wichtig, das Richtige zur richtigen Zeit zu tun. Wir neigen dazu, übereifrig zu sein, und drängen vorwärts, wenn es weder an der Zeit noch richtig ist. Wir sind nicht von der Natur, sondern vom Geist programmiert, und von daher kommt die Weisheit, etwas zu lassen oder zu tun.

Ich flehe euch an … bei allem, was euch heilig und teuer ist, gebt dieses wilde, phantastische und verzweifelte Unternehmen auf, und kehrt in euer Dorf zurück.

Keokuk, 1832

19. JANUAR

Wir müssen der Suggestion, daß uns etwas krank machen wird, aktiv widerstehen. Es ist nicht leicht, über Krankheit und Armut zu sprechen, ohne daran zu glauben, daß wir tatsächlich damit zu tun haben werden. Der einfachste Weg besteht darin, negative Suggestionen zu verwerfen und zu fordern, was wir wollen. Das Geld, das auf cherokee *a de la* heißt, liefert uns ein Alibi, wenn wir ständig über Nöte sprechen – und wir wissen, was geschieht, sobald jemand uns sagt, daß wir nicht gut aussehen. Wir fangen an, unseren Puls zu messen und zu überlegen, ob wir uns hinlegen sollen. Zuviel Mitgefühl und Selbstmitleid zerstört unsere Immunität gegen Schwierigkeiten. Wenn wir damit Schluß machen und über Gesundheit und günstige Gelegenheiten zu sprechen beginnen, ebnen wir uns den Weg zu Wohlbefinden und Glück.

Sie kamen zu dir mit Verstellung und Täuschung … und gewannen dein Vertrauen … Statt Freunde zu sein, sind sie Feinde von dir und den Deinen.

KEOKUK, 1832

20. Januar

Wenn wir uns bei dem, was wir wissen müssen, auf andere verlassen, sind wir verwundbar durch ihre Irrtümer. Was andere uns geben, mag ehrlich und echt sein, aber jede Information ist eine Sache der Auslegung. Was eine Person in einem bestimmten Sinn sagt, kann das Ohr der anderen mit einem anderen Sinn erreichen. Weisheit kommt stets aus derselben Quelle, gleichgültig, wo wir sie hören, aber es ist besser, Worte der Weisheit mit unserem eigenen Verstand nach Richtung und Sinn durchzuarbeiten. Wenn jemand anders Antworten hat, die auf unsere Fragen zu passen scheinen, dürfen wir offen und lernfähig, aber nicht leichtgläubig sein. Die Vernunft gebietet es, daß wir unsere Ohren auf Antworten in uns selbst richten. Dann sind wir nicht von äußeren Quellen abhängig, um uns zu informieren.

Der britische Vater… versprach Hilfe und Unterstützung… Er ist im Frieden mit dem Großen Vater in Washington…, und beide wissen nichts von euren Beschwerden und scheren sich nicht darum.

Keokuk

21. Januar

Auch der dunkelste Wintertag ist voller Farben. Es sind Farben, die wir nicht erwarten, und daher sehen wir sie nicht. Sie treiben auf den Wolken des frühen Morgens am südlichen Himmel dahin und schweben am Mittag zwischen den Bergen. Abends ist der westliche Horizont purpurrot – alle Schattierungen von Purpur, die der Cherokee *gi ge s di* nennt. Die letzten Sonnenstrahlen färben die wandernden Wolken purpurn, rosa und violett. Der Indianer liebt die Farbe und ist bereit, sie zu genießen. Wenn wir in trüben Stimmungen befangen sind, haben unsere Augen kaum die Möglichkeit, etwas davon wahrzunehmen. Doch eine trübe Aussicht kann sich ändern. Sogar jetzt können ein *sa go ni ge* (Eichelhäher) und ein leuchtender *gi ga ge* (Kardinalsvogel) uns mit ihrem Blau und Rot anrühren, wenn wir das Herz haben, sie zu sehen.

Dies ist das Wertvollste, was ich je besessen habe.

Ye-Whell-Come-Tetsa, 1815

22. Januar

Pushmataha, Häuptling der Choctaw, kannte unsere Schwächen ebensogut wie unsere Stärken. Er wußte, daß wir, aus der Furcht heraus, gar keinen Frieden mehr zu haben, bereit sind, Beleidigungen einzustecken. Frieden um jeden Preis ist dem Indianer sehr vertraut. Und wir wissen, daß ein kleiner Erfolg den gesunden Menschenverstand außer Kraft setzen kann – wie er die Hemmungen zu beseitigen vermag, die uns den richtigen Pfad beschreiten lassen. Eine feste Haltung kann die Extreme ausgleichen, mit denen wir uns manchmal konfrontiert finden. Guter Friede – *to hi dv* – ist eine innere Aufgabe, zu bewältigen an einem Ort, an dem sich unser Mut entwickelt, ehe wir in unserer Umgebung nach Stärke und Halt suchen. Wer mit Herz und Seele den Frieden liebt und wünscht, daß andere friedlich sind, wird das richtige Maß niemals verfehlen.

Erhebe dich im Erfolg niemals über das Maß …, und erfreue dich nicht an der Süße eines Friedens, in dem du Beleidigungen erduldest.

PUSHMATAHA

23. JANUAR

Als Kind wollte ich abends bei Tisch singen. Es schien mir der rechte Ort, um der Lebensfreude freien Lauf zu lassen, da es unsere Gewohnheit war, bei den Mahlzeiten glückliche Erlebnisse miteinander zu teilen – und niemals Beschwerliches. Aber *E li si*, Großmutter Essi, erwartete Manieren, nicht Gesang. Das Essen auf unserem Tisch war nicht so wichtig wie die Erzählungen. Manche gehörten zu dem haarsträubenden Garn, das für die Cherokee so typisch ist. Wenn wir zusammenkamen, lenkten Gelächter und fröhliche Späße meinen Geist von dem ewigen Grünzeug ab, das ich nur mit geschlossenen Augen essen konnte. Großmutter sagte, daß Tatkraft auch aus Grünzeug erwächst, aber mir schien, daß ich Tatkraft entwickelte, wenn ich bei Tisch sang. Man sollte niemals essen, wenn die Kehle zugeschnürt ist und der Geist aufgrund von Verletzungen schmerzt. Freude macht die gewöhnlichste Nahrung zu einem Festmahl, und es würde mich nicht überraschen, wenn *E li si* im Himmel beim Abendessen säße – und sänge!

Freunde und Verwandte … Ihr wißt, was ich fühle … Ihr habt Kinder, die ihr liebt wie euch selbst …

WAWATAM, 1763

24. Januar

Andere Menschen haben nicht mehr Kraft als wir. Vielleicht verfügen sie über die Fähigkeit, uns denken zu lassen, sie könnten alles. Eine kleine Berichtigung in der Tiefe unseres Geistes wird den Gedanken vertreiben, daß wir mit denjenigen wetteifern müßten, die uns gegenüber im Vorteil sind. Wir werden erkennen, daß mehr Talente in uns schlummern, als wir jemals zu entwickeln vermögen. Wenn wir etwas gern tun, nehmen wir uns seiner liebevoll und mit Geschick an. Handelt es sich um die richtige Arbeit, verliert sie den Charakter der Mühsal und des Konkurrenzkampfes und verwandelt sie in künstlerisches Schaffen. Dann hat sich das kleine wetteifernde Ich zu einem mächtigen Riesen entwickelt, der nicht gemerkt hat, wie sehr er gewachsen ist.

Dein Volk nimmt an, daß wir, ebenso wie die Weißen, nicht ohne Brot und Schweinefleisch und Bier leben können. Aber du solltest wissen, daß Er, der Große Geist und Meister des Lebens, vorgesorgt hat … mit diesen ausgedehnten Seen … und bewaldeten Bergen.

PONTIAC, 1762

25. JANUAR

Aufgeben beraubt uns der Möglichkeit, in unserer eigenen Tiefe Gold zu schürfen. Stell dir vor, du hast einen Brunnen, einen sehr tiefen Brunnen, der an der Oberfläche mit verschmutztem Wasser bedeckt ist. Aber tiefer unten ist das Wasser, *a ma*, klar, und noch weiter unten ist es eine Quelle, eine Quelle, die kalt und rein durch Ablagerungen von Gold sprudelt. Sollten wir aufgeben aufgrund dessen, was wir zu Anfang sahen? Oder wollen wir in die Tiefe graben, das verschmutzte Wasser ableiten und hinunter zum Allerbesten gelangen? Wenn es wahr ist, daß wir nur fünf Prozent von dem kennen, wer und was wir sind, dann ist es möglich, daß wir unerschlossene Tiefen haben, wo unser Wesen rein und frei von Verschmutzung ist. Sollten wir aufgrund dessen, was wir an der Oberfläche gesehen haben, eine solch reiche Erfahrung verschmähen?

Wir geben dir diesen Gürtel, um alle Wolken aufzulösen, auf daß wir in hellem Sonnenschein leben mögen ...

HENDRICK, 1754

26. Januar

Es gibt Menschen des Sonnenscheins wie auch Menschen des Regenwetters, Gebende und Nehmende, aber wie wenige an der Zahl sind die, die verstehen. Daß jemand versteht, warum wir weinen oder lachen, warum wir uns ohne ersichtlichen Grund niedergeschlagen fühlen, bedeutet, einen Freund zu haben. Ein Freund akzeptiert unsere Stimmungsschwankungen, ohne uns zu sagen, wir sollten uns ihnen entziehen. Er weiß, daß wir es schon getan hätten, wenn wir die Tränen so einfach abschalten könnten. In Gegenwart eines Freundes, der niemals urteilt, sondern uns in Treue zur Seite steht, scheinen all unsere Einsamkeit und Sorge und Angst zu vergehen. «Mein *u na li*, nimm meine Hand, und geh mit mir, bis du allein gehen kannst.» Es ist das, was wir brauchen, um ebenfalls ein Freund zu sein.

Wir werden nicht versäumen …, eure Herzen zu nähren …, um unsere Verbundenheit zu erneuern und die Kette der Freundschaft glänzen zu lassen …

Canassatego, 1742

27. Januar

Die Gewohnheit nimmt ihren Anfang im Gedanken. Was immer uns zur zweiten Natur wird, hat in unserem Denken begonnen – um mit der Zeit ohne jedes Denken zu funktionieren. Etwas anderes ist es, eine tief verwurzelte Sucht aufzugeben. Seit wir alt genug waren, um zu verstehen, sind wir einem bestimmten Gedanken angepaßt, darauf geprägt worden, zu agieren und zu reagieren, bis wir ihm gewohnheitsmäßig folgen. Wir müssen die Gewohnheit mit der Gewohnheit bekämpfen, absichtlich einen Gedanken, eine Handlungsweise gegen einen oder eine andere auszuwechseln. Wenn wir einfach nur versuchen, eine Gewohnheit abzulegen, ohne das Vakuum zu füllen, öffnen wir die Tür für das Eindringen von noch mehr und noch Schlimmerem. Es hat keinen Sinn, das Denken zurücktreiben zu lassen, um uns daran zu erinnern, wie angenehm es uns war. Eine neue Gewohnheit zu bilden ist mit mehr als einer Annehmlichkeit und mit mehr als einer Freude verbunden.

Wir verbergen sie für immer vor unseren Augen und pflanzen den Baum aufs neue.

Dekanawidah, 1720

28. Januar

Sprich zu mir von heiterer Ruhe, von Schätzen, die noch zu finden sind, vom Frieden, der wie ein Fluß fließt. Sprich mir von stillen Orten, die keine Hand verdorben, kein Sturm zernarbt hat. Gib mir die Vision, wie ich im Sonnenlicht stehe, oder das Gefühl der Frühlingsnebel an meiner Wange, während ich lebe und mich bewege und atme. Zeig mir Pfade, die sich durch wilde Lilien und Wiesen aus Butterblumen winden. Singe mir Lieder wie die sich mischenden Stimmen von Zaunkönigen und Lerchen, das Blöken sanfter Kühe, der sachte Ruf einer Stute nach ihrem Fohlen. Führe mich an einem glasglatten Tümpel vorbei, wo Frösche von den Feiern ihres Erwachsenwerdens quaken, ihrer Rangerhöhung von quirligen Kaulquappen zu gesetzten Grünröcken. Finde mir einen Ort im Sonnenlicht, um zu sitzen und zu denken und der inneren Stimme zu lauschen, die so ruhig sagt: «Friede. Sei still.»

To hi ge se s di – Friede auf Erden

29. Januar

Neues Leben entsteht nur, wenn wir uns von dem alten lösen. Es muß einen Ort geben für das, was wir wollen oder brauchen. Wenn kein solcher Ort da ist, bahnen sich die neuen Umstände an und gehen vorbei – und wir bleiben mit den Dingen zurück, die wir immer hatten. Wenn wir glauben, wir könnten es nicht ertragen, eine alte Lebensweise aufzugeben, sind wir nicht dazu bereit, etwas Neues anzunehmen. Statt dessen können wir eine persönliche Entscheidung treffen, eine feste Verpflichtung eingehen, das Zurückliegende zu vergessen und das Zukünftige energisch anzustreben. Unsere geistige und seelische Haltung machen Platz für neues Leben, wenn wir sie mit unseren Worten in Bewegung setzen. Nichts wird von uns Besitz ergreifen – nicht Liebe, nicht Glück, nicht Friede noch Freude – ehe wir nicht einen Platz für sie bereitstellen und sie bitten, hereinzukommen. Die Hoffnung allein tut es nicht, aber eine feste Entscheidung macht den Weg frei.

Mein Volk, du warst glücklich, bevor der weiße Mann kam. Du hattest viele Büffel als Nahrung und hohes Gras für deine Ponys. Du konntest kommen und gehen wie der Wind.

Wovoka

30. JANUAR

Warten stellt unseren Mut, unseren Glauben und alles andere, was in uns steckt, auf die Probe. Wir aktivieren jeden Nerv – und warten. Aber wenn wir genügend Geduld und Ausdauer aufbringen, wissen wir, was zu tun ist. Während dieser Zeit können wir unsere Fähigkeiten mobilisieren, uns ermutigen, stark und gelassen zu sein, ein Zentrum der Ruhe inmitten all der wirbelnden Trümmer um uns herum zu finden. Wenn wir mit *u li he li s di* (Freude) warten können, verbindet uns das mit den richtigen Dingen, versetzt uns an den richtigen Ort, um zu empfangen. Die Freude hat ihren Ursprung nicht in den Emotionen, sondern im Geist, und sie kann in unseren schwächsten Augenblicken hervorsprudeln und wachsen.

Wir haben die Erfahrung gemacht, daß es zwar viele Papiere in Washington gibt, auf denen geschrieben steht, daß wir für unser Land bezahlt werden, sich aber kein weißer Mann an sie zu erinnern scheint.

FOUR GUNS

31. Januar

Vernünftige Leute sind nicht leicht aus der Ruhe zu bringen, und man kann sich in Krisenzeiten auf sie verlassen. Wenn es um besonders viel geht, wollen wir diese Menschen als Freunde und Verbündete an unserer Seite haben. Wir haben die ruhige Stimme gehört und die starke Hand gefühlt, als unsere Knie schlotterten und unsere Hände zitterten. Leicht erinnert man sich an diejenigen, die einen mit ihren Worten, ihrer Aufmerksamkeit unterstützt haben. Und leider erinnern wir uns auch an jene, die es nicht taten. Was immer der gesunde Menschenverstand ist – das Herz hat ihn, nicht der Kopf. Er bedeutet, zu wissen, was wichtig ist, und ebensoviel oder mehr zu geben, als wir empfangen haben. Die Indianer von einst hatten diese handfeste Stärke, zu stehen wie ein gerader Pfeil, um Beistand zu leisten. Sie griffen zu bevor sie innehielten, um zu überlegen, ob er es auch verdiente. Der Preis ist heute der gleiche wie damals – Geduld, Liebe, Treue, jene Dinge, die so selten zu sein scheinen.

Ich lernte viele englische Wörter…, konnte einige der Zehn Gebote aufsagen… Ich wußte, wie man in einem Bett schläft, zu Jesus betet, wie man sein Haar kämmt, eine Toilette benutzt… Ich erfuhr, daß ein Mensch mit seinem Kopf statt mit seinem Herzen denkt.

Sun Chief, 1890

Februar

Gaga lu'nee

Magerer oder hungriger Monat

Die ganze Erde gehört
ASGA YA GALUN LATI,
dem Großen Geist.

Das Volk der Cherokee

1. FEBRUAR

Heute morgen streute die Sonne blasses Gold über den Horizont und füllte den ganzen Raum unter den großen Eichen. Hoch oben segelte der Rotschwanzhabicht, den Cherokee als *ta wo di* bekannt, im Strom der Lüfte. Obgleich der Frühling noch viele Wochen entfernt ist, ist das Land schön anzusehen. Jetzt, da die Bäume kahl sind, hat man einen weiten Blick auf die Hügel und Täler. Überall finden sich gedämpfte Schattierungen von Beige und Grau, die Hügel sind in Schwaden blauen Dunstes gehüllt. Die Natur hat die Hirsche mit einer feinen Schattierung von Braun und Ocker ausgestattet, um ihnen Schutz zu geben. Ein ruhevoller Augenblick ist ein vollkommener Augenblick. Aber wir müssen offen dafür sein und empfänglich für alles, was uns Seelenfrieden ohne Nebenwirkungen gibt. Er kann nicht eintreten, wenn unser Geist darauf eingestellt ist, trübe und traurig zu sein.

Der alte Lakota war weise. Er wußte, daß das Herz des Menschen fern der Natur hart wird.

STANDING BEAR

2. Februar

Wenn uns etwas danebengeht, hat das die negative Rückwirkung, daß wir zu glauben beginnen, wir könnten überhaupt nichts richtig machen. Das ist der Anfang einer Gewohnheit, die uns stolpern läßt, wo wir immer gestolpert sind. Eine subtile unterschwellige Konditionierung setzt ein, die uns glauben macht, wir würden scheitern – noch ehe wir angefangen haben. Sie läßt uns beim ersten Anzeichen von Widerstand zusammensacken und zerrüttet uns mit Einwänden. Dann verlieren wir unsere Energie und unsere guten Absichten – nicht nur dieses eine Mal, sondern auch für alle Zukunft. Der Cherokee hat vor langer Zeit zu sagen gelernt: «Wir brechen nicht mehr zusammen, wenn uns etwas herausfordert. Wir sehen uns nicht länger als Opfer. Wir sind stark und in der Lage, den schärfsten Kritiker zu widerlegen und jede Gewohnheit aufzugeben, die uns gefesselt hält.»

In den alten Zeiten kamen wir jeden Tag, Sommer wie Winter, herunter an den Fluß, um zu baden. Dies stärkte und härtete unsere straffe Haut.

Chiparopai

3. Februar

Dies sind keine gewöhnlichen Zeiten, und viele Umstände, von denen wir glaubten, sie würden sich niemals ändern, wandeln sich. Der unschuldige, gutmütige Humor des Lebens ist von sinnlosen Witzen verdunkelt worden. Der Boden unter unseren Füßen gibt nach, und wir müssen lernen, einen neuen Weg zu finden. Wenige Dinge sind beständig. Wir sind aus dem Wandel geboren, aber wir brauchen immer noch unseren gesunden Menschenverstand, um nicht den Halt zu verlieren. Lange bevor wir etwas als Tatsache akzeptieren, müssen wir seine Wahrheit erkannt haben. Wenn es richtig ist, kann es bewiesen werden. Vieles ist ein Geheimnis für uns. Doch für die Tsilagi (Cherokee) ist Schweigen Gold. Wir sprechen wenig und hören viel zu. Worte sind wichtig in Liedern und Zeremonien, und ebenso im allgemeinen Gespräch. Es ist weise, die Worte zu sparen und sie nur zu gebrauchen, wenn sie wirksam sein können.

Gute Worte brauchen nicht lang, bis sie auf etwas hinauslaufen.

Häuptling Joseph

4. Februar

Allein zu stehen bedeutet nicht, daß kein anderer da ist. Es heißt, daß wir *u na tse li dv-u na to tiv hi* sind – auf unabhängige Weise denken und mehr unseren Kopf als unsere Füße gebrauchen. Wir passen das Leben uns an, statt uns von ihm in eine Form pressen zu lassen, die uns nicht glücklich machen würde. Wenn man sich dem Diktat der Welt unterwirft, ist man ein Mitläufer in der Herde – und zwar nicht, weil es das Richtige ist, sondern weil wir denken, wir müßten es tun, weil alle anderen es auch machen. Indem wir uns weigern, von jedem Trend mitgerissen zu werden, kultivieren wir unsere innere Wahrnehmung für Richtig und Falsch. Diese Wahrnehmung ist vorhanden, aber wir müssen darauf hören und darauf achten. Darum sind wir mit Intelligenz ausgestattet – um allein zu stehen, so daß wir etwas anzubieten haben, wenn jemand anders uns braucht.

Es hat zu viele falsche Auslegungen gegeben ..., zu viele Mißverständnisse ...

Häuptling Joseph

5. FEBRUAR

Wenn wir vorausschauen könnten, hätten wir den Trost, zu wissen, daß das, wofür wir gearbeitet und unser Herz gegeben haben, uns belohnen wird. Wir können nicht geben und geben und nicht empfangen, besonders, wenn wir bereitwillig und fröhlich gegeben haben. Unser Leben hat viele Facetten. Wir haben auf viele Arten vielmals geteilt, als es unwichtig schien. Wir gaben ohne den Gedanken, daß es etwas anderes als Hilfe sein würde – und das sind die Gaben, die nicht unbelohnt bleiben werden. Beim Geben denkt man oft an Dinge, die gegeben werden, aber das größte Geschenk ist es, wenn wir von unserer Zeit geben und Freundlichkeit und Trost denjenigen, die ihn brauchen. Wir halten diese Gaben für unbedeutend – bis wir sie benötigen. Dann ist das wunderbarste Geschenk Mut.

Ich fühlte, daß ich alles verlor, was ich hatte, aber ich weinte nicht.

WETATONMI, 1877

6. Februar

Kleine Dinge heilen unsere Wunden. Geräusche, Gerüche, das gesprochene Wort und Musik, die für jemand anders nichts bedeuten mögen, können in unsere Seele dringen und eine Arbeit tun, die gewöhnliche Methoden nicht zu leisten vermögen. Einfache Arzneien können tief sitzende Krankheiten heilen – eine Liebe, die aus inneren Brunnen quillt, der Gesang der Vögel, das Gelächter spielender Kinder. Unsere Aufgabe ist es, das Negative zu vermeiden – nur heilende Worte zu denken und auszusprechen, liebevolle Worte. Wir haben die Wahl. Obwohl wir uns täglich viele Male entscheiden, tun wir dies so unbewußt, daß wir nicht merken, was es bewirkt – sich über jede Kleinigkeit zu ärgern, uns von der Welt den Frieden stehlen zu lassen und uns niederzulegen, wenn wir aufrecht stehen und handeln sollten. Entscheide dich dafür, daß es dir gutgeht, daß du Zufriedenheit findest und ein Vorbild für diejenigen bist, die dich beobachten. Horche nach Frieden.

Hör zu! Sonst wird dich deine Zunge taub machen.

Sprichwort der Cherokee

7. Februar

Denke immer daran, daß bestimmte Umstände nicht von uns geändert werden können. Wir machen das Beste daraus und gehen weiter. Wir können nur Beispiele sein, niemals Herrscher über das Leben anderer, die Kinder anderer, die Verhältnisse anderer Menschen. Manche wollen uns glauben machen, daß wir zu schlimmen Ereignissen beitragen, indem wir nichts tun. Aber die beste Arbeit, die tiefste Fürsorge ist anfangs manchmal nicht körperlich zu erkennen. Hilfe jeder Art muß gewünscht und anerkannt werden, ehe sie etwas Gutes bewirken kann. Zuviel Hilfe kann, wenn sie nicht willkommen ist, selbst eine tüchtige Person hilflos machen. Wir müssen weise in unserem Geben sein, und besonders weise in dem, was wir vorenthalten; denn das, was wir vorenthalten, hilft vielleicht am meisten.

Wir waren zufrieden damit, die Dinge so zu belassen, wie der Große Geist sie gemacht hat.

Häuptling Joseph, 1873

8. Februar

Es ist interessant zu sehen, wie jemand eine kleine Idee aufgreift und aus ihr etwas Großes macht, das vielen Menschen nützt. Könnte es sein, daß eine Idee vor uns hängt wie eine Raupe, die sich als ein schöner *ka ma ma* (Schmetterling) zu entpuppen vermag? Wenn wir nach den Sternen greifen, sollten wir daran denken, daß wir in kleinen Dingen verwurzelt sind. Die Grundlage für den dauerhaften Erfolg ist das Wissen, daß das langsam und sorgfältig Aufgebaute nicht durch schnellebige Moden umgestürzt werden kann. So vieles ist nur für kurze Zeit gemacht – Steckenpferde –, und die Leute springen darauf, um sie auf Dauer zu reiten. Der *ka ma ma* wird zerknüllt, ehe er sich entwickelt, und die Puppen-Idee muß immer wieder von vorne beginnen. Aber sie erinnert sich an ihren Anfang, ihren ursprünglichen Zweck.

Ich mag gezwungen sein, eine neue Lebensweise anzunehmen, aber mein Herz und meine Seele entspringen der roten Erde.

Painted Wolf

9. Februar

Für manche ist Macht gleich Herrschaft, die Unterdrückung von allem, was wehrlos ist. Aber das ist nicht Macht, es ist Mißachtung, und Mißachtung ist feige. Mißachtung sucht den Vorteil, wo es geht, gibt dabei immer vor, das Opfer zu sein, strebt aber danach, die Oberhand zu gewinnen. Vergiß die Vorstellung, daß Macht eine Sache der Welt sei. Ganze Welten sind in Minuten verändert worden. Macht, die dreist und prahlerisch war, kann plötzlich ein Winseln sein. Weltreiche sind zusammengebrochen, und diejenigen, welche soviel Leid verursacht haben, sind geschrumpft wie ein Luftballon. Wirkliche Macht ist nicht *nigvnhdiha*, was für die Cherokee «sich anmaßen» bedeutet. Sie stammt aus einer inneren Quelle, ruhig, wie ein großer Fluß, der glatt dahinströmt, aber riesige Städte mit Energie versorgt. Ein einzelner Wassertropfen erscheint machtlos und nimmt den Weg des geringsten Widerstandes, aber in Verbindung mit all den anderen besitzt er Kraft. Eine einzelne Person ist nicht in der Lage, irgend etwas zu verändern, aber vereint mit anderen kann sie alles umstürzen.

Der rote Mann muß das Land seiner Jugend verlassen und eine neue Heimat im fernen Westen finden.

Shabonee, 1827

10. Februar

Dreh dich um, wo du stehst, und stelle dich der erschreckenden Situation auf deinem Weg, dem Löwen, *hlvdaji*. Schwanke nicht, und weiche nicht aus. Sieh dem Problem ins Auge, und nenne es nichts. Sprich zu ihm mit entschiedenen Worten, so daß es keinen Zweifel gibt, daß es gehen muß. Die Klugheit lehrt uns, dem Übel manchmal aus dem Weg zu gehen, aber niemals, vor Angst zu weinen. Sobald wir uns umdrehen und ihm ins Auge sehen, erfüllt uns eine Kraft, die den Schrecken beendet. Was uns lähmt, ist nicht das Weglaufen, sondern die Weigerung, es beim Namen zu nennen. Wenn Angst die Oberhand gewinnt, strömt sie durch all unser Denken. Wenn wir überhaupt einen Glauben besitzen, ist es ängstlicher Glaube, aber der Glaube wird wachsen, wenn wir ihn mit Entschlossenheit und machtvollen Worten betrauen.

Sei bei allem, was du tust, aufrichtig und kraftvoll.

DRAGGING-CANOE

11. Februar

Viele Dinge aus der Vergangenheit hallen schwach in uns nach – Stimmen, Geräusche, Gedanken. Nur wenige klingen klar wie eine Glocke. Beständige Erinnerungen rufen uns zurück zu der Beschäftigung mit Einzelheiten – von denen manche am besten vergessen blieben. Warum erinnern wir uns? Vielleicht, um zu klären, was wir fühlen bei dem Versuch, den gegenwärtigen Augenblick objektiver zu sehen. Oder vielleicht, um uns zu zwingen, die Struktur unseres Lebens zu erkennen, so daß wir Ereignisse daraus entfernen können, die Hindernisse waren. Manchmal erinnern wir uns einfach, um dankbar sein zu können. Wie der wohlgenährte Hund beim Anblick eines Knochens springen wir auf unsere Instinkte an und reagieren, ehe wir denken. Wenn wir sehen, was sich anbahnt, können wir ihm mit guter Laune begegnen und haben es weniger nötig, jedermann in der Gegenwart teuer für etwas bezahlen zu lassen, was vor so langer Zeit geschah.

Ich möchte Frieden, damit wir … auf beiden Seiten in unseren Häusern ruhig schlafen und wieder aufstehen können.

Bloody-Fellow

12. Februar

Die Cherokee können Sir Francis Drake zustimmen, der über den Kräutergarten schrieb: «Ein vollkommener, mit Kräutern bepflanzter Garten verleiht, wenn man ihn durchschreitet, selbst der Luft etwas Schmackhaftes.» Aber für die Cherokee bedeutete er noch mehr – Nahrung und Medizin. Als Kind verbrachte ich viel Zeit damit, meine Großmutter Essie auf der Suche nach Kräutern zu begleiten – Wollkraut, Lämmerwurz und anderes Zeug, von dem ich hoffte, daß ich es nie als Gemüse würde essen müssen. Es machte Spaß. Das Knien beim Ausgraben der Kräuter, das Gefühl der Erde und der Sonnenwärme gaben mir das Bewußtsein, daß die Pflanzen Teil eines Geschenks von *Asga Ya Galun lati* waren. Auch wurde mir Tag für Tag Freude geschenkt: der Gesang Dutzender von Vögeln, die kleine Mahlzeit, die ich mit Großmutter teilte, und ihre Gesellschaft ohne die anderen.

Eine Cherokee-Frau ist niemals untätig und hat keine Zeit, zu tratschen oder Unheil zu stiften.

William Fyffe

13. Februar

Sobald ein Mensch die Verzweiflung aus dem Weg geräumt hat, können nur noch wenige Dinge sein Fortschreiten aufhalten. Verzweiflung ist die Trennlinie zwischen denjenigen, die selbst das Unmögliche mit einem Satz erreichen, und denjenigen, die beim ersten Anzeichen von Widerstand schlappmachen. Die Verzweiflung absorbiert zu viel Energie. Die Stärke weicht der Schwäche, und die Schwäche beraubt uns des Willens, uns durchzusetzen. Alles, was Energie vergeudet, sollte aufgegeben werden. Energie reißt den Zweifel mit der Wurzel aus. Wenn man ein Machtwort spricht, wird neue Stärke erzeugt. Machtworte sind nicht nur *u wo du hi*, hübsche Worte, sondern starke Worte des Mutes, die im Ohr gehört werden und dann im Herzen, wo sie bleiben, um ganze Arbeit zu leisten.

Dies ist eine schwierige Zeit für dich. Möge der Herr dich aus all deinen Sorgen herausführen. Vertraue deinem Weg mit Ihm.

Häuptling John Ross

14. Februar

Unsere Wunden brauchen Zeit, um zu heilen. Und wenn es scheint, daß das Heilen seine Arbeit getan hat, ist der Schutz vor weiteren Verletzungen nötig, weil unsere Narben bloßliegen. Körperliche Wunden sind schlimm genug, aber wenn die Blessuren von seelischer Grausamkeit und ungerechter Behandlung stammen, kehrt der Schmerz wieder und wieder zurück. Es scheint fast ein Frevel, einen so tief Verletzten zu bitten, denjenigen zu verzeihen, die schuld daran sind. Doch Unversöhnlichkeit verursacht einen Schaden, der fast ebenso verheerend ist wie physische Wunden oder diese sogar noch übertrifft. Es ist eine große Belastung, Groll zu hegen, und die Mißhandelten brauchen weder neuen Schmerz noch neue Probleme. Das Verzeihen befreit nicht den Beleidiger, sondern den Beleidigten.

Ich lebte still und zufrieden, als die Leute anfingen, schlecht über mich zu sprechen.

Geronimo

15. Februar

Wenn der Wandel einmal anfängt, kommt er oft auf vielfältige Weise, beginnend mit kleinen, leicht zu handhabenden Veränderungen bis hin zu den großen, die sperrig werden können. Wenn dies der Fall ist, besteht die Tendenz, daß unsere Kräfte zersplittern. Es ist schwer, Ordnung und Beständigkeit aufrechtzuerhalten, wenn unsere Aufmerksamkeit geteilt ist. Alles hat eine ruhige Mitte. Selbst ein Tornado, den der Cherokee *u no le* nennt, wirbelt um ein ruhiges Auge herum. Die meisten ruhigen Orte sind sehr klein, doch solche Zellen der Stille können der Same eines größeren Friedens sein. Wir müssen an den Frieden glauben – auch wenn wir ihn nicht immer spüren können. Er ist in uns und wird wachsen, wenn wir ihm die Gelegenheit dazu geben. Mit dem Frieden der Seele öffnen sich Türen, das Blatt wendet sich, und etwas Gutes bricht an. Dies ist Grund genug, auf Lösungen hinzuarbeiten, statt auf Problemen zu beharren.

Stehe fest und bleibe eins, dann wird bald alles gut sein.

Häuptling John Ross

16. Februar

Den größten Berg bilden winzige Körner aus Sand und Erde. Der reißendste, breiteste Strom besteht aus winzigen Wassertropfen. Und in den Wogen der Menschen bist du genauso wichtig wie die nächste Person. Es ist hilfreich, zu wissen, daß ein kleiner Wassertropfen in sich ebenso vollkommen ist wie der ganze Fluß oder das Meer. Und ein einzelner Mensch ist nicht weniger wunderbar als die raffinierteste Erfindung auf Erden. Daß die Umstände ungleichartig sind und das Leben unterschiedliche Wege geht, beruht auf Worten und Taten. Jeder winzige Teil von allem ist unendlich wichtig. Jedes Blütenblatt eines Gänseblümchens ist notwendig, um ihm das Gleichgewicht zu verleihen, das dazu führt, daß es gerade auf seinem Stengel steht. Sage niemals, du seiest nicht wichtig. Du bist nicht nur wichtig, du bist entscheidend. Du hast einen ganz bestimmten Zweck, und das ist eine heilige Verantwortung.

Wir haben Grund, stolz auf die Leistungen unserer Vorfahren zu sein.

O No'sa

17. Februar

Die Erde zu berühren ist etwas Wunderbares, so, als würden wir unsere Ursprünge wiederentdecken, ein Wissen, daß dieser Ort, an dem wir uns befinden, ob zum Gehen oder zum Pflügen oder zum Pflanzen, etwas für uns Geschaffenes ist, denn der Puls der Erde verlangsamt unseren eigenen und beruhigt unser Inneres. Die Cherokee glauben, daß der Anblick des Himmels in all seiner grenzenlosen Tiefe unsere Phantasie anregt und uns erkennen läßt, wie unmittelbar Schönheit uns begegnet. Wir können sehen, daß die Bitternis nur so lange währt, wie wir es zulassen, da wir doch über die Beschränkung unseres Verstandes hinausgegriffen haben und so unbegrenzt sind wie der Himmel. Wie der Wind den Duft der Pflanzen entfacht, so vermögen wir vielleicht nicht alle Dinge zu sehen, aber wir spüren ihren Einfluß und wissen, daß das Leben unser ist, um es zu genießen. Es ist unser göttliches Erbe.

Ka wat lee os, tat gat eh' – *Friede für die Cherokee, oh, Amerika, Friede für die Cherokee.*

18. Februar

Wir müssen Prioritäten setzen. Ein fauler Mensch kennt keine Prioritäten und plant niemals etwas. Er läßt alle seine Entscheidungen von den Umständen treffen – und glaubt, das Schicksal habe das letzte Wort. Selbst wenn er tausend Anstöße bekommen hat, eine bestimmte Sache zu tun, ignoriert er dies, nur weil er schon wieder träumt. Wenn wir nicht lange genug an einem Plan festhalten können, um wenigstens einen Teil davon durchzuführen, sollten wir ihn aufschreiben, so deutlich aufschreiben, daß wir aufspringen, wenn wir unseren Vorsatz lesen – aufspringen, um unverzüglich in die Tat umzusetzen, was wir zu Papier gebracht haben. Es ist wesentlich, eine Entscheidung über unser Lebensziel zu treffen. Wenn wir nichts tun, ist das auch eine Entscheidung. Unser Los ist, was wir aus unserem Leben machen, indem wir jede Verzögerung, jeden Schmerz, jede Ungerechtigkeit als Brennstoff für unsere Entschlossenheit nutzen.

Die jungen Männer dieser Nation sollen daran denken, daß Faulheit zu Armut führt. Fleiß ist ehrenwert und hat Zufriedenheit zur Folge.

Häuptling John Ross

19. Februar

Wir alle entdecken früher oder später, daß es schmerzlich ist, zu lieben. Sich um etwas, um jemanden, um einen Ort zu kümmern, ist eine große Freude. Aber es macht uns verwundbar. So kommt es, daß wir dazu neigen, unsere Emotionen zu verbergen. Ein Teil von uns will nicht zeigen, was wir fühlen, aus Angst, daß es falsch aufgenommen werden könnte. Aber noch mehr fürchten wir uns davor, mehr zu offenbaren, als wir zu teilen bereit sind. Etwas hält uns davon ab, alles zu enthüllen, den Teil von uns preiszugeben, der das Leben erzeugt. So bleibt unsere Fähigkeit zu tiefer Liebe und Fürsorge bewahrt. Trotz all der Schmerzen, die damit einhergehen, würden wir es nicht anders haben wollen.

Die Erde hat die Umarmung der Sonne empfangen, und wir werden die Ergebnisse dieser Liebe sehen.

Sitting Bull

20. Februar

Wir sind immer wieder versucht, Dingen nachzugeben, die nicht gut für uns sind. Alles mögliche geht uns durch den Kopf, um uns zu erfreuen und von unseren guten Absichten wegzulocken, doch nichts ist so mächtig wie jener erste Gedanke, diese subtile Einladung zum Nachgeben. Es ist immer der erste Schritt, das erste Wort, der erste Geschmack, der uns verführt wie die Flöte Pans. Arglos denken wir daran, daß wir in letzter Zeit wirklich gut waren, unseren Zeitplan eingehalten haben, getan haben, was wir für wichtig hielten. Ist es nicht Zeit, uns dafür zu belohnen? Warum nicht ein bißchen nachgeben – nur dieses eine Mal? Dies sind die ersten einer Reihe von Fragen. Später kommt die traurige Frage: Womit habe ich das verdient? Hier ist der Ort, innezuhalten und damit aufzuhören, unsere Dummheit zu beklagen. Statt dessen sollten wir uns sagen: Zurück ins Boot und paddeln, so schnell wie möglich – auch wenn es stromaufwärts geht!

Die Jugend ist impulsiv. Wenn unsere jungen Männer über ein wirkliches oder eingebildetes Unrecht in Zorn geraten ..., so zeigt das, daß ihre Herzen finster sind.

SEATTLE

21. Februar

Ein indianischer Junge namens Slow (Langsam) erwies sich bereits mit vierzehn Jahren als so tapfer im Kampf, daß man ihm den neuen Namen Sitting Bull gab. Er hatte eine große Liebe für Vögel und ahmte ihren Gesang nach – um schließlich seine eigenen Lieder zu schreiben und zu singen. Wie viele von uns sind langsam genannt worden? Wenn nicht auf dem einen Gebiet, dann auf einem anderen. Die Wende kommt, wenn wir uns mit etwas beschäftigen, das wir lieben. Dann werden wir auf ganz natürliche Weise völlig unerwartet Erfolg haben. Unterschätze niemals die Kraft kleiner Anfänge. Könnerschaft beginnt meist bescheiden. Unscheinbare Ideen und winzige Schritte können sich zu großen Leistungen entwickeln. Jemand hat gesagt, daß es zwanzig Jahre dauere, um über Nacht Erfolg zu haben, aber es braucht nur Sekunden, um den Anfang eines Erfolges zu erkennen.

Laßt uns der erfreulichen Landschaft der Zukunft entgegenblicken.

Häuptling John Ross

22. FEBRUAR

Wir haben das Bedürfnis nach Abwechslung. Strenge Gewohnheiten können unsere Stimmung absacken lassen. Jeden Tag zur gleichen Zeit dem gleichen Weg zu folgen und sich ohne die kleinste Änderung endlos zu wiederholen stumpft den Geist ab. Das Leben wird zur Routine, weil wir unseren Geist auf eingefahrenen Gleisen laufen lassen, die in keine Zukunft führen. Wenn das Leben in Trägheit verfällt, tritt quälende Angst ein. Dabei werden wir nicht so sehr durch das beunruhigt, was um uns her vorgeht, als vielmehr durch das, was innerlich geschieht. Es gibt viele Wörter für Geist – die Cherokee nennen ihn *a da nv to*, oder Leben, *v le ni to nv*. Es bedeutet, irgendeine Initiative zu entwickeln, irgendeine ernsthafte Absicht zu verfolgen. Es ist nicht etwas, von dem wir nur hoffen, es eines Tages zu haben. Es ist eine Notwendigkeit – Feuchtigkeit, die die Wurzeln nährt, und Sonnenlicht, das neues Leben hervortreibt. Aber es muß angeregt werden.

Krieger ermutigen einander, in den Kampf zu ziehen – so müssen wir es auch halten.

STRONG LEGS

23. Februar

Ein Gewinner ist von dem Wissen durchdrungen, daß er jedes Argument gehört hat, mit jedem Widerstand konfrontiert war, jede Kritik erfahren hat, daß es aber keine Umkehr, kein Akzeptieren einer Niederlage gibt. Ablehnung ist eine der ältesten Formen von Folter. Wenn uns ein Dutzend Leute akzeptieren, und einer tut es nicht, so heften sich unsere Gedanken an diesen einen und darauf, welche Gründe es für sein Verhalten geben mag. Aber Zeit und Umstände ändern sich schnell. Nichts bleibt gleich. Was wirklich und möglich war, ist plötzlich außer Reichweite, oder wir haben verblüffenden Erfolg, wo wir ein dutzendmal gescheitert waren. Wenn wir aufgeben, verwirken wir alles. Blicke über die Ablehnung hinaus, schau über die Grenzen, denke um die Biegung der Straße herum. Es könnte sein, daß wir versucht haben, uns mit weniger als dem Besten zu begnügen – und es lange Zeit getan haben.

Der Pfad des Ruhmes ist rauh, und viele düstere Stunden verdunkeln ihn. Möge der Große Geist auf den deinen Licht werfen.

Black Hawk, 1833

24. Februar

Nicht achtbare Leistungen machen uns zu dem, was wir sind, sondern kleine Dinge und das, was wir in der Privatsphäre unseres Bewußtseins zu uns selbst sagen. Wir sind, was wir sehen und was wir für wichtig halten. Wir sind letztlich Kinder – unschuldig in einer Art, die wir nicht verstehen, unserer spirituellen Verbindungen bewußt und zu ängstlich, sie zu entwickeln. Was würden die Leute denken? Wie soll ich ihnen klarmachen, daß ich mich nicht mehr auf diese Aktivitäten einlasse, die man für so clever hält? Es gibt eine Welt von Dingen, die wir nicht erklären müssen. So sehr wir auch wünschen, daß andere uns verstehen und mögen, wenn es uns aus unserer vertrauten Welt in eine aussichtslose Position versetzt, liebäugeln wir mit dem Desaster. Niemand kann uns etwas vorschreiben, wenn wir nicht zuhören. Wir werden unseren Halt nicht verlieren, wenn wir nicht schwanken. Was wir sind, sind wir durch das, was wir zu kultivieren beschließen, und alle achtbaren Leistungen bestehen aus sehr kleinen Teilen.

Gott hat mich zu einem Indianer gemacht.

Sitting Bull, 1876

25. FEBRUAR

Wenn wir aufhören, uns Sorgen zu machen, gewinnen wir an Boden. Wenn wir nicht mehr alles mit unserem Verstand kontrollieren, und sei es auch nur für eine kurze Weile, wird unser Blick klarer werden. Es ist Weisheit in den Worten: «Wenn alles getan ist, halte inne.» Tu, was getan werden kann, baue Glauben auf, wisse, daß es einen Großen Heiligen Geist gibt, der selbst das kleinste Ding kennt, das wir brauchen. An diesem Punkt wird uns alles herausfordern, aber laß es weggleiten, laß es sich auflösen durch Nichtbeachtung. Die größten Schritte werden getan, wenn wir beschließen, nicht loszuschlagen, nicht zu hassen und übelzunehmen und uns in der Verwirrung zu verlieren. Leg alles weg, und wende dich etwas völlig anderem zu. Wenn du alles getan hast, halte inne, und weigere dich, an einen Ort ohne Frieden zurückzukehren.

Der Mann, der in seinem Tipi auf dem Boden saß, dabei über das Leben und seinen Sinn meditierte, die Verwandtschaft aller Geschöpfe akzeptierte und die Einheit mit dem Universum der Dinge anerkannte, flößte seinem Sein das wahre Wesen der Kultur ein.

HÄUPTLING LUTHER STANDING BEAR

26. FEBRUAR

Die meisten von uns sind wie die Bäume, die am Bach wachsen. Wir sind dort, wo am besten für uns gesorgt wird. Anderen geht es schlechter, und sie wissen nicht, was sie dagegen tun sollen. Aufgrund von vorgefaßten Meinungen und Unkenntnis lehnen sie oftmals gerade das ab, was helfen würde. Wenn das, was wir tun, zu keinen Verbesserungen führt, tun wir offensichtlich nicht das Richtige. Die meisten Antworten und Arzneien sind einfach. Je eher wir Emotionen, Ruhelosigkeit und einen ständigen Strom negativer Gedanken als Feinde erkennen, desto eher werden wir in der Lage sein, die Probleme zu lösen. Es erfordert ständige Wachsamkeit, uns selbst so wahrzunehmen, wie wir wirklich sind, und damit zu beginnen, den Weg frei zu machen.

Eine alte Ulme, unter der sich die Vertreter der Stämme zu treffen pflegten, wird uns alle beschützen.

WA-O-WA-WA-NO-ONK, 1847

27. Februar

«Es ist wichtig, eine Vision zu haben, die nicht von Angst überschattet ist», sagte ein Cherokee-Führer. «Als Kinder waren wir in der Lage, über das Aussichtslose hinauszublicken, indem wir uns vorstellten, wie wir die Dinge haben wollten. Das geschah mit grenzenloser Freude, und das Leben erwies sich als freigebig – bis wir so erwachsen waren, daß alles wirklich sein mußte.» Manchmal ist die Vision wahrer als das, was aus ihr entsteht. Eine Vorstellung kann korrekt sein, und es kann, wenn man sie in die Tat umsetzt, ein perfektes Modell davon entstehen. Aber das Problem ist, etwas hervorzubringen. Wir brauchen eine ruhige Hand und einen willigen Verstand. Nur wenig erschließt sich uns ganz und gar. Wir lernen, uns auf das zu konzentrieren, was wir benötigen, aber es gibt noch einen weiteren Schritt: die Konzentration auf die Durchführung. Sieh es vollendet. Dies wird gewöhnlich weggelassen, indem wir eine abwartende Haltung einnehmen, aber dieser Schritt ist viel zu wichtig, um ignoriert zu werden.

Hab eine Vision, die nicht von Angst überschattet ist.

Die Cherokee

28. Februar

Erinnerungen sind Muster unseres Verstandes. Laß dir nicht von ihnen einreden, du hättest alles falsch gemacht. Triff neue Entscheidungen, such nach Gedanken, die deinen Geist nähren. Sprich dir Mut zu. Schneide Kummer und Schmerz bewußt aus deinem Denken heraus. Laß die Tränen weg, und zwinge dich, wenn nötig, zu einem Lächeln. Es ist nicht verkehrt, neue Maßstäbe zu setzen. Es ist nur vernünftig, sein Leben umzukrempeln, wenn es so, wie es ist, nicht funktioniert. Vergiß, was andere sagen, und glaub an den Guten Vater. Es ist das Recht der anderen, über ihr Leben zu entscheiden, aber es ist deine Sache, über das deine zu bestimmen. Wir sagen das gleiche – nur auf verschiedene Weise. Finde deinen eigenen Weg, und fülle ihn mit Blumen. Sieh überall, wo du hinschaust, etwas Schönes. Genieße das Leben selbst, und zieh deine Bahn in eine glücklichere Zukunft.

Es gibt einen Gott, der auf uns alle herabblickt. Wir alle sind Kinder eines Gottes. Gott hört mir zu. Die Sonne, die Dunkelheit, die Winde, sie alle hören, was wir jetzt sagen.

Geronimo

MÄRZ

Unu 'la hee

Windiger Monat

Wir, die große Masse des Volkes, denken nur
an die Liebe, die wir für unser Land empfinden,
denn wir lieben das Land,
in dem wir aufgewachsen sind.

HÄUPTLING JOHN ROSS

1. März

Wir dachten, sie würden immer da sein – jene Alten, die uns unterwiesen, uns zurechtbogen, unser Leben versüßten. Wir dachten, unsere Fragen wären stets an sie gerichtet, und die Antworten kämen in vertrautem Ton. Zu oft haben wir ihren Humor nicht gewürdigt, ihre Worte, die uns mit Ratschlägen bedrängten. Die Unterschiede zwischen uns sind groß, dachten wir. Unsere Augen wanderten zu anderen Dingen, unsere Stimmen vermischten sich mit fremden. Und plötzlich, wie die Nebelschwaden, die sich heben und auf sonnigen Berggipfeln verschwinden, waren sie gegangen. Wir haben sie nicht gehen sehen. Sie sind über die Grenzen zu unbeschränkter Freude und Ruhe hinweggeglitten. Nun hängen die Fragen in der Luft. Keine Stimme antwortet. Und die Unterschiede verschwinden wie Nebel, doch die Erinnerung an echten Humor, an echte Liebe bleibt bestehen, und wir wenden uns an die Jungen: «Hört jetzt auf mich, meine Kinder …»

Ich habe geträumt, er werde leben, um seine trickreichen Taten zu zählen und um alt zu werden.

PLENTY-COUPS' GROSSVATER, 1848

2. März

«Ich habe ein Recht!» Nur dann, spricht der Weise, wenn du die Verantwortung akzeptierst, die damit einhergeht. Wir haben ein Recht, in Würde und Anstand zu leben, solange wir uns würdig und anständig den Menschen in unserer Umgebung gegenüber verhalten. Das Recht auf ein gutes Leben haben wir alle – solange wir es würdigen, dafür arbeiten und es schützen. Wir haben das Recht, unsere Meinung zu sagen, aber wir müssen uns über die Macht der Worte im klaren sein. Wir haben das Recht, unsere spirituellen Vorlieben zu pflegen und zu sehen, wie sie Früchte tragen. Es ist unser Recht, ohne die Bürde von Schmerz und Groll zu sein, wie wir sind. Aber wir müssen daran denken, daß unsere Rechte dort ihre Grenze haben, wo sie enden – und das Recht einer anderen Person beginnt.

Dies war nicht unsere Art. Wir hielten uns an die Gesetze, die wir gemacht hatten, und lebten unsere Religion. Nie waren wir fähig, den weißen Mann zu verstehen, der niemand anders als sich selbst betrügt.

Plenty-Coups, 1848

3. März

Ein großer Mann sagte einmal, man müsse sich die menschliche Seele als auf der Suche nach einem schöpferischen Ventil vorstellen. Wenn dieses Ventil rein und frei ist, ist alles gut. Doch wenn es mit Lärm und Sorgen verstopft ist, können wir die Kreativität vergessen. Selbst wenn wir ruhig sind, ist es möglich, daß wir uns in Verwirrung befinden. Von «ruhiger Verzweiflung» sprach Thoreau. Wahre Stille entsteht, wenn man die Gedanken auf ruhige Orte und stille Wasser richtet. Wenn wir unserem Geist erlauben, auf etwas zuzutreiben, das schiefgehen könnte, so raubt uns dies den Frieden und blockiert unsere schöpferischen Fähigkeiten. Sitze ruhig und denke an sacht fließendes Wasser, eine sanfte Brise und den Ruf des Ziegenmelkers. Reflektiere über die Freude des freien Denkens, der unbeschränkten Vitalität – und rede dir nicht ein, daß es vielleicht nicht geschehen könnte.

Der Indianer ist ein geschickter Künstler mit einem feinen Gespür, das sich aus tiefen uralten Quellen speist.

Murphy

4. März

Nur weniges von dem, was im Leben zählt, erreicht man mit großen Sprüngen. Nach und nach, Schritt für Schritt arbeiten wir uns vorwärts. Große, rasche Fortschritte sind oft kurzlebig und vermitteln uns einen falschen Eindruck davon, wie die Dinge funktionieren. Wir entwickeln ein Bewußtsein, gebrauchen unsere Urteilskraft, auf cherokee *di gu go ta nv*, um uns langsam und achtsam voranzubewegen. Aber währenddessen ist es notwendig, uns über das Negative hinwegzusetzen, das versucht, sich in unser Tun einzunisten. Unser Denken ist wie ein Garten, der gepflegt werden muß. Sogar noch wichtiger ist unser Sprechen. Beide gehen *i tsu la*, Hand in Hand, und was stattfindet, ist ein unmittelbares Ergebnis dessen, worauf wir lange Zeit bestanden haben. Es liegt jedoch in unserer Macht, Korrekturen vorzunehmen und Störungen auszumerzen – nach und nach, aber um so sicherer.

Unscheinbare Verhaltensweisen und Gewohnheiten stehen manchmal in Zusammenhang mit großen und tiefen Ideen.

STANDING BEAR

5. März

Es ist traurig, wenn unsere Kinder sich nicht auf uns verlassen können, wenn es um ihre Selbstachtung geht. Die Cherokee nennen diese *qa lv quo di*. Selbst diejenigen unter uns, die einen weiten Weg hinter sich haben, bedürfen der liebevollen Berührung ihrer Erinnerungen. Die Eltern lehren uns nur, was sie zu lehren verstehen. Aber wir sind nicht für immer auf eine Richtung festgelegt. In einem bestimmten Alter müssen wir anfangen, uns selbst zu lehren. Wir lernen zu vergeben und zu verstehen, daß wir den richtigen Weg wissen werden, wenn wir zu der Weggabelung kommen. Warum den falschen Weg gehen, nur weil jemand vor uns das getan hat? Wenn unsere Selbstachtung beschädigt worden ist, nützt Mitleid ebensowenig wie weitere Schläge. Kritik wird uns auf die gleiche Weise zuteil, wie blaue Augen und schwarze Haare vererbt werden. Doch sie kann korrigiert und durch Liebe ersetzt werden. Dies ist eine Entscheidung, die unser Leben verändert – und das der Nachfolgenden ebenfalls.

Zivilisierte Menschen sind zu abhängig von bedruckten Seiten, die von Menschen stammen. Ich wende mich dem Buch des Großen Geistes zu, das die Gesamtheit seiner Schöpfung ist.

Tatanga Mani

6. März

Wenn du etwas tust, denke daran, daß es jemanden geben wird, der etwas daran auszusetzen hat. Ein unglücklicher Mensch sucht bei anderen nach etwas Schlechtem, um seine Unzufriedenheit zu lindern. Die Cherokee glauben, daß Tests ihren Verstand schärfen und ihnen helfen, *a squa dv* – über gegnerische Kräfte zu siegen. Es wäre unter ihrer Würde, Kritik als etwas zu akzeptieren, das sie überwinden müßten. Die Cherokee schnippen sie weg wie *to si*, lästige Moskitos. Wir versuchen alle, auf unsere unterschiedlichen Meinungen Rücksicht zu nehmen, darauf zu achten, welche Wirkungen wir bei anderen Menschen erzeugen. Aber das Gift in jedermanns Existenz ist die Unwissenheit – unsere eigene. Mehr als alles andere wünschen wir, zu korrigieren, was wir als falsch erkennen. Und was wir bei anderen falsch finden, ist vielleicht eine Widerspiegelung unserer eigenen Fehler.

Mögen der weiße Mann und der Indianer einander heute die Wahrheit sagen.

BLACKFOOT

7. März

Wenn unsere Füße am Morgen den Boden berühren, beginnen unsere Gefühle, uns Eindrücke zu vermitteln. Nicht nur fassen sie unsere Situation in wenigen Sekunden zusammen, sondern sie entscheiden auch, ob dies ein guter Tag ist oder ob Anlaß zu Besorgnis besteht. Dies ist genau die Zeit, um Gefühle zum Schweigen zu bringen und den Tag so zu entwerfen, wie wir ihn haben wollen. Wir sagen den falschen Eindrücken, daß sie nicht annehmbar sind, daß wir anders empfinden als in der Vergangenheit. Dies ist ein neuer Tag, und wir sind frei und glücklich, frei, zu ändern, was geändert werden muß, zu tun, was getan werden muß. Es gibt Situationen, in denen wir gegen unsere Gefühle angehen und diktieren müssen, was wir haben wollen, indem wir die Stunden wieder und wieder so gestalten, wie es uns paßt.

Wenn ich Frieden schließe, ist es ein langer und anhaltender. Er hat kein Ende.

Santana

8. März

Die Natur hat ihre unentschiedenen Momente. *A ma ga nu go gv,* die Jahreszeit, in der das Leben aufbricht, kann früh kommen mit ihren wild wachsenden Blumen und blühenden Bäumen. Sie ist bekannt für ihr jugendliches Verhalten – ein einziges Lächeln und Blumen im Haar, nur um Minuten danach in Tränen aufgelöst zu sein. Wir denken, das ist es, wir werden niemals unsere Meinung ändern. Nein, wir werden uns nicht von der Stelle rühren, wir werden an dieser einen Idee festhalten, und die Zeit kann uns nichts davon wegnehmen. Es gibt keinen Abschied von dieser Idee, nichts und niemand kann uns davon abbringen. Der Frühling mag andeuten, daß er da ist – also können wir uns entspannen. Aber er behauptet niemals felsenfest, daß er sich nicht ändern wird. Es ist nur der Mensch, der solches beansprucht. Doch die Kraft, die uns in Bewegung hält und uns zum Wandel und zum Besserwerden treibt, ist nicht die unsere, sondern *Galun lati.*

Wir werden niemals aufhören, an diesem Land festzuhalten, denn wir sagen euch, daß unser Vater, der im Himmel sitzt, es uns gegeben hat.

Aitooweyah, the Stud, und Knock Down

9. März

Wer hat schon die Möglichkeit, zurückzugehen und etwas anders zu machen. Könnten wir es denn? Allerdings – wenn wir über neue Kenntnisse verfügen würden. Andernfalls würden wir das gleiche tun wie zuvor. Wir wüßten es nicht besser. Jedes Volk hat seinen «Pfad der Tränen», und jeder einzelne leidet unter dem, was er getan haben könnte. Sanfte Menschen hoffen, daß durch Zusammenarbeit die Dinge für alle Beteiligten positiv verlaufen. Aber in den Herzen der Sanften fehlt der Gedanke, daß andere nicht die gleichen Gefühle haben. Die Herausforderungen der Gegenwart sind freilich zahlreich genug, man muß ihnen nicht auch noch die der Vergangenheit hinzufügen. Da wir jetzt so viel wissen, müssen wir es nutzen. Manchmal können wir vorausplanen, indem wir zurückdenken und einen Vorrat des Wissens angraben. Wenn es uns an solchem inneren Wissen fehlt, wenn es uns an Weisheit fehlt, müssen wir fragen. Und dann lauschen wir der leisen, kleinen Stimme der Wegweisung.

Häuptling Ross sprach das Gebet, und als das Signalhorn ertönte und die Wagen zu rollen begannen, winkten viele der Kinder mit ihren kleinen Händen ihrer gebirgigen Heimat zu.

PRIVATE JOHN BURNETT

10. März

Je mehr Streß wir haben, desto weniger mögen wir andere Menschen – und uns selbst. Ein bißchen Druck reicht. Streß kann produktiv sein, wenn es um etwas geht, das wir gerne tun. Doch wenn wir nicht länger *ka no gi a*, das Leben genießen und davon singen können, müssen wir die Richtung, in die wir gehen, neu bewerten. Es ist nicht möglich, sich vor jeder Schwierigkeit zurückzuziehen, aber ebensowenig können wir ohne jede Entlastung weitermachen. Verantwortung zu tragen ist ein Teil des Lebens – notwendig, um zufrieden zu sein. Eine glückliche Mitte zu finden heißt, sich dort zu zentrieren, wo Friede und Antworten gefunden werden können. Diese sind nicht im Lärm und in den Klagen der Welt zu finden – sondern an jenem geheimen Ort der Stärke und Harmonie, im Inneren des Herzens. Es ist ein Ort, der gepflegt und behütet werden muß, denn er verhilft uns zu Harmonie und Erneuerung, wenn wir ihrer bedürfen.

Wenn du die Lerche gehört und den Duft frischgepflügter Erde gerochen hast, kann dir der Friede nicht entgehen.

SEQUICHIE

11. März

Kannst du den Wind sehen? Kannst du den Duft der in der Brise wogenden Blumen sehen? Kannst du Gedanken sehen oder das, was die kahlen Äste und die gelben Blätter eines Baumes in saftiges Grün verwandelt? Kannst du Liebe oder Freude oder Frieden sehen? Wir können nur Hinweise auf diese unsichtbaren Dinge erkennen, und es genügt, uns wissen zu lassen, daß sie existieren. Das Wesen des Lebens ist so offensichtlich, so wirklich und schön. Was hat es für einen Grund, daß wir die Existenz unseres Schöpfers in Frage stellen, der alles in Bewegung gesetzt hat? Sind wir so primitiv, so heruntergekommen, daß wir die größte verfügbare Hilfe nicht erkennen können, wenn sie uns kein unmittelbares Vergnügen verschafft, unsere schmachtenden Begierden nicht befriedigt? Es ist *Galun lati*, der Große Heilige Geist, unsichtbar, aber wirklicher als alles, was man berühren kann.

Wir sehen den Wechsel von Tag und Nacht ..., die Jahreszeiten, die Sterne, den Mond, die Sonne. Jeder muß wissen, daß dies das Werk eines Mächtigeren darstellt, als es der Mensch ist.

CHASED-BY-BEARS

12. März

Es ist zu leicht, zu glauben, wir seien am Ende der Reihe, wenn es nur der Anfang ist. Ein weiterer Schritt, eine Anstrengung mehr ist vielleicht alles, was nötig ist. Es würde uns verblüffen, wenn wir wüßten, wie nahe wir daran sind, eine alte Grenze zu überschreiten – und es würde uns erschrecken, wenn wir wüßten, wie nahe wir daran waren, aufzugeben. Manche würden sagen, es ist zu spät – daß zu viel geschehen ist, wir nicht zurückgehen und wiedergewinnen können, was verlorenging. Wir haben zu viel zerstört, den Bogen überspannt. Das stimmt in mancher Hinsicht. Es ist wahr, daß wir verletzt haben und verletzt wurden. Wir können nicht zurück, aber der spirituelle Grund, auf dem wir stehen, kann uns emporheben. Manchmal müssen wir unser eigenes Leben durchsieben, um zu sehen, was des Bewahrens wert ist, und dann finden wir, daß der Große Geist uns gemacht hat. Was er machte, ist gut, und wir sollten es nicht verderben lassen. Es ist Zeit, ein neues Blatt aufzuschlagen, um göttliche Zusammenhänge wiederzuentdecken.

Martin Luther King sagte: «Ich habe einen Traum.» Wir Indianer hatten keinen Traum. Wir hatten eine Wirklichkeit.

Ben Black Elk

13. März

Es gibt Orte, die unvergänglich für uns sind. Das bloße Eintreten in die Erinnerung macht sie wieder lebendig. Wir fühlen die Hitze und die Kälte, erfassen den so vertrauten Geruch, das Aroma gewisser Nahrungsmittel, oder wir hören ein Stück von einem Lied. Es gibt zu viele Gefühle, als daß wir die Verbindung mit einem Teil von uns verlieren könnten, der damals existierte – und der jetzt existiert. Auch Menschen gehören zu unserer Erinnerung – leben in unseren Gedanken und beeinflussen unser Denken wie der Wind, den wir spüren, aber nicht sehen können. Wir sind aus vielen Dingen geformt, aus zahlreichen Erlebnissen, die wir nicht missen wollen, aber wir haben auch die Macht, das Gestern an seinem Platz zu lassen und aus dem Heute das Beste zu machen. Das Gestern ist das Fundament, doch das Heute ist das Haus, und dort leben wir und halten es in Ordnung.

Als Kind habe ich gewußt, wie man gibt; als ich zivilisiert wurde, habe ich diese Gnade vergessen.

OHIYESA

14. März

Kaum etwas kann die Natur aufhalten, wenn sie dabei ist, eine Veränderung durchzuführen. Unbarmherzig und entschlossen folgt sie ihrem Plan, und es mag ein paar Anläufe brauchen, ehe die Tür hinter dem Winter zugeschlagen ist – aber es geschieht schnell. An geschützten Stellen hat zartes Grünen begonnen. Die wilden Rosenstöcke, niedergedrückt vom kalten Winterwind, sind nicht länger grau. Winzige Veilchen mit vier Blütenblättern blühen in verschwenderischer Fülle bei einem Minimum an Sonnenlicht und warmer Luft. Die wilde Erdbeere, den Cherokee als *a ni* bekannt, hat neue Blätter ausgetrieben, und wir sehen das ewige Wunder, das niemals altert – das neugeborene Kälbchen. Als im letzten Herbst der Frost die Blumen niederwarf und den Gesang der Vögel beendete, schien der Frühling weit entfernt. Jetzt klopft er an die Tür, und wenn wir ihm mit der Saat antworten, wird er sich wieder verbergen. Aber nicht für lange. Wir brauchen nur ein bißchen Zeit für die Vorbereitung. Wenn wir alles sehen wollen, müssen wir jetzt beginnen.

Wir waren zufrieden damit, die Dinge so zu belassen, wie der Große Geist sie gemacht hat.

HÄUPTLING JOSEPH, 1873

15. März

Warum solltest du dich nach den Vorgaben von jemand anderem beurteilen? Andere wissen nur, was sie denken. Können wir unser Leben in die engen Grenzen des ihrigen zwängen? Wir sind imstande, unsere eigenen Seelen zu erforschen. Und sehr wahrscheinlich werden wir etwas finden, das allein für uns eigentümlich ist – und das uns durchaus nicht zu gefallen braucht. Es gibt keine Möglichkeit, uns selbst dazu zu zwingen, wie jemand anders zu sein. Wir können uns nur selbst besser machen. Gleichgültig, wie unser Denken geprägt wurde, wir unterscheiden zwischen Gut und Böse. Diese Stimme ist angeboren und laut genug, so daß wir sie hören können, wenn wir wollen. Das einzige, was uns daran zu hindern vermag, ist das Geschrei außerhalb – und das hat keinen anderen Zweck, als zu zerstören. Liebäugle nicht mit dem Ungemach. Weigere dich, ein Teil von irgend etwas zu sein, das du bei Licht nicht anschauen würdest.

Jeder Mensch ist aus Seiner Sicht vollkommen. Adler haben es nicht nötig, Krähen zu sein.

SITTING BULL

16. März

Es scheint, daß es oft von einer Sache zu viel gibt und von einer anderen nicht genug. Das Gleichgewicht hat die Neigung zu verschwinden, wenn wir es am meisten brauchen. Aber es ist unsere Schuld, wenn wir denken, sobald wir die Dinge alle in Einklang gebracht haben, würden sie ohne unser weiteres Zutun in der Balance bleiben. Nichts ist so eingerichtet, daß es sich niemals ändern könnte. Wir sollten uns niemals aus der Reserve locken lassen. Warte ein wenig. Vielleicht funktioniert etwas, von dem wir nichts wissen. Akzeptiere nicht alles so, wie es erscheint. Es kann sich in einem Augenblick ändern und auf unseren Weg einschwenken. Sehr oft ist hier das Gesetz des Nichtwiderstrebens am Werk. Manche unserer besten Entscheidungen beruhen auf Stillhalten – so lange, bis wir ein wahrheitsgemäßes Bild gewonnen haben.

Wenn das Leben leicht ist, können sich komplexe Lebensformen entwickeln.

COOWEESCOOWEE

17. März

Die Erinnerung ist manchmal schmerzlich. Es ist so einfach, wieder zu durchleben, was geschah und was nicht geschah, und wir versuchen, die ganze Schuld zu übernehmen. Einige wenige Glückliche können zurückblicken und sich der Erinnerung an vergangene Zeiten erfreuen. Die meisten sehen darin das Spiegelbild ihrer Schuld. Warum haben wir nicht bessere Arbeit geleistet, waren nicht aufmerksamer, sind nicht einer Ahnung gefolgt? Wahrscheinlich deshalb, weil wir im Zurückschauen besser sind, als wir es jemals sein werden beim Erkennen der Dinge, wie sie jetzt sind. Hätten wir anders gehandelt, wenn wir damals gewußt hätten, was wir nun wissen? Vielleicht. Aber wie konnten wir um die Biegung des Weges herumschauen? Das Beste, was wir für uns tun können, ist, zu verzeihen. Verzeihen heilt. Es schenkt uns Zeit – Zeit, zu bauen und zu lieben, zu erneuern und wiederherzustellen, das, was die Cherokee *a da to li s di* nennen, eine Zeit der Gnade: Man hat nichts getan, um sie zu verdienen.

Ich bin des Kämpfens müde ... Vom jetzigen Stand der Sonne an werde ich nicht mehr kämpfen.

HÄUPTLING JOSEPH

18. März

Im Leben anderer Menschen ist so viel geschehen, ehe wir sie kennenlernen, daß wir oft nicht wissen, wie wir ihren Bedürfnissen entsprechen sollen. Wenn sie verletzt worden sind, kapseln sie sich vielleicht ab und wir kommen nicht an sie heran. Wir können nicht für jemand anderen geradestehen. Wir alle tragen etwas mit uns herum, das uns negativ beeinflußt hat. Es ist schwer, in einer Welt des Schmerzes zu leben, ohne davon berührt zu sein. Aber der Cherokee weiß, daß plötzlich eine Wende stattfinden kann. Ein Seneca-Häuptling, der lange Zeit krank gewesen war, wurde in seinen Träumen von drei übernatürlichen Wesen besucht, gesandt vom Großen Geist. Er stand geheilt auf, um die Botschaft zu verkünden, die ihm der Meister des Lebens übermittelt hatte. Sein Volk blühte und gedieh und entwickelte Talente. Das können wir auch. Wenn wir suchen, finden wir. Und das vielleicht, indem wir anderen helfen.

Wir waren ein gesetzloses Volk, aber wir standen auf recht gutem Fuß mit dem Großen Geist.

Walking Buffalo

19. März

Die Blätter vom vergangenen Herbst sind aus ihrem Winterlager gerissen worden, um mit dem Südwind nach Norden zu flattern – nur um umgedreht und wieder nach Süden geweht zu werden. Sie treiben und tanzen übereinander, wirbeln umher und stapeln sich zu hohen Haufen, um im Frühlingsregen zu zerfallen. Mit dem Wind zu treiben ist nicht nur ein Brauch der Natur. Menschen ohne Ziele treiben von einem Ort zum anderen in der Hoffnung, das Schicksal werde sie zur richtigen Zeit an den richtigen Platz stellen. Das Schicksal akzeptiert einfach, was kommt, weil nichts geschehen ist, was Gedanken und Taten in irgendeiner Weise lenken würde. Wenn man keine Entscheidungen trifft und sich keine Ziele setzt, tut es die Welt für einen. Der Cherokee nennt diese Haltung *go na ya*, was übersetzt soviel bedeutet wie «ohne auskommen».

Die Schwierigkeit beim Verschmelzen der indianischen und der europäischen Kultur besteht darin, daß sich der Indianer dem Leben widmet und der Europäer dem Erwerb.

John Ross McIntosh

20. März

Jemand hat gesagt, Mut zeige sich darin, daß man nicht aufgebe, sondern sich erhebe und gegen die Niedergeschlagenheit angehe. Stimmungsschwankungen nachzugeben macht es nur noch schwerer, festen Boden zu gewinnen. Tatsächlich verursacht es wahrscheinlich mehr *nu ne lv na*, was auf cherokee Unheil oder Schaden bedeutet, als alles andere. Wenn kein vertrauenswürdiger Gesprächspartner zur Stelle ist, kann Schreiben eine Hilfe sein. Ein Tagebuch läßt uns erfahren, was wir unbewußt verdrängen, so daß es bei den unpassendsten Gelegenheiten hervortritt und uns trifft. Es ist eine Möglichkeit, in der Privatsphäre unseres Geistes reinen Tisch zu machen und Korrekturen vorzunehmen, ohne daß man es der Welt mitteilen muß.

Verletze nicht deinen Nachbarn, denn nicht ihm fügst du Schaden zu, sondern dir selbst.

Die Shawnee

21. MÄRZ

Andere Leute haben ebenso Probleme wie wir. Wenn sie sie an die große Glocke hängen, brauchen wir nicht zu reagieren. Widerstand macht das Bewältigen von Schwierigkeiten noch komplizierter. Es ist hilfreich, nicht zu drohen, sondern die Dinge sich auf natürliche Weise beruhigen zu lassen. Das Cherokee-Wort dafür ist *to hi ge se s di* – Frieden schließen, Frieden für die Erde. Verzeihen ist ein gutes Mittel für vieles, was falsch läuft. Verzeihen setzt niemals herab, sondern erhöht, und es bedeutet nicht, jemand anderen davonkommen zu lassen, sondern sich selbst aus einer Verstrickung zu befreien. Es befreit uns von bitterem Groll, der uns krank machen kann – und es vermag die Krankheit zu heilen, wenn sie schon da ist. Am Ende macht es uns froh, daß wir nicht etwas getan und gesagt haben, was uns später leid getan hätte.

Sie kämpfen gegeneinander, aber wenn du nach ihnen schlägst, werden sie sich gegen dich wenden.

LITTLE CROW, 1951

22. März

Man kann nicht alles in der Welt nach einem Fehler beurteilen. Wenn wir versagt haben oder jemand uns im Stich gelassen hat, sollten wir keine darüber hinausgehenden Konsequenzen ziehen. Es hat keinen Sinn, alten Ärger in jede neue Sache, die wir anfangen, hineinzurühren. Es gibt Dinge, die unsere Herzen zu brechen scheinen, Schmerzen, die sich immer weiter fortsetzen. Aber wir können es aufarbeiten. Wenn wir stark sind und unsere Hände nicht schwach und schlaff werden lassen, wird unsere Arbeit belohnt werden. Wir trauern um den Verlust von Dingen oder Personen, aber es gibt einen Tag, an dem die Sonne wieder scheint. Wir können es schaffen. Die Zeit heilt schneller, wenn wir ihr die Gelegenheit dazu geben. Es steht geschrieben, daß jeder einen Fehler machen kann, doch nur ein Narr wird ihn ein zweites Mal begehen. Dies ist ein neuer Tag; lebe ihn ganz.

Der Große Geist, der alles beherrscht, wird auf dieses Land herablächeln ..., und diesmal wartet und betet die indianische Rasse.

Häuptling Joseph

23. März

Ein Gewinner handelt in dem Wissen, daß es, obgleich er jedes Argument gehört hat, mit jedem Gegner konfrontiert war und jede Kritik erfahren hat, keine Umkehr, kein Akzeptieren einer Niederlage gibt. Ein wütender Krieger der Crow sprach zu denjenigen, die Nahrung und Güter, welche seinem Volk gehörten, zurückhielten: «Ich bin kein Häuptling, aber ich bin ein Krieger. Ich sehe, daß meine Häuptlinge alle die Köpfe hängen lassen und eine Antwort von ihrem Vater (dem kommandierenden Offizier) erwarten, da sie nicht wissen, was sie tun oder sagen sollen. Aber ich weiß, was zu tun ist! Halte den Kopf hoch, wenn du zu Häuptlingen und Kriegern sprichst, schau ihnen ins Auge! Die Güter sind uns versprochen und bleiben da!» Und die Güter blieben da. Selbst ein Verlust wäre für diesen Crow nur eine Verzögerung. Es kommt darauf an, wie fest wir an das, was wir tun, glauben. Einem Gewinner zu sagen, daß etwas nicht geht – geht einfach nicht!

Halte den Kopf hoch, wenn du zu Häuptlingen und Kriegern sprichst!

Krieger der Crow

24. März

Abendspaziergänge haben einen eigentümlichen Reiz, wenn die Sonne der Reihe nach ihre Stationen durchläuft und die Felder und Wälder färbt und beschattet. Obgleich die Luft zeitweise noch winterlich ist, sagt der Kalender, es ist Frühling – und weckt Erwartungen. Der Sonnenuntergang wechselt von blassem Rosa mit einem Hauch von Gold zu violetten, purpurroten und tiefblauen Tönen. Die Hügel am Horizont haben die tiefsten Farben, alle Schattierungen von indianischem *gi ga ge*, um zur roten Erde, zur roten Haut zu passen. Über den Schatten breiten sich Wolken wie lange Strähnen seidigen Haars bis zum Abendstern aus. Alles macht Platz für das letzte bißchen Farbe, die brennenden Funken, die die fernen Hügel erglühen lassen – und dann die samtene Stunde. Es herrscht Stille. Das lange, dünne Heulen eines Kojoten teilt der Welt mit, daß sich die Nacht herabgesenkt hat.

Ich kenne jeden Strom und jeden Wald … Glücklich lebe ich wie meine Väter vor mir.

Ten Bears

25. März

Eine Herde weidender Jersey-Kühe ist ein Anlaß, über Reichtum nachzudenken. Ihre Milch ist fett, und sie geben reichlich davon. Doch seitlich neben ihnen ist ein Streifen mit Mädchenauge – Tausende von goldenen Blumen. Sie kommen jedes Jahr wieder und blühen verschwenderisch, selbst bei einer langanhaltenden Trockenperiode. Reichtum umfaßt viele verschiedene Dinge, um viele verschiedene Bedürfnisse zu befriedigen. Die Cherokee nennen ihn *nu we hna v i*, und für sie ist der größte Reichtum derjenige, der den Geist nährt – sei es ein Feld mit Mädchenauge, ein Ufer mit Gänseblümchen oder ein sauberer, fließender Bach für gutes Fischen. Die Kühe, die Milch, das Sorgen für den Lebensunterhalt sind wichtig, doch der Schöpfer war großzügig in bezug auf die notwendigen Dinge – und dann gab er uns noch viele kleine Extras. Dies können Blumen sein, oder der Mondschein, wenn der Ziegenmelker ruft, oder Musik. Aber sie erfüllen ein Bedürfnis, das fast zu tief ist, um es zu erklären.

Ich möchte in der Prärie umherziehen. Dort bin ich frei und glücklich.

Santana

26. März

Überzeugt davon zu sein, daß wir nicht allein sind, an welchem Ort und in welcher Situation wir uns auch befinden, bedeutet Weisheit – ungewöhnliche Weisheit. Wenn diese Weisheit da und durch nichts zu erschüttern ist, entsteht ein starkes Bedürfnis, zu teilen. Nicht jeder hat die Gabe, weil nicht jeder sie haben will. Manche können nicht einmal glauben, daß jemand anders sie hat. Wir sollten niemals versuchen, sie zu überzeugen. Wenn wir überzeugt sind, so ist das Beweis genug, und es wird zusätzliche Argumente geben, wenn wir weitermachen. Der Große Geist spricht in süßen Sprachen zu uns, die so einzigartig sind, daß uns der Sinn des Gesagten nicht entgehen kann. Ein solches Geschenk vermag tiefe Angst in vollkommene Zufriedenheit und Liebe zu verwandeln.

Ich hörte die Spottdrossel im Mondschein singen. In dem Augenblick wußte ich, daß ich es schaffen würde.

LONE WOLF

27. März

Als wir geboren wurden, konnten wir weder gehen noch sprechen, wir vermochten nicht einmal unseren Blick zu konzentrieren. Doch die Fähigkeit, all diese Dinge und mehr zu tun, war uns angeboren. Durch fortgesetzte Anstrengung wachsen und lernen wir noch immer und entwickeln unsere Identität. Früh lernten wir, daß wir keine Vögel und keine Vierbeiner sind. Und hier beginnt die Persönlichkeit, sich in Frage zu stellen: Was also bin ich? Wer bin ich? Warum bin ich hier? Ist dies eine Identitätskrise? Nein, es ist eine Glaubenskrise. Jedem Menschen fällt es schwer, zu glauben, es gebe einen besonderen Grund für ihn, hier zu sein. Manchen fällt es so schwer, dies zu glauben, daß sie hinausgehen und andere nach dem ihren fragen. Sie sehen sich selbst außerhalb des Kreises – sie glauben nicht, daß ihre eigenen Worte und Meinungen sie dorthin bringen, wo sie sind. Für einen Cherokee hat einen hohen Rang die Freiheit, sich zu bewegen, die Freiheit, in seinem eigenen Inneren Ehre zu erlangen, die Freiheit, anzubeten, und die Freiheit, das Rechte zu tun, ohne verspottet zu werden.

Sie (die Cherokee) besitzen die Gabe, den Geist des Wachstums zu erfassen …

28. März

Nur wenige Geräusche in der Natur sind grob. Selbst das Donnerrollen, das über den Himmel rumpelt, besitzt eine feierliche Schönheit. Der Wind erzeugt ein Pfeifen in den Baumkronen, und wilde Vögel trällern wie Wasserbäche, die auf den Untiefen Harfe spielen. Wahnsinniger Krach und Getöse kommen vom Menschen. Die Wälder trösten mit ihren Geräuschen. Ein winziger gelber Sänger mit schwarzen Flügeln sitzt im Hagebuttenstrauch und erzeugt den Klang einer überirdischen Flöte, einen deutlichen Ruf nach Frieden und Harmonie. Wenn sich schon der Vogel einen ruhigen Ort wünscht – um wieviel mehr brauchen ihn dann wir. Ein Frühling mit nassem Wetter nährt den Boden von unten, gibt den Farnen Feuchtigkeit und Leben. In der Regenzeit fließt das Wasser, und die feinen Farnwedel vermengen sich damit, so daß ein zischendes Geräusch entsteht. Sicherlich können wir die ruhige Heiterkeit in uns aufnehmen, um unsere Seelen zu heilen und zu besänftigen.

Schöpfer der Welt und aller Menschen, Herr der Herren, meine Augen lassen mich im Stich …, nur um des Wunsches willen, dich zu erkennen.

Hymne der Inka

29. März

Nichts bleibt jemals ganz dasselbe; es kommt eine Zeit, in der wir neuen Leitlinien folgen, neue Gedanken denken und neue Dinge tun müssen. Es bedarf keines Übermenschen, aber eines Gläubigen – eines Arbeiters mit Ohren zum Hören und Augen zum Sehen, nicht nur körperlichen, sondern auch geistigen. Wir können nicht davon ausgehen, daß ein anderer Mensch in der Lage ist, die Dinge für uns zu entziffern. Die Wunder sind nicht samt und sonders in anderen Köpfen, anderen Händen, anderen Methoden. Es muß einen Ausbruch inneren Feuers geben, der eine Tür zu einem größeren Leben öffnet, zu mehr Gelassenheit. Wir sind niemals so blind, wie wenn wir uns durch unsere kritischen Ansichten, unsere verhärteten Herzen, unser Versagen bei der Wahrnehmung zarter Dinge abkapseln. O Freund, wende dich ab von Mangel, Not und Schmerz. Ändere deine Sichtweise, und du wirst dein Leben ändern.

O großer blauer Himmel, sieh mich hier auf der Wanderschaft. Ich vertraue dir, beschütze mich!

PAWNEE

30. März

Naive Menschen neigen dazu, einer Person zu folgen, welche die magische Fähigkeit besitzt, Ergebenheit zu erzeugen, selbst wenn sie das Ziel nicht zu erkennen vermögen. Sie gehen einfach mit. Ihre Ausgelassenheit vermittelt Umstehenden das Gefühl, ausgeschlossen zu sein, wenn sie sich nicht ebenfalls in den Zug einreihen. Dies ist, so schmerzlich es auch zuzugeben sein mag, ein Zeichen massiver Ignoranz. Du mußt wissen, worum es bei der Demonstration geht. Wie traurig, wenn wir dachten, wir hätten uns für die Freiheit stark gemacht, und entdecken, daß wir der Sklaverei dienten. Wir müssen selbst denken, da Worte uns täuschen, wenn wir nicht wissen, was sie bedeuten. Unser Feind ist nicht immer aus Fleisch und Blut, sondern oft *a da lo nu he di*, was auf cherokee «Täuschung» und in jeder Sprache «Unannehmlichkeiten» bedeutet. Lege Wert darauf, zu wissen, wem und worauf du vertrauen kannst. Es gibt viele Quellen, aber nur einen Großen Geist.

Zu viele sind von dem Pfad abgewichen, den uns der Große Geist gezeigt hat.

GROSSVATER DER SEQUICHIE

31. März

Sei stark, sei guten Mutes – so vieles, worüber wir uns Sorgen machen, wird niemals geschehen. Bring die Dinge in Ordnung, ändere, was geändert werden muß, aber beginne sofort, die *wi tsa to li gi*, die Segnungen, zu zählen, von denen der Cherokee weiß, daß sie weitererzählt werden müssen, damit wir sie nicht vergessen. Laß die Vergangenheit, durch die so viel Leben gebrandmarkt wurde. Schmerzliche Dinge geschehen – und wir nehmen ein bißchen von allem mit uns. Dies ist ein neuer Tag, *i ga*, eine neue Zeit. Je mehr wir den Kummer von gestern fahrenlassen, desto früher gelangen wir in die Fülle der Gegenwart. Die Sorgen werden schwinden. Die neue Stunde wird neue Erfahrungen bringen, neue Aufgaben, und sogar ein paar Minuspunkte werden sich ansammeln, um aufgezählt zu werden. Tu es nicht. Wir können sofort damit beginnen, nach dem zu verlangen, was wir wollen. Aus jeder Stunde werden wir die ganze Süße herauskitzeln, und sie wird für uns singen wie ein Vogel.

Wir können nicht zurück. Die Brücke ist abgebrochen.

STRONG EYES

April

Tsi law'nee

Blumenmonat

Es scheint, daß die Herrscher der Cherokee
genügend Intelligenz besitzen,
es als völligen Schwachsinn anzusehen,
in das Oberste Bundesgericht
noch irgendwelches Vertrauen zu setzen …

Gouverneur Wilson Lumpkin
Georgia, 1831

1. April

In vergangenen Zeiten waren unsere Alten die Geschichtenerzähler. Dies war der Weg, auf dem die Dinge den nachfolgenden Generationen überliefert wurden. Aus diesem Grund legten die alten Leute Wert darauf, sich jede Einzelheit zu merken, damit sie sie später erzählen konnten. Sie waren die Träger der Worte und Bilder, die Geschichte und spirituelle Werte lebendig und wichtig machten. In neuerer Zeit haben wir unsere Alten glauben gemacht, sie seien nicht so wichtig. Wir verspotten ihre Geschichten und verhalten uns so, daß sie sich töricht fühlen. Die Wahrheit ist, daß wir nicht wissen, was wertvoll ist und wie man *a da li he li tse di* – das Alter – würdigt. Wenn es keine zärtlichen Erinnerungen gibt, kein Lächeln, keine Zeit, in der kein Platz ist für Tränen, kann sich Härte breitmachen und selbst das jugendliche Gemüt erfassen. Alter ist Gnade – eine zu wertvolle Zeit, um sie zu vergeuden.

Wir können uns damit abfinden, daß wir arm sind, aber weniger gut damit, unwissend zu sein.

Jane Sequichie Hifler

2. April

Was wir in unserem Kopf wissen, läßt sich oft erst ausführen, wenn es in unserem Herzen ist. Das Herz ist unser eigentlicher Kern – die Seele, das entscheidende *u li s go li yv.* Manche nennen es das Unbewußte, das Archiv unserer Erfahrungen und Überzeugungen – die Substanz dessen, was wir sind. Manchmal stapeln wir Dinge in diesem inneren Lagerhaus, die nicht zu unserem Wohl sind – größtenteils Angst. Angst ist der geheime Zerstörer der menschlichen Seele. Doch es gibt dort auch Dinge, an die wir keinerlei Erinnerung haben. Diese müssen ausgesondert werden wie alte Akten. Aber wie können wir etwas aussondern, von dem wir gar nicht wissen, daß wir es haben? Durch Selbstprüfung, indem wir die Tiefen durch Schreiben ausloten, unsere eigenen Gedanken herausziehen in der Art, wie wir eine alte Pumpe in Gang setzen, um Wasser heraufzupumpen. Es erfordert Ehrlichkeit – und Sinn für Humor. Uns selbst kennenzulernen ist der Mühe wert.

Wieder … vergegenwärtige ich mir die große Vision, die du mir gesandt hast. Es kann sein, daß irgendeine kleine Wurzel des heiligen Baums noch am Leben ist.

Black Elk, 1912

3. April

Warum müssen wir uns danach beurteilen, was andere sagen? Sie denken nur. Ist es möglich, unser Leben in die engen Grenzen des ihrigen einzupassen? Laßt uns unsere Seelen erforschen. Wir haben spirituelle Bezüge, die allein für uns selbst eigentümlich sind – und in vieler Hinsicht tiefer als jene von Leuten, die wollen, daß wir so sind wie sie. Doch es ist nicht möglich, wie eine andere Person zu sein. Wir können nur auf unsere eigene Art zu besseren Menschen werden. Wir sind in der Lage, Gut und Böse zu unterscheiden, gleichgültig, wie die Welt im allgemeinen uns zu prägen versucht hat. Nichts kann uns davon abhalten, unsere eigene Stimme der Vernunft zu hören – nichts außer dem Lärm und dem Geschrei außerhalb von uns, die nur auf Zerstörung aus sind. Wir brauchen nicht mit dem Ungemach zu liebäugeln. Wir können uns weigern, ein Teil von irgend etwas zu sein, das nicht ein Geschenk von *Galun lati* ist, dem Großen Geist.

Wir müssen dagegen kämpfen, zu vergessen, daß wir Indianer sind.

Montezuma

4. April

Unsere Entscheidungen haben uns an diesen Ort gebracht. Andere Menschen haben uns bis zu einem gewissen Grad beeinflußt, doch längst nicht so sehr wie das, wozu wir uns entschlossen haben. Wir sind an dem Punkt, den die Cherokee die Stunde des *tsu du go ta nv* nennen, dem Ort, an dem wir entscheiden, wer uns den Weg weisen soll. Der schwierigste Teil besteht darin, mit dem Nachdenken über Probleme aufzuhören und mit dem Entwickeln von Lösungen anzufangen. Dabei ist kein Platz für Selbstmitleid, auch nicht für Rache. Vergangene Ereignisse mögen belastend gewesen sein, doch jetzt müssen wir in ihnen etwas anderes sehen und damit umzugehen lernen. Hier müssen wir uns dafür entscheiden, glücklich zu sein, ein Beispiel geben zu wollen, so daß die Jüngeren uns folgen. Es ist etwas Wertvolles, ein Vorbild zu sein. Vielleicht erfahren wir nie, wer uns zusieht.

Überzeuge die Welt durch deinen Charakter, daß die Indianer nicht so sind, wie man sie dargestellt hat.

John Ross

5. April

Eine bestimmte Art von Macht beeinflußt alles, was wir tun. Doch diese Macht ist nicht politisch, auch nicht elektronisch, so daß ein kleines Knipsen sie in Sekunden auslöschen könnte. Die wahre Macht ist, was die Cherokee *adadolisdi* nennen – Gebet. Sie kann, richtig verwendet, schneller als der Blitz wirken. Aus dem Geist geboren, ist diese Macht Dynamit. Sie verläßt sich nicht auf äußere Energieströme, um in Gang zu bleiben, sondern wird durch selbsterzeugten Glauben angetrieben, der gepflegt und in Ordnung gehalten wird. Wir haben keine Ahnung, wie dynamisch diese innere Macht ist, bis wir anfangen, uns auf Dinge und Menschen außerhalb von uns selbst zu verlassen. Dann erst spüren wir den Mangel an jener Freude, die erforderlich ist, um uns mit der mächtigen *adadolisdi*, der Sprache der Liebe und der Anbetung, zu verbinden. Mit äußerster Anstrengung können wir auch das unmöglich Scheinende bewältigen. Mit jedem Atemzug läßt sich unsere Widerstandskraft verstärken, wenn wir die Macht zu gebrauchen lernen, die in uns ist.

Wir können uns mit Menschen über Dinge auf der Erde streiten, aber wir streiten niemals über den Großen Geist.

Häuptling Joseph

6. April

Es gibt Gelegenheiten, da zahlt es sich aus, ein zweites Mal hinzuschauen, dem, was unseren Weg kreuzt, ernsthafte Aufmerksamkeit zu schenken. Vielleicht haben wir leichtfertig schon ein wunderbares Erlebnis verpaßt. Wenn aus einem beschränkten Blickwinkel heraus rasch geurteilt wird, bleiben die guten Eigenschaften der Dinge verborgen. Wenn es uns jemals gelingen soll, ein seltenes Juwel zu finden, ist es notwendig, sich nicht auf den ersten Eindruck zu verlassen. Selbst *Galun lati* hat keine Möglichkeit, uns Segnungen zu schicken, wenn wir seelisch abgestumpft und durch unseren eigenen schlauen Verstand behindert sind. In unserer «fachmännischen» Haltung lassen wir manchmal gerade diejenigen Dinge vorübergehen, ohne die Hand zu heben, die uns friedvoll und glücklich machen würden. Weisheit ist, die Qualität im Rohzustand sehen zu können – und dann behutsam und geduldig genug zu sein, sie bis zur Vollkommenheit zu gestalten.

Wie können wir euch trauen? Als Jesus auf die Erde kam, habt ihr ihn getötet und an ein Kreuz genagelt.

TECUMSEH, 1810

7. April

Es scheint erst gestern gewesen zu sein, daß der erste kalte Wind hereinwehte und die wilden Rosensträucher niederdrückte und ihre Zweige grau werden ließ. Die Blätter färbten sich und fielen ab. Es begann zu schneien, und die Flocken wirbelten. Der Winter drohte, ewig zu währen. Aber er tat es nicht. Der Frühling läuft herein und hinaus wie ein Kind, das die Tür abwechselnd öffnet und zuschlägt, nur um uns zu ärgern. Die Vögel balzen und die Wiesen sind voll von neugeborenen Kälbern. Es ist eine Zeit des Wandels, nicht nur in der Natur, sondern auch in uns. Wir genießen diesen Wendepunkt zwischen altem Winter und jungem Frühling. Mit unserem inneren Auge erkennen wir, wo der wilde Flachs seinen Duft verströmen wird und die Gänseblümchen den schmalen Pfad überwuchern werden. Und mit dem gleichen Auge sehen wir uns selbst vor Gesundheit blühen und gedeihen, wie wir es uns nie erträumt haben. Nur wer unter einer Wolke geht, versäumt die Freude dieser Zeit, die weiten Wiesen und die grünen Hügel.

O gib mir eine Heimat, wo die Büffel wandern, wo die Hirsche und Antilopen spielen ..., wo selten ein entmutigendes Wort zu hören ist und der Himmel nicht den ganzen Tag bewölkt ist.

ANONYM

8. April

Der Seelenfrieden ist besser als Gold und ebenso wertvoll. Doch anders als Gold kommt der Frieden, wenn wir um ihn bitten und ihn geschehen lassen – nicht, wenn wir auf die Suche nach ihm gehen. Wir suchen nach einer Zeit, die friedlich sein soll. Aber vielleicht ist, was nach Zeitvergeudung aussieht, gerade das, was wir brauchen – ein Flecken Sonnenschein, eine sanfte Brise, das Zirpen von Grillen in der Nacht. Die kleinen Dinge beruhigen uns und bringen uns Erholung. Doch das Beste kommt, wenn wir unser Festhalten an den kleinen Sorgen aufgeben, an den Stimmen, die uns sagen, wie schlecht die Dinge in der Welt sind – und einfach den Frieden hereindringen lassen. Nichts bekommt uns so gut wie Stille und ruhige Heiterkeit. Nichts bildet eine so passende Hintergrundmusik wie die Laute der Natur, der Mitternachtsgesang der Spottdrossel, der unsere Grenzen erweitert und unsere Herzen erfreut.

Wir sind ein Teil der Erde, und die Erde ist ein Teil von uns.

Seattle

9. April

Ein Problem der neueren Zeit ist es, daß wir kein System von Werten haben, mit denen wir leben können. Wenn wir gut leben und einigermaßen glücklich sein sollen, brauchen wir eine Vorstellung davon, wer wir sind und wohin wir gehen. Es muß Regeln geben, die uns leiten. *Tsu gv wa lo di i* bedeutet für die Cherokee eine feste Norm, nach der zu leben ist, selbst wenn die Werte anderer von Stunde zu Stunde wechseln. Ohne sie sind wir ohne Richtung und Kontrolle, wie Flöße bei Hochwasser. Wenn die Norm fehlt, machen wir mit, was gerade kommt. Auch wenn die Regeln selbstgemacht sind und spät kommen, ist es, wenn sie überhaupt kommen, die Mühe wert. Und wenn wir mit Leidenschaft an ihnen festhalten, werden sie es wert sein, daß wir ihnen folgen, was immer zu tun ist, was immer wir aufgeben müssen.

Als Kind brachte mir meine Mutter bei ..., niederzuknien und zu Usen um Stärke, Gesundheit, Weisheit und Schutz zu beten.

Geronimo

10. April

Wenn ein anderer bei etwas Falschem ertappt wird, führt das zu ganz bestimmten Reaktionen. Manchmal denken wir nicht viel darüber nach, daß jemand einen Fehler gemacht hat. Er hätte eben schlauer sein sollen! Viel zu viele fühlen sich erhoben, wenn jemand fällt. Es läßt die Unbeteiligten so gut aussehen und sie vor Selbstgerechtigkeit triefen. Doch wenn der Lichtkegel auf das eigene Haus fällt und die Aufmerksamkeit sich auf ein Problem in unserer Nähe konzentriert – wo bleibt dann all das Mitgefühl? Was ist dann mit der Anteil nehmenden Freundlichkeit? Sind wir nicht letztlich alle zu menschlich, um nicht zu irren? Freundlichkeit beruht auf Gegenseitigkeit. Hartes Urteilen und Freude daran, jemand anderen geschädigt zu sehen, weil er es zu verdienen scheint, lädt andere dazu ein, uns selbst zu verurteilen. Wo ist dann all das Mitgefühl?

Kleiner Topf, nenne den Kessel nicht schwarz, ehe du nicht so lange auf dem Feuer warst wie er!

Grossmutter der Sequichie

11. April

Wäre der Wind eine menschliche Person, würden wir wahrscheinlich etwas Unfreundliches über ihn sagen. Je mehr wir versuchen, ihn zu ignorieren, desto mehr scheint er sich aufzudrängen, indem er die Kirschblüten fortweht, ehe wir sie gesehen haben, den Flieder und die Schwertlilien peitscht, wenn ihre erlesene Schönheit auf dem Höhepunkt ist. Doch der Wind entspricht den Umständen; er dient dem Zweck, die Jahreszeit voranschreiten zu lassen. Er transportiert die Samen der wilden Blumen und läßt sie an unerwarteten Stellen fallen, um uns zu erfreuen. Er hilft, die neuen Blätter zu entrollen und den Regen zu bringen. Veränderungen wie der Wind müssen von Zeit zu Zeit erduldet werden. Doch am Ende verstehen wir und sehen die Ergebnisse gern. Es erfordert unsere Geduld – was uns Zeit gibt, uns auf das Kommende vorzubereiten, ebenso wie wir Geduld haben mit dem, was die Cherokee *ga no le s gi* nennen, einer windigen Person, die kommt und geht, es aber gut meint.

Da man zwischen Irrtum und Lüge nicht wählen kann, sagen sie (die Cherokee) als freundliche Verneinung einer vermeintlichen Wahrheit gewöhnlich zu jedermann: «Du lügst.»

Adair

12. April

So oft geschieht etwas Unscheinbares, das uns davor bewahrt, einen Fehler zu machen. Wie sehr wünschten wir doch, gewalttätig zu reagieren, um in gleicher Münze zurückzuzahlen. Doch irgendwo tief im Inneren fragte eine sanfte Stimme: «Was macht dir das aus?» Warum die andere Hälfte einer Meinungsverschiedenheit sein? Selbst ein Tier ist klug genug, nicht an einen Ort zu gehen, an dem es in einer Falle gefangen werden kann. Die meisten Streitigkeiten sind auf irgendeine Art Fallen. Entspanne dich doch einfach gleich. Laß es sein, und erkenne, daß das, was hier vorgeht, gemieden werden sollte wie Gift. Das *atiyosdi*, der Streit oder die Meinungsverschiedenheit, ist auf der anderen Seite – laß es dort. Die beste Rache besteht darin, den Kampf zu verweigern. Dies bringt auf seine Weise zum Ausdruck, was jemand einmal so formuliert hat: «Wenn du mit einem Narren streitest, wirst du am Ende selbst einer sein.»

Ich werde nie wieder kämpfen.

HÄUPTLING JOSEPH

13. April

Die Gesellschaft einer tröstenden Person ist wie Balsam für die Seele. Wie Mutter Erde nimmt sie den Schmerz von uns und heilt mit der Zeit die Wunden, ja, sie entfernt sogar die Narben. Solche verwandten Seelen scheinen fähig, unsere Hand zu nehmen und schwierige Situationen mit uns zu durchschreiten. Sie bewahren uns vor der Einsamkeit, die unsere Erfahrungen durchzieht, indem sie auf ein Wort von uns warten, das unsere sichere Ankunft vermeldet. Und das Beste von allem ist, daß sie nie wieder darauf zu sprechen kommen, sondern die Vergangenheit Vergangenheit sein lassen. Ihre Augen sind der Zukunft zugewandt, ihre Hände der Gegenwart, so daß wir niemals ein leeres Echo hören und nie daran erinnert werden, daß wir unglücklich waren. So können wir uns beruhigt umwenden und jemand anderen bei der Hand nehmen.

Ich ergreife deine Hand von ganzem Herzen ... Du hast uns Trost zugesprochen.

Little Beavers Frau

14. April

Große Kraft liegt in den kleinsten Dingen. Das Spinnennetz ist so fein gebildet, ein fragiles Seidengewebe, doch im Verhältnis zu Größe und Gewicht ist es stärker als der edelste Stahl. Der Kolibri vollführt so heftige Flügelschläge, daß sie dem Takt einer winzigen Hochgeschwindigkeitsmaschine gleichen, aber früher glaubte man, die Konstruktion seiner Flügel erlaube es ihm nicht, zu fliegen. Die Liebe braucht nur ein Blick zu sein, *di kan nv to di*, ein kurzes Wort, eine stumme Berührung. Aber sie reicht über Zeit und Raum und die bloße Existenz hinaus. Das Gebet, kurz, tief – ein Wort aus der Tiefe des Herzens und der Seele –, kann Wunder wirken und eine ganze Welt verändern.

Da ist etwas, das mir zuflüstert …, ich solle mir Friedensangebote anhören.

Little Turtle

15. April

Denke und sage Positives. Wenn die Belastungen zu groß werden, dreh dich um, und widme dich einem anderen Thema. Die meisten von uns sind Opfer ihrer Emotionen. Wir erlauben ihnen, uns den Seelenfrieden zu rauben, und dann bleibt nichts anderes übrig, als zu weinen. Was uns bedrückt, wird so real, so intensiv, daß wir es allen Ernstes glauben. Die Cherokee sagen, dies sei *v yoho wa yi gi*, etwas, das nicht wahr ist. Wenn wir zu negativem Verhalten provoziert werden, ist das kein Grund für Selbstvorwürfe. Sag lieber: «Dies ist nicht akzeptabel. Das ist nicht meine Art, und ich lehne jede Verantwortung ab, lehne es ab, mich reizen zu lassen, und damit ist der Konflikt beendet.»

Du hast Worte des Trostes gefunden ..., die klangen, als habe der Große Geist durch dich gesprochen.

Little Beaver

16. April

Der April hat die Farbe der Narzissen, den Duft der Hyazinthen, er ist der Tau auf den Veilchen. Die sonnigen Wiesen sind mit winzigen blauen Blumen bedeckt, und entlang den Bächen gibt es wilde Erdbeeren, so süß und so herb wie die Frühlingsluft. Wir vergessen, daß das Leben, während die Erde schläft, weitergeht, wächst, sich entwickelt, bis es sich zum richtigen Zeitpunkt in prächtigen Farben und Formen offenbart. Vor wenigen Wochen war noch alles braun und dunkel. Jetzt leuchtet es, und die Luft selbst hat die Farbe junger Blätter. Ein Glanz geht aus von den fernen Hügeln, und nur die Menschen müssen sehen und schmekken und sich zu neuem Leben anregen.

Ich liebe das Land ..., die Bäume, die es bedecken, das Gras, das darauf wächst.

Como

17. April

Wir wollen das Richtige tun, das Richtige sagen, die richtige Person sein. Wir versuchen, im Einklang mit dem Leben zu stehen, Harmonie im Inneren zu finden, um uns mit allem zu vereinen, was uns umgibt. Anscheinend hat man vieles von uns ausgeborgt – Zeit, Interesse, Lebensmut –, so daß wir nach Rückgabe schreien. Wie Kinder möchten wir fragen: «Sind wir noch glücklich?» Gibt es eine Zeit des Rhythmus und der Ordnung und des Gleichtakts, so daß wir gehen können, ohne zu rennen, lachen ohne Tränen, für jemanden sorgen ohne die Furcht, zuviel zu geben? Ja, ohne den kleinsten Zweifel können wir uns erneuern und das Gefühl überwinden, überlastet zu sein. Sprich zu dir selbst, sagte die Cherokee-Großmutter. Sage dir, du seiest *u wo du hi*, gutaussehend, und deine Umgebung wird es bemerken und wünschen, daß du glücklich bist. Mit anderen Worten: Ändere deine Einstellung, und die Welt wird darauf eingehen.

Warum nimmst du dir mit Gewalt, was du mit Liebe bekommen könntest?

POWHATAN

18. April

Die Stimme des Verhängnisses ist laut in unserem Land. Sie äußert unerhörte Befürchtungen. Doch wir haben das Gegenmittel in unserem Mund – unsere Worte. Worte sind mächtig, fähig, die negativen Gedanken und Worte derjenigen abzuwehren, die kein anderes Ziel haben als Herabsetzung. Wir brauchen uns nicht zu Opfern von Angriffen, Krankheiten, Untaten machen zu lassen. Unsere *u ni ne tsv* (Worte), sagen die Cherokee, haben die Macht, alles und jedes zu Fall zu bringen, das darauf lauert, uns zu schaden. Leben und Tod sind der Zunge untertan, und unsere Aufgabe ist es, den Gebrauch der Worte und ihre Wirkung auf uns zu studieren. Wir wissen, was es bedeutet, Zuspruch zu erfahren. Es ist Licht, das ins Dunkel dringt, und wir vernehmen unsere eigenen Worte.

Hört mir zu, ich bin der Mund meines Volkes.

KIOSATON

19. April

Ein Pfad durch waldiges Land ist gute Medizin für einen müden Wanderer. Ein leichter, fließender Schritt beeinträchtigt die Harmonie der Wälder nicht. Selbst das Schnauben der Hirschkuh, bevor sie davonspringt, soll ihrem Kitz sagen, es solle sich niederducken. Viele Pausen lassen Zeit, dem Ruf einer geschäftigen Meise und dem Pfeifen des Finken zu lauschen. Dies ist das Paradies der Cherokee – ruhig unter alten Bäumen zu stehen und ein Teil von ihnen zu sein. Selbst der winzige Bach spielt Wasserharfe, während er sich um Klumpen getrockneten Laubes windet und über runde Steine gleitet, die ein Teil seiner früheren Arbeit sind. Dies ist eine grüne Kathedrale mit Streifen von Sonnenlicht, die durch das dichte Blattwerk dringen, um Wassertröpfchen in Farbprismen zu verwandeln. Nichts ist fehl am Platze – nicht einmal der Wanderer.

Die Bilder der Indianer sind unvergänglich.

Indianischer Führer, Pipestone Creek, 1882

20. April

Eine Idee ist ein seltener Schmetterling, der uns durch visuelle und spirituelle Erfahrungen führt und aus einer schwierigen Lage befreit, so daß wir verändert und bereit sind, etwas zu tun, was wir niemals zu träumen gewagt hätten. Die meisten Leute haben eine Idee und sagen dann, sie in die Tat umzusetzen würde zu viel Zeit und Geld erfordern. Die Summe dessen, was durch solche Entschuldigungen verhindert wurde, übersteigt den Ertrag der Arbeit dieser Menschen. Die Angst vor dem Versagen beschneidet das Selbstvertrauen, bis kein Mut mehr bleibt, Neuland zu betreten. Man braucht das Gemüt eines Kindes, um zu vergessen, was vor einer Stunde geschah. Was wir nicht vergessen können, legen wir beiseite, bis wir in eine Lage kommen, in der wir verstehen. Ansonsten kennt unsere Kreativität keine Grenzen. Wir stecken in der Welt unserer Vorstellungen – wie alle großen Erfinder –, spielen Was-wäre-Wenn und finden unermeßliche Schätze.

Ihre Vitalität wird die Cherokee retten, so wie es in ihrer ganzen Geschichte gewesen ist.

Steele-Woodward

21. April

Friede wie ein Fluß – fühl ihn, denk ihn, sieh ihn. Friede, der nicht schäumend dahinwirbelt, sondern gleichmäßig fließt in einer Strömung, die nicht das kleinste Boot zum Kentern bringt. Denk an Frieden, der auf diese Weise unser ganzes Sein durchdringt, einen Frieden, der uns näher ist als unsere Hände und Füße, näher sogar als unser Atem. *To hi ge se s di* kam unter großen Schwierigkeiten zu den Cherokee. Friede auf Erden scheint fast unerreichbar zu sein, aber dennoch wird er gesucht, und sein Fehlen betrifft jeden von uns persönlich. Streß läßt unseren Blutdruck steigen, unser Herz rasen und unsere Ohren dröhnen. Wir können uns hier und jetzt von all dem freimachen. Sprich die Worte von einst, die einen Sturm aufhielten: «Friede sei dennoch.» Sie haben vor Jahrhunderten gewirkt, und ihre Macht ist noch immer ungebrochen. Sprich sie viele Male am Tag, um den negativen Strom aufzuhalten, der uns fortreißen will.

Ich bin Dekanawidah, und zusammen mit den verbündeten Herren der Fünf Nationen pflanze ich den Baum des Großen Friedens.

Legende der Irokesen

22. April

Im 18. Jahrhundert hatte bei den Natchez die Mutter eines jungen Häuptlings den Verdacht, er sei in eine Verschwörung verstrickt und werde von den Älteren dazu benutzt, Böses zu tun. Sie sagte: «Öffne deine Ohren, und höre auf mich. Ich habe dich immer gelehrt, nicht zu lügen.» Lügner sind Verirrte in einer Welt, die sie selbst gemacht haben. Wir haben gesehen, wie ein Lügengebäude zur Faszination werden kann, so daß es schwer wird, die Wahrheit zu sagen, selbst wenn keine Notwendigkeit zum Lügen besteht. Sogar die für so harmlos gehaltenen kleinen Notlügen sind Fehler, Schranken, die der Ehre im Weg stehen. Eine Lüge, in welcher Form auch immer, ist Betrug, und Betrug ist ein großes Hindernis für erhörtes Gebet, für Freundschaft, für ein stabiles Leben. Die größte Lüge von allen ist, zu behaupten, Lüge in irgendeiner Form sei harmlos. Die Wahrheit lugt durch den dünnen Schleier der Lüge, und alle Glaubwürdigkeit ist weggewischt. Doch die Wahrheit besteht ewig.

Ich habe dich immer gelehrt, daß ein Lügner es nicht wert ist, als Mann betrachtet zu werden …

STUNG ARM

23. April

Einige der größten Erfolge entstanden aus der Eingebung des Augenblicks – etwas, das uns einfiel und das wir mit leichter Hand ausführten, als hätten wir es schon tausendmal getan. Wie geht das vor sich? Die Cherokee sind sich darüber einig, daß das Herz, *u na wi*, die Seele von allem, nicht schwer sein sollte, wenn wir mit dem Wesen des Großen Geistes umgehen. Das zugrundeliegende *di ka no di*, der materielle Werkstoff, muß mit Händen behandelt und getragen werden, die *a da la du di*, die Quelle des Lichtes, verehren und nicht die Dunkelheit. Wenn wir uns selbst zu wichtig nehmen, tragen wir eine zu große Last, und es geht so langsam voran, daß wir zu zweifeln beginnen. Zweifle niemals an Yoweh, und der Große Geist wird tun, was zu tun ist.

Du sagtest, du würdest das Feuer verstärken … Füge mehr Brennstoff hinzu, um es heller zu machen …

Canassatego, 1742

24. April

Das wilde rosa Eisenkraut, das so reich an den Böschungen wuchs, ist in eine andere Gegend abgewandert. An seine Stelle sind gelbe Blumen getreten, fremdartig, aber wie Sonnenschein nach einem Regenguß. Ein bekannter Spruch besagt, daß etwas um so mehr es selbst bleibt, je mehr es sich ändert. Gleich Menschen und Umständen wechseln Blumen so schnell und unerwartet, daß es scheint, als würde sich das Fundament des Vertrauten selbst bewegen und wandeln. Die Cherokee nennen dies *a ma yi*, Wasser im Bach. Es ist stets in Bewegung und Wandel vor unseren Augen. Die Natur mahnt uns, unseren Geist zu erneuern, unsere Sichtweise der Zeit anzupassen und zu erweitern, statt die täglichen Veränderungen der Welt hinzunehmen, die zu nichts führen. Niemand ist je so vollkommen gewesen, daß er sich nicht selbst übertreffen und in einer anderen Gegend noch prachtvoller hätte blühen können.

Wenn wir unsere Hände erheben, geben wir unsere Abhängigkeit vom Großen Geist zu erkennen.

Blackfoot

25. April

Eines Tages werden wir imstande sein, das Leben mit großen Schritten zu durchmessen, vielen Dingen aus dem Weg zu gehen und noch mehr völlig zu ignorieren. Irgendwann werden wir lernen, den Einbildungen weniger Aufmerksamkeit zu schenken und damit aufzuhören, uns um Dinge zu kümmern, mit denen wir in der Vergangenheit nichts zu tun hatten – und die wir in der Zukunft nicht nennenswert zu ändern vermögen. Eines Tages werden wir wie jener ältere Cherokee sagen: «Es ist so lange her, seit ich dich zuletzt gesehen habe … Es interessiert mich nicht mehr.» Bald werden wir uns der Dinge entledigen, die wir ohne guten Grund aufbewahrt haben – und Platz haben für das, was wir wirklich wollen. Sobald wie möglich werden wir uns weniger um Probleme kümmern, wohl wissend, daß manche sie zu ihrer Sicherheit brauchen. Sehr bald werden wir einen ganzen Tag in der Sonne sitzen und einfach glücklich sein darüber, daß wir den ganzen Tag zusammen in der Sonne sitzen und einfach glücklich sein können.

Behandle die Menschen so, wie du behandelt zu werden wünschst.

HANDSOME LAKE

26. April

Negatives Denken ist eine Gewohnheit, die geändert werden kann, wenn wir sie wirklich zu ändern wünschen. Es ist zu häufig so, wie wenn man einen wunden Punkt berührt, nur um nochmals zu sehen, ob es noch weh tut. Die Probleme der meisten Menschen finden sich im Bereich der Bedürfnisse – das Bedürfnis, Schwierigkeiten zu haben, das Bedürfnis, mit etwas zu schaffen zu haben, damit sie sich gebraucht und wichtig fühlen können. Was machen wir am Ende, wenn niemand von uns abhängig ist? Es ist ein angeborener Glaube der Cherokee, daß wir es nicht nötig haben, uns Probleme aufzuhalsen, *a to li s di*, daß wir keine Veranlagung dafür besitzen. Laß die Probleme, wo sie sind – oder laß sie sich auflösen. Wenn Schwierigkeiten unseren Blick gefangennehmen, mögen sie zu uns kommen. Wir kennen Besseres, um unsere Zeit zu füllen. Es ist fatal, wenn man Glück und Wohlbefinden nicht genügend wünscht, um sie ins tägliche Leben einzuladen.

Obgleich wir mächtig und stark sind und zu kämpfen wissen, wünschen wir nicht zu kämpfen.

Die Cherokee

27. April

Vergebung scheint uns ständig zu begleiten. Das Bedürfnis, zu vergeben, Vergebung zu erfahren ist unmittelbar verknüpft mit dem Lieben und Geliebtwerden – oder dem Liebenswertsein. Wir lieben manchmal besser aus der Entfernung. Raum und Zeit geben den Blick auf die Dinge frei, so daß wir das Richtige und das Falsche sehen können, um fähig zu sein zu verzeihen oder zur Bitte um Verzeihung. Solange wir dem Verzeihen widerstreben, gewinnen wir nicht an Boden. Ein Groll ist eine Steinmauer, die uns keinerlei Bewegung erlaubt. Die Cherokee haben sich, ebenso wie andere Stämme, lange damit geplagt, den Grund für den Zug der Tränen zu erfahren. Das Leben hat seine eigenen Wege, sich auf gewisse Ziele hinzuentwickeln, es gibt für alles eine Zeit, und was verlorenging, wird viele Male wiedergewonnen werden. Wann? Es gibt einen genauen Zeitpunkt. *Yoweh* kennt ihn.

Wenn wir uns im Frieden befinden, jagen wir ungehindert, unsere Frauen und Kinder leiden keinen Mangel … Wir schlafen entspannt.

Cherokee

28. April

Wie erschreckend es ist, auf sich allein gestellt zu sein – doch wie normal! Wir gehen durch Zeiten und Orte, die fremd sind, sowohl für das Gefühl als auch für den Verstand. Wir haben ein unbehagliches Gefühl und wollen schnell zurück zum Vertrauten – selbst wenn das auch kein Ort zum Bleiben ist. Indem wir uns entwickeln, durchschreiten wir fremde Orte und haben ungewöhnliche Gedanken. Die Angst vor dem Unbekannten hat uns wachsam gemacht, läßt uns Fragen stellen und nach etwas suchen, das uns Halt, Richtung und Sinn gibt. Doch wir müssen unseren Geist ausdehnen, unser Denken erweitern, um anzunehmen oder zurückzuweisen, was wir noch zu lernen haben. Der Indianer hat die Fremdheit anderer Länder, anderer Bräuche gekannt, hat gekämpft und verloren, nur um zu kämpfen und zu gewinnen. Manche sitzen zwischen den Stühlen, doch ihr Beharrungsvermögen verdanken sie dem Großen Geist, der immer unsere Hand hält und sich für uns einsetzt.

Ich wünschte, ich könnte das rote Volk so groß machen wie die Ideen in meinem Kopf, wenn ich an den Großen Geist denke, der über uns alle herrscht.

TECUMSEH

29. April

Das Leben bringt unsere Prioritäten durcheinander – läßt uns über das gewöhnliche Wissen hinausdenken. Es gibt Dinge, die für uns alle grundlegend sind, zum Beispiel die Familie. Die Familie als Ganze ist wichtig, ebenso wie jeder einzelne. Die Familie läßt uns auf Gesundheit und Geist achten und bringt uns dazu, auf uns aufzupassen. Der unsichtbare Kreis versammelt alles, was wir lieben, in unserer Nähe. Doch der äußerste Bogen umspannt die Schaffung dessen, was wir persönlich sind. Jeder Mensch muß genügsam sein und ehrfürchtig, ehrerbietig gegen das Spirituelle, er muß die Wahrheit anerkennen und nicht einfach den Höhen und Tiefen seiner Gefühle nachgeben. Die Suche nach Glück führt uns weit weg, wenn es die Suche nach dem Selbst ist, nach einem göttlichen Zusammenhang, einem Wissen, daß wir tatsächlich im Göttlichen unseren Mittelpunkt haben. Wir sind Teil der Erde, Teil des Himmels, eins mit jedem lebenden Wesen. Aus diesem Grunde lieben wir. Das *ga lv quo di*, das Wertvolle, die teure Wahrheit, ist, daß wir lieben.

Es ist der Befehl des Großen Geistes, und alle Völker müssen gehorchen.

BIG ELK

30. April

Diejenigen unter uns, die ein Buschfeuer gesehen haben, wissen, daß, wenn eine Flamme erstickt ist, an anderer Stelle eine neue auflodern kann. Vorauszusehen, wo die nächste auftreten wird, erfordert einen geübten Blick, nicht gar so verschieden von unserem täglichen Leben. Manchmal ist es wegen der Bekämpfung von Notfällen schwer, etwas Neues zu machen. All dies ist ein Teil des Lebensgeschäftes. Wir erreichen die Vollkommenheit niemals ganz – schon gar nicht auf einmal. Und selbst wenn wir es tun, sind wir bereits unterwegs zu etwas anderem, das mehr Hilfe benötigt, mehr Arbeit. Ohne die Bewegung und Ausdehnung der Zeit würde die Vollkommenheit zu einem toten Nichts werden. Die Cherokee würden dir sagen, du solltest dein Lagerfeuer nicht in der Nähe von herumliegendem Brennstoff machen. Was in aller Welt sollte es für einen Sinn haben, mit Streichholz oder Zunge ein Feuer zu entfachen, wo wir nichts zu suchen haben?

Niemand hat jemals gesehen, daß ein Indianer etwas zerstört hätte, das der große Schöpfer dem Menschen für seine Bedürfnisse gab.

RED FOX

Mai

Ana-sku'tee

Pflanzmonat

Wir, die alten Siedler, beraten uns hier
mit den späteren Auswanderern,
und sie sind sehr liebenswürdig zu uns …
Wir sind voller Zuversicht, daß sie
euch in aller Freundschaft empfangen werden.

Sequoya

1. Mai

Eine Landstraße im Mai summt vor Geschäftigkeit. Bienen durchkämmen die Kleefelder nach Nektar. Butterblumen und Margeriten öffnen sich der Sonne, und eine Spottdrossel unternimmt es, jeden Laut, den sie je gehört hat, zu imitieren – sogar die Küken der Hühner. Wilde Zwiebeln und rosa Eisenkraut teilen sich ihren Standort, und die fettigen Blüten der Büffelerbsen nicken im Frühlingswind. Erst jetzt hat sich die Luft für die Sonne erwärmt, und die Pflanzen und Blätter der Eichen, die der Himmel wie ein Kokon umschließt, wachsen zusehends. Jetzt ist die Zeit, in Muße die feinen, stündlich auftretenden Veränderungen zu genießen, die Gerüche, die mit neuen Pflanzen gefüllten Straßenränder und die grünen Hügel und Täler. Sie kommen schnell, die *di ga ne tli yv s di*, die Veränderungen, die manchmal heranreifen, ehe wir den Unterschied sehen. Wenn wir nicht achtgeben, werden sie von unserem getrübten Denken und Sehen ausgegrenzt, bis uns das Beste davon entgangen ist.

Dies bringt Ruhe in mein Herz. Ich fühle mich wie ein Blatt nach einem Sturm, wenn Windstille eintritt.

PETALASHARO

2. Mai

Ist es wahr, daß all unsere Probleme gelöst sein werden, wenn wir diese eine schwierige Situation bewältigt haben? Jeder Tag hat doch seinen Anteil an dieser Situation – wenn nicht in unserem Leben, dann im Leben derjenigen, die uns am Herzen liegen. Wir sind derart miteinander verbunden, daß alles, was einen von uns berührt, uns alle berührt. *A ne lv to di*, eine große Anstrengung, jeweils ein Tag, ein Schritt, eine Frage: Sind wir zuverlässig? Oder bringen wir andere Menschen dazu, unsere Spuren zu verwischen, so daß wir weiterhin tun können, was wir wollen? Wenn ein schwerer Makel, eine Gewohnheit, eine Sucht sich an unsere Fersen heftet, liegt es daran, daß wir uns nicht dazu entschlossen haben, uns umzudrehen und ihm oder ihr ins Auge zu sehen. Der Versuch, es annehmbar zu machen, beraubt uns nur dessen, was wir am meisten brauchen – der Fähigkeit, uns selbst zu lieben und zu achten. Doch wir sind nicht in der Lage, es alleine zu schaffen. Nur der Große Heilige Geist, und er allein, kann uns die Kraft dazu geben.

Der Große Geist tut recht. Er weiß, was das beste für seine Kinder ist.

SENECA

3. MAI

Das Leben holt uns schnell ein, wenn wir alles zur Plackerei werden lassen. Wir hören zu lernen auf. Wir hören auf, mit Interesse hinzuschauen und unserer eigenen Bedürfnisse und Gefühle gewahr zu sein. Alles wird zur Routine, und am Horizont erscheint nichts Neues. Zu vieles schieben wir auf das Alter. Das Alter hat wenig zu tun mit dem blauen Dunst, den wir sich über uns breiten lassen und über die Dinge, die uns etwas bedeuten. Es ist ein Mangel an Energie, den unser Mangel an Phantasie hervorruft. Es ist ein Mangel an Interesse, der das Gedächtnis abstumpft. Bei allen indianischen Stämmen stehen die Älteren, die *a ga yv li*, in hohem Ansehen. Sie müssen sich erinnern, damit sie es den Jüngeren mitteilen können – und sie mahnen uns, auf unseren Mund zu achten, um nichts Negatives zu sagen. Sie fordern uns auf, unsere Vision zu erneuern. Sie sagen, unsere Fähigkeiten seien unbegrenzt und wir würden erkennen, wenn etwas oder jemand unser Licht entzündet.

Was ist das Leben? Es ist das Leuchten eines Glühwürmchens in der Nacht ... Es ist der kleine Schatten, der über das Gras läuft und sich im Sonnenuntergang verliert.

CROWFOOT

4. Mai

Kleine Dinge sprechen zu unseren Schmerzen. Laute, Gerüche, Musik, die für andere nichts bedeuten, reichen in unsere Seele hinein und haben eine Wirkung, die an der Oberfläche nicht spürbar ist. Einfache Arzneien können tief sitzende Krankheiten heilen – ein Lächeln, das zufriedene Pfeifen eines Vorübergehenden, das Zwitschern von Vögeln in der Abenddämmerung. All dies wärmt uns und gibt uns Hoffnung. Aber wir müssen nach Stimmen lauschen, nach inneren und äußeren, die uns Ruhe geben und das negative Gerede, die negativen Umstände zurückweisen. Wir haben mehr Spielraum für unsere Bemühungen, als wir glauben. Wir sollten die Möglichkeiten, uns selbst zu helfen, nicht geringschätzen. Es ist unsere Entscheidung, zur Sache zu kommen und für Hilfe und Heilung aus ungeahnten Quellen offen zu sein.

Tag und Nacht können nicht zusammen wohnen. Eure Religion wurde auf Tafeln aus Stein geschrieben, die unsere wurde uns ins Herz geschrieben.

Seattle

5. Mai

Erinnerung kann schmerzlich und manchmal auch ohne jeden Nutzen sein. Oft aber ist sie uns ein Ansporn, voranzugehen, nicht zu zögern, sondern weiterzumachen und zu tun, was wir tun müssen. Es ist viel zu einfach, ein *u s ga nv tsv*, eine falsche Schuld, eine schlechte Idee mit sich herumzutragen, die unsere guten Erinnerungen verdrängt. Wir verlieren die positiven Dinge, die wir getan haben, uns das Glück, an dem wir teilhatten, aus dem Blick, indem wir uns an tausend unmögliche Wünsche erinnern, die wir erfüllt sehen wollten. Doch es tut nicht gut, wenn man die Gegenwart klein macht, weil die Vergangenheit nicht das war, was wir von ihr erhofft hatten. Wir können nicht umhin, uns an Dinge und Zeiten und uns liebe Menschen zu erinnern, aber es ehrt sie mehr, wenn wir ihrer mit Freude gedenken, anstatt uns auf das zu konzentrieren, was wir in der Vergangenheit taten oder nicht tun konnten.

Unsere nackten Füße sind sich der mitfühlenden Berührung durch unsere Ahnen bewußt, wenn wir über diese Erde schreiten.

Seattle

6. Mai

Wenn wir in unserer Wachsamkeit nachlassen, wartet die Gewohnheit darauf, ihre Ansprüche geltend zu machen. Sie wirkt unschuldig und ist so vertraut, daß wir kaum ahnen, was für Zähne sie hat! Wenn wir beschließen, etwas zu ändern, können wir nicht erwarten, es in einem großen Aufwasch zu schaffen. Was mit so winzigen Schritten die Oberhand über uns gewonnen hat, muß auf die gleiche Weise ausgemerzt werden. Die Tatsache, daß wir kleine Schritte machen, verringert unsere Entschlossenheit nicht. Nach und nach wandeln wir unsere Gewohnheiten um und stellen sicher, daß kein Vakuum entsteht, das von anderen schlechten Gewohnheiten besetzt werden könnte. Wenn wir *a ne lo ta nv*, eine Anstrengung zur Veränderung, gemacht haben und gescheitert sind, liegt es wahrscheinlich daran, daß wir versuchten, es allein zu tun, oder die Notwendigkeit der Veränderung leugneten. Der Cherokee glaubt, daß er *u na li go sv* braucht, eine Hilfe oder Partnerschaft, um ihn zu unterstützen. Dabei kann es sich um eine weitere *v da di lv quo ta nv* handeln, eine besondere oder gesegnete Person, die in *Galun lati* ruht.

Ich bin des Redens müde, das zu nichts führt.

Häuptling Joseph

7. Mai

Wenn wir alles Schöne ignorieren und nur vorausblicken in irgendeine Zukunft, besteht die Wahrscheinlichkeit, daß dann alles wieder gleich sein wird. Jetzt ist die Zeit, das *e to a*, die Gegenwart, um die Liebenswürdigkeit anderer Menschen zu sehen, die Möglichkeit, dankbar zu sein – zu genießen. Warum warten? Vollkommene Zeiten sind trügerisch. Sie erzeugen eine Atmosphäre, die einen nach dem Außergewöhnlichen Ausschau halten läßt. Besser ist es, in gewöhnlichen Zeiten die Liebe zu erleben. Die Zeit vergeht. Nicht die Höhepunkte sind es, die das Leben der Mühe wert machen, sondern die Zwischenzeiten, die uns die Möglichkeit geben, in der Stille einer waldigen Bergschlucht zu stehen, und sei es auch nur in unserem Herzen, und zu wissen, daß die Liebe Lohn genug ist für alles. In unseren Seelen macht sie jeden zu einem Riesen des Friedens.

Ich möchte euch sagen, wenn der Große Geist jemanden dazu erwählt hat, das Oberhaupt dieses Landes zu sein, dann bin ich es.

Sitting Bull

8. Mai

Die Zeit des Abendessens hat viel Gutes. Es geht dabei nicht nur um eine Mahlzeit – wärmend sind die glücklichen Erinnerungen. Ein paar sonnige Stunden, um nach der Schule barfuß zu laufen, eine Zeit des Heimkommens, in der man hört, was jeder der anderen während des Tages gemacht hat. Die Abendbrotzeit bedeutet, Großmutter zu beobachten, wie sie *digalvnhi* macht, die Traubenklöße der Cherokee, und sie beim Arbeiten singen zu hören. Eine Stunde steht niemals für sich allein, sondern ist eingebettet in all die Stunden, die vorausgingen. Nichts geht jemals verloren – nicht einmal die einfachsten Dinge, denn die Zeit erhöht, was uns lieb gewesen ist. Wir neigen dazu, zurückzublicken und zu denken, daß etwas nicht mehr existiert. Aber es existiert doch, in all den lieblichen Stunden, die uns erwarten – wie in der Abendbrotzeit, wie beim Singen in der Küche und beim Backen warmen Brotes. Dies ist nicht nur Erinnerung, es ist Teilhabe am Leben.

Wir wollen keine Reichtümer. Wir wollen Frieden und Liebe.

Red Cloud, 1870

9. Mai

Halb gesprochene und nicht ganz gehörte Sätze sind eine Quelle von Schwierigkeiten. Nur im hellen Licht der Vernunft und des Verstehens können diese düsteren Mißgeschicke korrigiert werden. Manche Leute sind einfach darauf eingestellt, etwas Negatives zu hören – selbst wenn es niemals beabsichtigt war. Sie hören mit einem Ohr, das dem Ungemach schon im vorhinein zugeneigt und nur allzu gewillt ist, es fortzuführen. Wir könnten vielleicht überlegen, was wir hören wollen – denn jeder hat Momente, in denen er Worte mit wenig Bedeutung daherplappert. Ob es ein Ausrutscher der Zunge oder nur das Füllen einer Gesprächslücke ist, wir machen uns eben manchmal des Sprechens schuldig, wo wir hätten zuhören sollen. Die Zunge ist ein kleiner Wicht und zündet manchmal ein ganz schönes Feuer an, wo sie eigentlich auf die Streichhölzer spucken sollte.

Wir werden wie sie…, lauter Schwätzer und keine Arbeiter.

Black Hawk

10. Mai

Wir sind komplexe Kombinationen aus vielen Dingen. Geist, Körper und Seele, gewiß, doch mit all den Höhen und Tiefen und Gefühlen, welche diese drei ergeben. Wenn eines von ihnen nicht in Form gehalten und mit den anderen in Harmonie gebracht wird, kommen wir aus dem Gleichgewicht. Fast immer überwiegt das Interesse an einem Teil, anstatt die Notwendigkeit der Entwicklung des ganzen Menschen zu sehen. Was für den einen das Lesen eines Buches ist, ist für den anderen ein Dauerlauf. Es ist natürlich, zu tun, was uns gefällt und uns das Gefühl gibt, achtbar zu sein. Der Cherokee behauptet, daß das ganze *i ya dv ne li da s di* leidet, das komplexe System, wenn du *tso tle s di*, die ganze Zeit herumsitzt, oder Geist und Seele untätig sind. Einst diente der indianische Tanz dem ganzen Menschen, der Anbetung, der Körperübung und der Aktivierung des Geistes. Wahre Fitneß erfordert all das.

Wir arbeiten so hart wie ihr! Habt ihr je versucht, einen Büffel abzuhäuten?

Ouray, Häuptling der Ute

11. Mai

Honigbienen, die sich auf frühe Blumen im Garten verlassen hatten, finden jetzt überall auf den Wiesen ein Festmahl vor. Roter Klee, Honigakazien und die rosafarbenen Blüten der indianischen Malpinselblumen wachsen in verschwenderischer Fülle, um die Bienen zu nähren und dem Auge Frieden zu geben. Ein Abendchor von Feldsperlingen trillert im Weizenfeld, und ein brütender Kiebitz verlangt nach Ungestörtheit, indem er die Nummer mit dem gebrochenen Flügel vorführt, um Vorübergehende abzulenken. Die ganze Wiese wimmelt bis zur Dämmerung vor Geschäftigkeit – und dann breitet sich eine Stille aus, die nur von der kehligen Stimme der Baumkröte unterbrochen wird. Es ist den Cherokee bewußt, daß jedes Tier, außer dem Menschen, weiß, daß es vor allem darum geht, das Leben zu genießen, und sie, die Cherokee, stellen sich auf die Seite der Natur.

Die Zeit der Aussaat ist da, aber eure Felder sind nicht darauf vorbereitet. Geht zurück und pflanzt das Sommergetreide.

Keokuk, 1832

12. Mai

Die Menschen auf dem Land finden es nicht seltsam, wenn sie hören, daß der Teich umkippt. Sie wissen, daß dies keine Unregelmäßigkeit ist, sondern daß alles, was hineingefallen ist, plötzlich nach oben kommt. Es ist die Art der Natur, das Haus zu säubern. Es ist nicht hübsch, aber es funktioniert. Manchmal bedarf der ganze Teich der menschlichen Angelegenheiten eines Umkippens. Wenn alles auf einmal zu kommen scheint, Freunde nicht mehr mitmachen und Mitarbeiter plötzlich im Schlamm festsitzen, ist es Zeit, das Haus zu säubern. Es ist nicht immer *u wo du hi*, schön, aber es funktioniert. Das Beste daran ist, daß es nicht lange dauert. Mit der Zeit renkt sich alles ein – für eine Weile. Es ist hilfreich zu wissen, daß der Teich, wenn etwas Unsauberes ins Wasser fällt, am Ende umkippt, um es loszuwerden. Es braucht nur etwas Zeit.

Wir schworen, einander weder Böses zu tun noch gegeneinander Ränke zu schmieden.

GERONIMO

13. Mai

Manchmal bedarf es einer anderen Person, um für uns zu tun, was wir anscheinend nicht selbst für uns tun können. Wir brauchen jemanden, der über die Äußerlichkeiten hinwegsehen kann und uns erlaubt, uns an ihn anzulehnen, bis wir die Kontrolle wiedergewonnen haben. Der Cherokee neigt nicht dazu, ein Problem mit jedermann offen zu diskutieren. Schweigen ist nicht nur Gold, es ist auch sicherer, und Reden könnte die Schwierigkeiten sogar noch vergrößern. Aber er weiß, daß die passende Zeit, der passende Ort und die richtige Person sich einstellen werden, und dann kann er reden. Es ist nicht so, daß wir fürchten, eine Schwäche zu zeigen, sondern wir wissen um die Macht der Worte, daß wir die Dinge schlimmer machen, wenn wir auf negative Weise über unsere Nöte sprechen. Selbst das Gebet sollte unsere Wünsche nicht wiederholen. Yoweh weiß, was wir brauchen. *Er* wartet auf unsere Anbetung und Danksagung, für welche das Nötige schon bereitgestellt ist.

Der Umgang alter Indianer untereinander ist von einer Würde, die mich an einen Streifzug durch einen Winterwald erinnert.

COCHISE

14. Mai

Wie oft rief sie mich an ihre Seite, um etwas Schönes mit ihr zu teilen – das glühende Abendrot eines Sonnenuntergangs, den Ruf eines Ziegenmelkers, oder einen jener seltenen Momente, da Venus in die Nähe des Neumondes rückt. Wie oft hielt sie meine Hand, um mich in Hoffnung und Furcht, Geburt und Tod, Glück und Unglück zu trösten. Wie oft lehrte sie mich, daß niemand jemals allein ist. Wir stehen immer in der Gegenwart von Gottvater, der uns liebt – gleichgültig, was kommen mag, uns zu schrecken. Wie oft sagte sie: «Du kannst es schaffen!» – und wie oft unterließ sie es, zu sagen: «Du wirst es niemals schaffen!» Und wieviel Glück und Segen wünsche ich ihr – meiner Mutter.

Ich werde mit meiner Familie kommen und mein Zelt in eurem Lager aufschlagen, damit andere sehen ..., daß ihr unter meinem Schutz steht.

EAGLE WING

15. Mai

Unser Wille, an allem zu arbeiten, woran wir arbeiten können, öffnet uns die Türen zu neuen Möglichkeiten. Bereitwilligkeit haucht uns Leben ein und gibt uns Perspektiven. Hoffnung ist gut, doch Entschlossenheit ist besser. Sie bestimmt, wie das geschieht, was für uns vorgesehen ist. Und wir können nichts tun, wenn wir nicht damit aufhören, darüber nachzudenken, was wäre, wenn wir versagen sollten, oder was wäre, wenn wir nicht anerkannt werden. Die Frauen der Cherokee wurden niemals weniger geachtet als die Männer. Sie wurden geehrt und bildeten sich, so daß sie die Kinder unterweisen konnten. Es bedeutete harte Arbeit und die Entschlossenheit, ihre Fähigkeiten zu vervollkommnen, so daß sie sie weitergeben konnten. Manchmal ist das Hauptziel unserer Arbeit nicht, uns zu nützen, sondern eine sinnvolle Sache gut zu machen. So halten wir die Arbeit auf einem hohen Niveau und suchen uns niemals ein einfaches Hintertürchen. In der Arbeit liegt Ehre – selbst bei der einfachsten Tätigkeit. Wenn die Arbeit nur dem äußeren Schein dient, ist der Erfolg kurzlebig.

Falls unsere Kinder diesen Ort besuchen sollten ..., werden sie mit Freude die Hinterlassenschaft ihrer Väter sehen und erkennen.

SHARITARISH

16. Mai

Eine Entscheidung, die wir treffen, kann uns in den Kampf führen, in einen inneren und einen äußeren Kampf gegen unseren eigenen Willen und gegen den negativen Lauf der Welt im allgemeinen. Ein gestecktes Ziel trotzt uns – wir können unmöglich schaffen, was schon klügere Leute versucht und nicht geschafft haben. Doch es besteht die Möglichkeit, daß wir eine Quelle der Erkenntnis besitzen, die andere vielleicht nicht hatten, auch wenn alles zu ihren Gunsten und gegen uns spricht. Vielleicht haben wir etwas Verläßliches, dem keine gegen uns geschmiedete Waffe gewachsen ist. Häuptling John Ross lehrte die Cherokee, beharrlich zu sein. Kein Augenblick dürfe in Apathie vergeudet werden, Körper und Geist müßten angespannt sein. Die Bereitschaft des Stammes, in Ehre und Redlichkeit durchzuhalten, half uns zu überleben.

Unsere Sache ist bei Gott und den guten Menschen, und dort wollen wir sie auch lassen.

CHEROKEE

17. Mai

Wenn man einen verzogenen Behälter in der Hoffnung, ihn wieder in Ordnung zu bringen, in einen anderen, unversehrten steckt, so ist das zwecklos. Es verdirbt nur den guten. Das Material muß bei beiden stimmen, wenn sie erhalten bleiben sollen. Wir können durch äußere Einwirkungen beeinflußt, sogar ermutigt werden, doch echte Veränderungen kommen aus dem Inneren. Man kann lange Zeit auf die Änderung einer Situation warten, damit man sich selbst ändert. Doch das wird nicht geschehen. Wir müssen zuerst uns ändern – unsere Gedanken, unsere Haltung und, sehr häufig, unsere Motive. Wenn wir jemals vollkommen frei von *u tso a se di* sein wollen, was der Cherokee-Ausdruck für elende und unglückliche Verhältnisse ist, so müssen wir unseren menschlichen Geist nach dem Willen des Großen Geistes neu modellieren. Das ist die einzige Hilfe, die sich nicht auf Geld oder Abhängigkeit von jemandem gründet, der ebenso schwach ist.

Großer Geist, blicke mich auf der Erde noch einmal an, und versuche, meine schwache Stimme zu hören.

Black Elk

18. Mai

Haben wir die Kontrolle darüber verloren, wer wir sind? Haben wir uns in eine solche Lage versetzen lassen – im Glauben, daß wir Stück für Stück von uns einbüßen müssen, um weiterzukommen? Die einzige Waffe gegen uns, welche die vollkommene Hochachtung der Welt besitzt, ist das Geschäft der Gewichtsverminderung. Noch nie haben so viele so lange gekämpft, um so wenig zu verlieren. Man bedenke den Wert eines Pfundes Fleisch in Dollars – der Exzeß, die Tränen des schlechten Gewissens, das Eingeständnis, daß wir unsere Nahrungsaufnahme nicht beherrschen können. Obgleich Zügellosigkeit bei allem eine Belastung ist, ist sie nicht Krankheit. Sie ist der stille Feind, der Geist der Zerstörung, den der Cherokee *u so nv i* nennt, der nicht gut ist, sondern böse. Es ist der Feind, der keine Macht außer der unterbewußten Suggestion hat. Doch tritt ein in den Großen Heiligen Geist, und sein mächtiges Gebrüll ist nur noch ein Piepsen. Wir müssen uns darum sorgen, aber wir müssen auch wissen, daß wir in Wahrheit frei sind.

Als der Große Vater Männer aussandte zu unserem Volk, war ich arm und dünn; jetzt bin ich massig, breit und fett. Das liegt daran, daß so viele Lügner geschickt wurden … und ich mit ihren Lügen vollgestopft worden bin.

Red Dog, 1870

19. Mai

Wenn es etwas gibt, das uns schreckt, ist es der Gedanke, daß ein Teil des Lebens vergeudet worden ist. Wir blicken zurück und fragen, warum wir es geschehen ließen – was so wichtig war, daß es uns unsere Jugend stehlen konnte, unsere Stärke, unsere Fähigkeit, jemand zu sein, einfach glücklich zu sein. Ist es zu spät, noch einmal zu beginnen? Niemals. Es mag sich um andere Regeln handeln, um drastisch veränderte Werte – trotzdem. Viele haben noch einmal angefangen und verfügten in kurzer Zeit über mehr Glück und Zufriedenheit als in all den Jahren zuvor. Alle, die sich jemals einem Zug der Tränen angeschlossen haben, wünschen, sie hätten damals gewußt, was sie jetzt wissen. Doch wir wußten es nicht, und das Leben lebt sich nicht in der Rückschau. Wir handelten, wie wir zu handeln verstanden – manchmal in großer Unwissenheit. Doch wenn wir nun den Unterschied kennen und neu anfangen wollen – warum nicht? Und warum nicht jetzt gleich?

Jahre der Prüfung und der Angst, der Gefahr und des Kampfes haben das Volk der Cherokee als eine eigene Gemeinschaft erhalten ..., und eine solche muß weiterbestehen.

Häuptling John Ross

20. Mai

Viele von uns würden freudig den Schmerz derer auf sich nehmen, die wir lieben. Wir haben das Gefühl, wir hätten eher die Fähigkeit, ihn zu ertragen, könnten besser damit umgehen. Wir möchten sie so unbeschadet und vollkommen wie möglich belassen. Doch wir können nicht die Probleme anderer Menschen lösen. Sie müssen ihre eigene Kraft gebrauchen und lernen, was im Leben wahr und falsch ist. Nicht viel anders als wir werden sie vielleicht nicht die klügsten Schritte unternehmen. Auch mag es nicht leicht sein für sie, zu glauben, daß unsere Erfahrungen ebenso erbärmlich waren wie ihre eigenen. Es ist schwer, nicht zu weinen mit denjenigen, die wir lieben. Unsere Herzen weinen, auch wenn Frustration unsere Gesichter streng und gleichgültig macht. Aber wir müssen anderen Menschen erlauben, ihre Füße aufzusetzen und festen Stand zu gewinnen. Wie können sie aus eigener Kraft stark werden, wenn wir ihnen im Weg zu stehen versuchen?

Manchmal beteten wir schweigend; manchmal betete jeder laut; manchmal betete eine betagte Person für uns alle … und zu Usen.

GERONIMO

21. Mai

Viele sind Spieler, ohne es zu wissen. Sie fordern ihr Recht, etwas zu tun – selbst wenn es nicht ratsam ist. Wir können auf unserem Recht bestehen, an der Ampel zu wenden, aber wenn jemand anders noch nie von unserem Recht gehört hat und die Gelegenheit zum Durchfahren wahrnimmt, ist es eine gefährliche Sache. Rechte zu haben ist nur von Vorteil, wenn die Verantwortung dafür damit einhergeht. Manchmal ist ein Recht ein Privileg, das wir nicht einzufordern wagen. Der Cherokee nennt dies *u na du da lv* – abgeklärt und anderen gegenüber rücksichtsvoll zu handeln. Manche Leute neigen zu dem Glauben, sie stünden über den grundlegenden Regeln des Lebens. Doch wenn das Leben einen Stein fallen läßt auf denjenigen, der sich dies anmaßt, kann es wohlverdient sein. Es erinnert uns daran, bei allem die Grenzen zu respektieren.

Du ließest mich die gute Straße und die Straße der Schwierigkeiten kreuzen; und der Ort, an dem sie sich kreuzen, ist heilig.

Black Elk

22. Mai

Die Vergangenheit sollte wegen ihres reichen Schatzes an Erfahrungen – auch mit ihren Fehlern – geachtet werden, glaubt der Cherokee. Darin sind all die Prüfungen und die Weisheit unserer Vorfahren, das zeitlose Leiden und Reifen enthalten, das man uns mit mutiger Stirn hat zukommen lassen. Wir jedoch, mit weniger Erfahrung und weit weniger Weisheit, fragen uns, warum sie bestimmte Dinge getan haben. Wir brauchen nur auf unsere eigene neuere Geschichte zu schauen, um zu wissen, daß viele Umstände zusammenkommen, um manches, was geschah, zu erzwingen. Warum wir etwas taten, klug oder unklug – wir erzählen es unseren Nachkommen nicht Wort für Wort. Es ist besser, sie übernehmen, was wir gelernt haben, und bauen darauf auf. Die Jungen haben die Neigung, sich für weit schlauer und fähiger als ihre Eltern zu halten. Doch eines Tages werden auch sie die überkommenen Strukturen erkennen und verstehen. Sie werden verzeihen und hoffen, man werde auch ihnen verzeihen, daß sie keine Wunder vollbringen konnten.

Großvater, Großer Geist, du hast mir den Becher des lebendigen Wassers gegeben, den heiligen Bogen, die Macht, Leben zu schaffen und es zu zerstören.

Black Elk

23. Mai

Stolz macht es uns oft schwer, um Verzeihung zu bitten. Statt einzuräumen, einen Fehler begangen zu haben, fällt es uns leichter, so zu tun, als sei er nicht passiert, und schnell unser Verhalten zu ändern. Worte sind wichtig bei der Liebe und beim Verzeihen – und Mut. Es ist gut, sie zu hören, noch besser, sie auszusprechen. Verzeihung dient nicht nur dazu, jemand anders besser über uns denken zu lassen, sondern auch dazu, uns zu helfen, besser über uns selbst zu denken. Korrekturen vorzunehmen, die Dinge richtigzustellen, ist *go tlv hi so di*, sich verändern – nicht nur äußerlich wegen der Wirkung, sondern innerlich aus gutem Grund. Wenn wir jemandem vergeben, hören wir auf, ihm zu grollen. Ein bißchen länger dauert es, zu vergessen – und noch länger, uns selbst zu verzeihen, daß wir so dumm gewesen sind.

Wir wollen Frieden halten. Werdet ihr uns helfen?

Häuptling Red Cloud, 1870

24. Mai

Eine dicke Schicht Zweifel kann, wie Nebel über den Hügelkuppen, das Licht abschirmen. Ohne Licht sind wir der Energie und der Vitalität beraubt – und am Ende der Hoffnung. Eine ältere Cherokee-Frau sagte: «Es ist wahr, daß die Cherokee litten, als ihnen ihre Häuser und ihre Gärten und ihre ureigenste Lebensweise genommen wurden. Wir liebten das Land und die Bäume und behandelten sie als Familie. Es war nicht der Große Heilige Geist, der das bewirkte. Es war die *a s ga na* (Bösartigkeit) der Welt.» Es scheint, daß es keine gute Gelegenheit gibt, um zu verzweifeln. Die Cherokee tanzen noch – keine heidnischen Tänze, wie die Welt einst vermutete, sondern in Dankbarkeit für den Großen Geist, so wie David vor dem Herrn tanzte. Und es ist höchste Zeit, daß wir, angesichts der Not, laut rufen und in die Hände klatschen.

Du sagtest zu mir, daß ich viermal einen Wunsch aussenden könnte … und du könntest mich hören. Heute sende ich einen Wunsch aus für ein Volk in Verzweiflung.

Black Elk

25. Mai

Größe besteht darin, ein Ziel zu haben – nicht nur darin, eine Persönlichkeit zu haben. Das Ziel formt die Persönlichkeit, nicht umgekehrt. Häuptling Joseph, Häuptling John Ross und Sitting Bull waren alle große Führer, doch ihr zentrales Ziel war noch größer. Jedes Körnchen Wissen, jedes Quentchen Weisheit diente der Führung und Leitung ihrer Völker. Diese wurden ständig daran erinnert, wie viel noch zu lernen war. Wenn ein Zweck und ein Ziel das Wohl des Volkes bedeutet, ist darin ein Samenkorn der Größe enthalten. In seiner Einfachheit hat es keine Zeit, ständig im Rampenlicht zu stehen, sondern nur dafür, mehr zustande zu bringen und das Zustandegebrachte weiter zu verbreiten. Für die Dienstbotengesinnung ist es erniedrigend, etwas zu tun, was anderen Menschen hilft. Diejenigen, die es tun, wissen, daß sie nur an der Oberfläche dessen kratzen, was es anzupacken gilt – und von ignoranten Leuten werden ihnen unglaubliche Hindernisse in den Weg gelegt.

Wir sind friedlich, wir sind nicht angriffslustig. Darin liegt unsere Stärke.

Indianischer Ältester

26. Mai

Schaut ein Kind auf eine ältere Person und sagt: «Ich möchte genau wie du sein»? Normalerweise nicht. Eher sagt es sich, es wolle es besser machen, wenn es im gleichen Alter sei. Es ist ein Angstdenken. Die Zeit vergeht, und das ist es, was ich zu werden fürchte. Wir sind eins mit anderen Menschen, wir brauchen einander, doch wir sind nicht dazu bestimmt, alle genau gleich zu sein. Als wir geschaffen wurden, wurden uns Vernunft und Individualität verliehen – nicht um untätig zu sein, sondern damit wir sie nutzen. Warum jeder negativen Anwandlung nachgeben, wenn wir nichts anderes tun müssen, als uns zu sagen, daß sie nicht annehmbar ist und es niemals sein wird? Bei den Cherokee bedeutet die Tradition viel. Die Alten gelten als weise und werden geachtet. Doch wir sind alle Individuen mit verschiedenen Anlagen, die durch das Erbe gefördert werden.

Wir machten niemals irgendeinen Handel. Manche Indianer gaben ihr Land auf; ich tat es nie. Die Erde ist ein Teil meines Körpers, und ich gab niemals die Erde auf.

TOOHULHULSOTE

27. Mai

Plötzlich ist die Stunde vorbei – und wir können einschätzen, was wir damit gemacht haben. Haben wir uns über irgend etwas gefreut? *U li lo hv s gi*, angenehme Zeiten dienen einem Zweck, glaubt der Cherokee. Es ist nicht nur *u wo tiv di*, ein Zeitvertreib, sondern das Vergnügen verlangsamt den Herzschlag, senkt den Blutdruck und erleichtert das Gemüt. Etwas jenseits des Bewußtseins versucht, den menschlichen Geist durch Verlangsamung davor zu bewahren, zu intensiv zu leben. Es ist nicht natürlich, sich mit Geist und Körper abzuhetzen, bis eine solche Schwäche eintritt, daß keine richtige Entspannung mehr möglich ist. Eine Pause, *a tsa we so lv s di*, was soviel wie Frist oder Rast bedeutet, wird uns Stärke und eine erneuerte Sichtweise geben. Ohne sie brennen wir aus und haben an nichts Freude.

Viele von uns haben vielleicht noch nicht gelernt …, daß wir alle ein Gehirn haben und begierig auf Arbeit sind.

Asa Daklugie

28. Mai

Man erfährt zu vieles, das nichts zum Leben beiträgt. Mit dem Auftreten des «Sag-es-wie-es-Ist» hat der Strom des getrübten Wassers einen Berg von Trümmern hereingeschwemmt. Ohne zu überlegen, ob es jemand hören will, halten es die Ungebildeten für nötig, ihren Müll in die Ohren anderer Menschen zu entleeren. Der Cherokee nennt es *u yo tsv hi*, nicht Musik, nicht Dichtung, nicht anmutige Worte, sondern reinen Quatsch. Die Verpackung mag neu und glänzend und mit bunter Farbe bemalt sein, doch im Inneren ist das gleiche alte faulige *ga da ha* (mit Abscheu gesprochen), und das Wort ist Schmutz. Kleine Dinge enthüllen viel über einen Menschen, aber nichts mehr, als worüber er spricht, worüber er lacht, was er amüsant findet – oder vorteilhaft. Gleichgültig, wie schön oder gutaussehend jemand ist, die Zunge verrät alles.

Gestern hörte ich etwas, das mich fast zum Weinen brachte.

LITTLE WOUND

29. Mai

Kaum etwas hat für die Cherokee eine derartige symbolische Bedeutung wie ein kristallklarer Bach. Die Ufer eines solchen Baches haben die tiefsinnigsten Gebete erlebt, Verehrung und Dankbarkeit aus innerster Seele. Hier ist es, wo der Große Geist auf übernatürliche Weise zu uns spricht, für die Cherokee *a da to li s to di*. Der Bach reinigt nicht nur und spült Unrecht und Irrtum fort, sondern er ist auch die Zunge, über die die Worte gleiten, die hier vom letzten Regen genährt wurden. Die Worte sind eine direkte Form der Kommunikation mit dem Großen Heiligen Geist, der damit unser Leben ins Gleichgewicht bringt. Alle Flüsse fließen ins Meer – ob es das Leben eines Menschen oder ein Bach ist. Zum Teil ist er turbulent, zum Teil friedlich – mit tiefen und seichten Stellen, mit reißenden Stromschnellen und kreisenden Strudeln. Doch er ist immer in Bewegung, sammelt in seinem Lauf stets die Erfahrungen, die uns zu dem machen, was wir sind.

Die Quellen ..., in ihnen zu baden verleiht neues Leben; aus ihnen zu trinken heilt jedes körperliche Leiden.

WEISHEIT DER CHEROKEE

30. Mai

Wenn wir lange Zeit mit der Not gelebt haben, lernen wir, sie schon aus großer Entfernung zu erkennen. Manchmal verbirgt sie sich im Gewand heiterer Ruhe, manchmal im Gelächter – doch fast immer in der Art, wie eine Person scherzt. Es erfordert einiges Verständnis, einiges *go li s di yi*, Erkennen und Einschätzen, den Schmerz zu spüren, der so gut versteckt ist. In solchen Fällen ist oft jemand nötig, der einen kennt. Wir brauchen einander. Diese ungewöhnliche Fähigkeit, eine Art von Verwandtschaft mit einem anderen Menschen wahrzunehmen oder herzustellen, macht uns zu Freunden und liebevollen Partnern. Wir müssen wahrhaftig zueinander sein, um einen Teil des innersten Herzens heilig zu halten. Was ein Freund an uns kennt und achtet, ist etwas, das er selbst ebenfalls haben muß.

Ich spreche geradeheraus und möchte nicht täuschen oder getäuscht werden.

Cochise

31. Mai

In diesem Zeitalter des Verteidigens und Einforderns von Rechten werden wir oft mit der Frage konfrontiert, wer uns mehr als jeder andere einschränkt ..., und ehrlicherweise müssen wir zugeben, daß wir selbst es sind. Wir verengen unsere Sichtweise und entwickeln eine Haltung der Hilf- und Hoffnungslosigkeit, um uns zu Fall zu bringen. Und doch sind wir auch diejenigen, die uns anspornen. Wir halten uns in Bewegung, sind aktiv und lassen uns von Hindernissen nicht aufhalten. Wir sind bereit zu arbeiten, das Gute auf den Weg zu bringen und es zu tun, ohne anderen auf die Füße zu treten. Wir halten ständig Wache über unser Denken und Handeln. Auf diese Weise folgen wir unserem *lo qui si*, unserem Stern, und recken uns nach oben, so daß wir vielleicht andere mit uns emporheben.

Das Mißgeschick blüht nicht eigens auf unserem Weg. Es wächst überall.

BIG ELK

Juni

Da tsalu'nee

Monat des grünen Korns

Ich bin ..., die Cherokee sind eure Freunde ...
Unser Wunsch gilt dem Frieden.
Frieden zu Hause und Frieden unter euch ...

Häuptling John Ross

1. Juni

Der Morgen ist ruhig, und der hohe Schrei des Habichts ist klar zu hören für die Wachteln und Kaninchen, die auf ihr scharfes Gehör vertrauen, um aus seinem Gesichtsfeld zu entwischen. Der Habicht ist auf der Jagd, und die kleinen Wesen der Natur wollen damit nichts zu tun haben. Bedrohliche Geräusche – seien es die eines *a t wo di*, eines Habichts, oder Sirenen, oder zornige Stimmen – machen angst. Als Kind lernte ich eine Lektion in Überleben, als ein von einem Habicht verfolgtes Kaninchen unter einem Stacheldrahtzaun an einem Feld entlanglief. Dem Habicht war nicht danach, in die Stacheln zu fliegen, und er gab auf, um leichtere Beute zu jagen. Das Kaninchen lag, erschöpft von der Angst, mit Herzklopfen und nach Luft ringend, da – aber ohne Furcht vor einem Kind, das kein *adananuladi*, keine Bedrohung oder Gefahr bedeutete. Es ist leicht, vor Angst schwach zu werden. Aber wie viele wissen, wo sie hinlaufen müssen, wenn bedrohliche Laute zu hören sind? Der Habicht schwebt nicht über uns, aber Yoweh tut es.

Ich höre nichts als gefällige Worte.

Mongazid, 1825

2. JUNI

Späte Juniabende bieten der schweifenden Seele des Tsalagi, des Cherokee, eine Vielfalt von Konzerten. Die Lieder der Heuschrecken und Grillen steigern sich zu einem Crescendo und sinken wieder in sich zusammen wie eine Flutwelle, die an- und abschwillt. Eine plötzliche Salve von Tutlauten schießt durch die Wälder, und ungeduldige Rufe antworten. Ruhig und heiter liegt die Prärie unter schwach blinkenden Sternen, bis Kojoten, wahrscheinlich nur zwei oder drei, zu heulen beginnen wie ein ganzes Dutzend. Der erste hochtönende Ruf klingt wie der Vorsinger bei einem Stampftanz, und dann fallen die anderen ein, ehe sie so plötzlich wieder aufhören, wie sie angefangen haben. In der Zwischenzeit fügt die klagende Stimme des Ziegenmelkers eine süße Note hinzu. Es war alles ein *ga nah si daw*, eine Botschaft des guten Willens – des Friedens auf Erden –, nicht nur für den Tsalagi, sondern vom Tsalagi für die ganze Welt.

Juni ist Da tsalu'nee, *der Monat des grünen Korns.*

CHEROKEE

3. Juni

Große Veränderungen erfordern viele kleine. Jede Veränderung scheint plötzlich, gleichgültig, wie gut wir uns darauf vorbereiten. Wir warten auf sie, bitten um sie, erwarten sie und nehmen es übel, wenn sie sich aufdrängt. Veränderung ist nötig, um jung und vital und beweglich zu bleiben. Ohne sie stagnieren wir, verlieren unseren Scharfsinn und fallen allzuoft in Melancholie. Selbst in den besten Zeiten fordert Veränderung ein gewisses Maß an Anpassung. Unser größtes Problem mit der Veränderung ist, daß wir von ihr eher erwarten, sie sei schlecht, als daß sie etwas ist, das uns glücklicher macht. Für einen *tsa tsu ga*, einen Floh, ist ein Hund die ganze Welt, sagen die Cherokee. Sosehr es uns auch gefällt, wo wir sind, es ist nicht die ganze Welt. Es gibt größere Dinge – und bessere. Wir müssen in der Lage sein, über den Hund hinauszublicken.

Ich habe mich zu dem gemacht, was ich bin.

Tecumseh, 1810

4. Juni

Was ist so seltsam daran, unsere Worte zum Aufbauen zu gebrauchen? Ist es nicht sinnvoller, etwas zu bauen, als etwas niederzureißen? Wer ist uns näher als wir selbst – außer Über-dem-Himmel, *Galun-lati*? Wir verbringen die meiste Zeit damit, unseren eigenen Worten zu lauschen – Worten, die in unser Ohr dringen, um uns aufzubauen oder uns herunterzuziehen. Manchmal flüstern wir sie in stummem Gespräch, manchmal sprechen wir sie aus, und sie treffen uns tief in unserem Herzen. Zuversicht kann aus dem entstehen, was jemand anders uns sagte, doch sie wird aufrechterhalten durch das, was wir uns selbst sagen. Wir verstärken sie jedesmal, wenn wir sagen, wir könnten tun, was wir einmal für unmöglich hielten. Wir verlieren sie, indem wir bekräftigen, was uns die Furcht als Wahrheit eingab. Sprechen kann unsere Lebensumstände ändern, wenn wir die Worte ändern.

Tecumseh sagte zu Big Warrior: «Ich werde mit dem Fuß auf den Boden stampfen und all eure Behausungen einstürzen lassen.» (Ein Erdbeben traf und erschütterte das Dorf.)

5. JUNI

Nichts kommt der Anmut eines Sommermorgens gleich, wenn die ersten Strahlen des Sonnenlichts über ein zur Ernte bereites Weizenfeld schweifen. Die honigfarbenen Köpfe neigen sich vom Gewicht des Korns und von der Feuchtigkeit des Taus. Wenige von uns könnten den Frieden entbehren, der kommt, wenn das erste Licht durch das Blattwerk auf der anderen Seite des Waldes bricht. Es strahlt dunstige Balken von Gold in Bereiche, die zu jeder anderen Zeit des Tages unberührt bleiben. Schnell geht es vorüber und läßt das Bedürfnis zurück, es wiederzusehen. Mit dem Morgenlicht ereignet sich ein Wunder. Trübe Gedanken hellen sich auf mit dem Zwitschern des Sommerfinken. Auf der Wiese erscheinen die wilden purpurnen Kegelblumen – und so beginnt der Tag.

Warm wie go gi a ga li s gv *beginnt der friedliche Tag. Warm wie Sommersonnenschein* – a leni s gv, *der friedliche Tag.*

6. Juni

Der Geist ist wie ein Sack mit einer Bundschnur. Wenn die Schnur so straff angezogen ist, daß in den Sack nichts hinein- oder herauskann, so ist das nervöse Anspannung. Das Problem wird drinnen gehalten und die Lösung ausgeschlossen. Zu solchen Zeiten ist es hilfreich, spazierenzugehen – wenigstens weit genug, um einen mit Sorge Beladenen von allem zu entfernen, was ihn daran erinnert, daß er in der Klemme ist. Während die Füße beschäftigt sind, entspannt sich der Geist – vielleicht nicht so weit, daß man beruhigt ist, aber doch wenigstens in dem Maße, daß man fähig ist zu *adanv*, zu klarem Denken. Richte die Gedanken beim Gehen bewußt auf das Schauen – so daß du jede Einzelheit, jede Sonnenblume siehst. Schau dir die Form eines Blattes an, das Spinnennetz, und beachte die Farben, sei dankbar für die Ohren zum Hören und die Augen zum Sehen. Nichts heilt die Seele und öffnet die Wege so gut wie die Loslösung von einem Problem.

Weder Zorn noch Furcht sollen in deinem Geist Wohnung finden.

Dekanawidah

7. Juni

Ein Geständnis mag gut für die Seele sein, doch es bewirkt selten, daß derjenige, der es gehört hat, sich gut fühlt. Das Bedürfnis, die Luft zu reinigen oder etwas offen herauszusagen, kann eine größere Kluft verursachen als der ursprüngliche Grund für das Geständnis. Worte können nicht wieder zurückgeholt werden, wenn sie einmal ausgesprochen sind. Sie sind fort, und es ist unmöglich, sie zurückzurufen. Manche lasten auf den Herzen der Menschen wie *hi lv s gi nv ya*, viele Steine oder ein schwerer Felsen. Manche werden geschleudert wie ein *di ga ti s di*, ein Speer, um zu verwunden. Und die meisten hätten niemals ausgesprochen werden sollen. Im Gebrauch der Worte liegen Leben und Tod. Wenn wir die Notwendigkeit fühlen, etwas zu gestehen, sollten wir es dort tun, wo der Zuhörer mit dem, was wir sagen, umzugehen weiß. Wer es so sehr nötig hat, von einer Last befreit zu werden, daß er sie jemandem aufbürdet, dem es schwerfällt, sie zu tragen, ist eine gedankenlose Person.

Er wußte, daß seine Worte schlecht waren; er zitterte wie die Eiche, deren Wurzeln durch viele Regenfälle zerrüttet worden sind.

Keokuk

8. Juni

Es ist ein Unglück, wenn uns jemand im Stich läßt, aber nicht so schlimm, wie wenn wir uns selbst im Stich lassen. In dem Augenblick, in dem wir einen Fehler machen oder versagen, fangen wir an, uns zu verdammen. Wie konnten wir so dumm sein, so albern, so unvorsichtig? Wir fallen unserem eigenen Mund zum Opfer. Es ist zu einfach, sich an den Gedanken zu gewöhnen, wir seien zweitklassig, anderen nicht ganz ebenbürtig. Wenn wir es oft genug sagen, denken wir es, und es frißt sich hinunter in unser Herz, um wieder aufzutauchen, wenn wir es nicht brauchen können. Wer kann uns lieben, wenn wir uns nicht selbst lieben? Wer wird uns aufbauen, wenn wir selbst damit beschäftigt sind, uns niederzumachen? Selbstsicherheit heißt, sich selbst für sich zu gewinnen – nicht andere. Doch wir müssen die Fähigkeit, die in uns ist, aktivieren, zusehen, daß wir all die Kleinigkeiten würdigen, die wir beherrschen. Wir können nur das sein, wozu wir uns selbst ermächtigen.

Diese Worte sind die meinen, und sie sind wahr.

Häuptling Meninock

9. Juni

Nah ist der Löwe auf unserem Pfad. Doch wenn wir uns umdrehen und ihm die Stirn bieten, wird er sich davonstehlen. Je eher wir lernen, daß die Angst nur so viel Macht hat, wie wir ihr geben, desto eher erlangen wir die Kontrolle über unsere Emotionen. Der Tsalagi mag die Angst kennen, doch seine stoische Haltung wird sie niemals verraten. Für den Cherokee ist *u na ye hi s di*, Furcht oder Panik, das Gesicht des Feindes, das versucht, seinen Geist und seine Seele zu lähmen, um ihn leichter besiegen zu können. Das Gebrüll des Löwen verstummt in dem Augenblick, in dem wir ihm mit unserem eigenen *ga na nv di s gi*, Kriegsruf, entgegentreten, der ihm zeigt, daß wir ernst machen. Wir sind nicht gewillt, stillzustehen und die Angst Tür und Tor für Schlimmeres öffnen zu lassen. Durch die wahrhaftigen Worte unseres Mundes wehren wir nicht nur den Löwen ab, sondern alles, wofür er steht.

Ich drehe mich um mit einem Schrei, damit wir gerettet werden!

Standing Bear

10. Juni

Ideen sind wie Eier in einem Brutkasten. Sie müssen warm gehalten und geschützt werden, bis die Küken darin groß genug sind, um zu schlüpfen. Unser Bedürfnis nach *go wo ni ha*, immerfort zu reden, kann eine vielversprechende Situation zunichte machen, ehe sie jemals Gelegenheit hatte, Gestalt anzunehmen. Wenn man sie sich hätte entwickeln lassen, wäre sie vielleicht für viele ein großer Segen gewesen – doch mit ihr herumzuspielen in dem Glauben, daß wir alles machen und alles sagen können, verdirbt sie. Es gibt eine Zeit zum Reden und eine Zeit zum Schweigen, aber es erfordert Weisheit, diese Zeit zu erkennen. Die meisten Dinge vertragen nur, daß man sie einmal erzählt, und sollten besser so belassen werden, daß ihnen eine Chance zum Überleben bleibt. Sprich nicht und rechne nicht, bis es soweit ist.

Großvater, Großer Geist, blicke mich auf der Erde noch einmal an, und versuche, meine schwache Stimme zu hören.

Black Elk

11. Juni

Es gibt eine unterschwellige Strömung, die falsche Eindrücke erzeugt, gleich einer sanften Falle, die uns sagt, daß wir das Richtige tun – weil wir das Gefühl haben, es sei richtig. Gefühle werden so leicht manipuliert, daß man ihnen nicht als Maßstab für irgend etwas trauen kann. Wir bleiben bei schlechten Gewohnheiten, weil es sich richtig anfühlt. Die Gewohnheit schmeichelt unseren Gefühlen, und das Vertraute daran läßt uns glauben, wir könnten sie nicht aufgeben. Doch es ist der Pfad, der uns wieder zu den gleichen Erfahrungen zurückführt – fast, wie wenn man sich im Dschungel verirrt hat. Wir glauben, wir seien auf dem Weg nach draußen, bis wir unsere eigenen Fußspuren finden. Ob es eine Gewohnheit oder eine Person oder eine Situation ist, der wir zu entkommen suchen, wir müssen wissen, daß auf unsere Gefühle kein Verlaß ist. Sie lassen uns ständig an eine Tür klopfen, die wie unser Zuhause aussieht und doch nur immer die gleiche, wohlbekannte Zwischenstation, *na hna i*, ist. Hüte dich vor betrügerischen Gefühlen!

Man hat gesagt, da sei kein Betrug, wenn man die Feder zur Hand nimmt, um einen Vertrag zu unterzeichnen, doch ich habe festgestellt, daß es immer voller Betrug ist.

Standing Elk

12. Juni

Persönliches Gleichgewicht, sagt der Cherokee, ist eine Frage der Selbstbeherrschung, der Stetigkeit und der Konsequenz. Wir glauben gerne, daß wir von allen dreien etwas haben. Wir meinen, daß wir etwas Gutes kennen, wenn wir es sehen – und daß wir es auch besitzen können, weil wir es zu sehen vermögen. Gleichgewicht bedeutet, *du yu go dv* zu leben, das heißt ehrlich oder wahrhaftig. Es heißt zu sehen, daß das, was wir aus dem Leben herausholen, bestimmt wird durch das, was wir glauben und worüber wir reden. Wenn wir falsch herausgeben, wird man uns auch falsch herausgeben. Wenn wir Schläge austeilen und intrigieren, um gegen jemanden die Oberhand zu gewinnen, wird die Zeit es wieder ausgleichen. Niemand kommt ungeschoren davon. Wir lieben es, zu gewinnen, doch wenn Betrug ins Spiel kommt, werden auch alle Faktoren des Gleichgewichts hineingezogen. Ein Rauchschleier wird durch den kleinsten Druckunterschied weggeblasen. Wir bekommen, was wir geben – Gutes oder Schlechtes.

Tu deinem Nachbarn nicht unrecht, und hasse ihn nicht; denn du tust nicht ihm unrecht, sondern dir selbst.

Lied der Shawnee

13. Juni

Ein Teil des Problems der Erziehung besteht darin, daß der gesunde Menschenverstand nicht gelehrt werden kann. Er ist kein Ergebnis von Erziehung, sondern existiert ihr zum Trotz. Wenn etwas bei der Behandlung gewöhnlicher Probleme fehlt, ist es normalerweise der gesunde Menschenverstand. Viele sind mit außerordentlichem Talent gesegnet, verfügen über Ausstrahlung oder besondere Eigenschaften, die der Cherokee *a da to li s di* nennt. Doch um bis zu einem gewissen Grade genutzt zu werden, muß Talent von praktischer Klugheit unterstützt werden – von gesundem Menschenverstand. Wir können zu allem fähig und allem gewachsen sein, wenn wir von der inneren Inspiration durchdrungen sind, gesunden Menschenverstand zu entwickeln. Das Genie mag wissen, daß es einen exzellenten Geist besitzt, doch um ihn zu handhaben, ist gesunder Menschenverstand vonnöten.

Während die Indianer uns als Freunde empfingen und mit freundlicher Aufmerksamkeit unsere Vorschläge anhörten, waren wir peinlich berührt von ihrem Mangel an Vertrauen in die Versprechungen der Regierung.

Bericht einer Kommission des Präsidenten, 1876

14. Juni

Dies ist das Zeitalter des Infragestellens. Nichts kann, wie früher, aufgrund bloßen Augenscheins akzeptiert werden. Das Wort eines Mannes ist so viele Male gebrochen worden, daß wir überzeugt davon sind, daß man niemandem vertrauen kann. Doch solche Beweisführung ist nicht immer richtig. Gefühle und unbeherrschte Phantasie lassen uns annehmen, daß bestimmte Leute nicht vertrauenswürdig sind. Wenn wir nach dem Hörensagen gehen, sind wir nicht in der Lage, zu urteilen. Was wahr ist, werden wir wissen, wenn genügend Zeit verstrichen ist. Bis dahin ist es klug, Meinungen zurückzuhalten und sich zu weigern, das Schlechteste von jemandem zu denken – selbst wenn wir Grund dazu haben, argwöhnisch zu sein. *A da du hi s to di*, Menschen anzuklagen oder zu beschuldigen, ohne zu wissen, ob es zu Recht geschieht, bedeutet einen zu großen Verlust.

Ihr seid hierhergekommen, um dieses unser Land zu kaufen, und es wäre in Ordnung …, wenn ihr mit dem Kaufpreis in eurer Hand kämet.

Standing Elk

15. Juni

Wenn wir uns nur auf die Vergangenheit stützen, erinnern wir uns lebhaft an die Dinge, die nie wieder sein werden. Wenn etwas *u wo du hi*, schön, war, verblaßt im Vergleich dazu die Gegenwart. Wenn es schlecht war, verzehrt es zu oft unsere Freude an jedem neuen Tag. Es ist eine tägliche Aufgabe, das Gute aufzugreifen und beiseite zu lassen, was nicht so gut ist. Wir hoffen, das Wertvolle zu bewahren, und zu verlieren, was unsere glücklichere Natur unterdrückte. Doch das verlangt von uns, daß wir prüfen, worüber wir nachdenken und wie wir es sagen – und nicht die Blumen zusammen mit all dem Unkraut herausziehen. Wenn wir zu einer Zeit die Fähigkeit hatten, glücklich zu sein, haben wir sie noch immer. Wir haben sie nur in einer neuen Zeit, unter neuen Umständen und mit einem von der Vergangenheit befreiten Geist. Der schlimmste Sklave ist derjenige, der auf der Vergangenheit beharrt und sie in all ihrer Düsternis immer wieder erlebt.

Ich will weder bei unserem vorzeitigen Niedergang verweilen noch über ihn trauern, noch unseren bleichgesichtigen Brüdern vorwerfen, daß sie auf ihn hingearbeitet haben …

Seattle

16. Juni

Erfolg oder *a s qua dv,* wie die Cherokee sagen, bedeutet, etwas zu tun und den Lohn dafür zu bekommen. Doch man sollte sich vorsehen, daß ein kleiner Erfolg nicht die Anstrengung schwächt oder einem die Initiative raubt. Beharrlichkeit muß unser ständiger Begleiter sein, wie lang es auch dauern mag und was immer es uns abverlangt, fortgesetzt unsere Grenzen zu erweitern, unsere Motivation zu verbessern, unser Bewußtsein zu erneuern. Für die Cherokee ist nichts so wichtig gewesen wie das Land und das Zuhause und die Familie. Aber Erfolg bedeutet für verschiedene Menschen Unterschiedliches. Fast alle sind sich darin einig, daß Würde und Achtung Symbole für Erfolg sind – und die geistigen Fundamente nicht nur Gebäude oder Gruppierungen, sondern die innere Kraft und Stärke des Individuums.

Untereinander sind alle Krieger Redner ..., eine hervorragende Methode, den Mut der Jugend anzustacheln.

William Fyffe

17. Juni

Wie würden wir uns fühlen, was würden wir tun oder denken, wenn wir nicht in dieser Situation wären? So seltsam es auch klingt, das sind Fragen, die uns aus einer Lage herausführen können, die uns hart auf die Probe stellt. Der Blick auf das, was außerhalb einer begrenzten Situation liegt, verhilft uns dazu, uns frei und wohlauf zu sehen. Wir müssen uns hier des gleichen Was-wäre-Wenn bedienen, das uns im negativen Falle so leicht in den Sinn kommt. *E gi ya ni ha*, wir sind aufgerufen, sagt der Cherokee, all unsere geistigen und seelischen Kräfte zu nutzen, um uns frei zu sehen. Es ist niemals so, daß wir krank sind und etwas versucht, uns gesund zu machen – vielmehr sind wir gesund, und etwas versucht, uns krank zu machen. Wenn wir mit der positiven Sicht ein Problem haben, können wir uns in die Kindheit zurückversetzen. Kinder haben keine Schwierigkeiten, sich etwas vorzumachen. Es macht Spaß, es versetzt einen in eine gesunde Hochstimmung, so daß Körper und Geist sich erholen und erneuern können.

Haus aus Morgenröte …, stelle meine Füße wieder her … Glücklich genese ich …, mein Inneres wird ruhig … Wie es früher war … Ich gehe … In Schönheit ist es vollendet.

Gebet der Navajo

18. Juni

Zuviel Reden ist ein bißchen wie das Malen eines Bildes. Was es zu einem Meisterwerk macht, ist häufig das, was wir weglassen. Wir müssen nicht alles sagen, was wir denken – und auch nicht jede Farbe auf der Palette benutzen. Subtilität bringt die anderen zum Nachdenken, und das ist wichtiger. Wir neigen dazu, zu glauben, daß niemand etwas versteht, wenn wir es ihm nicht vorbuchstabieren. Es fällt uns schwer, den Mund zu halten, wenn wir etwas so gerne sagen möchten – gewöhnlich mit einem *da li s ga na ne hi*, mit Ironie oder einem gewissen Sarkasmus, wie sich die Cherokee ausdrücken. Schweigen kann ebenso unfreundlich sein, wie zuviel zu sagen, doch auf lange Sicht leistet es beim Aufrechterhalten von Freundschaften bessere Dienste. Es gibt eine Zeit zum Sprechen und eine Zeit zum Schweigen, aber nur eine Person von seltener Empfindsamkeit weiß beide zu unterscheiden.

Erzählt euren Kindern von der Freundlichkeit der Indianer gegenüber den Weißen, die hier siedelten. Erzählt ihnen von unseren Führern und Helden und ihren Taten.

Indianische Ratsversammlung

19. Juni

Manchmal stoßen wir auf verwandte Seelen, die verstehen, was wir fühlen, was wir denken und was wir brauchen. Diese besonderen Menschen belästigen uns selten mit viel Gerede – ihre stille Gesellschaft ist Balsam für die Seele und braucht keine Worte. Wo immer wir unterwegs sind – der Cherokee nennt es *ga lo hi s di* –, eine dieser Personen hat die Einsamkeit gekannt, die Stunden des Alleinseins gefühlt, das hohle Echo gehört und ist da, um uns den Weg zu weisen. Ihre Begleitung verschafft uns Sicherheit, man sagt uns, daß wir es schaffen werden – daß wir schon fast am Ziel sind. Plötzlich ist da eine Kreuzung, die zur Umkehr auffordert, ein Licht, das leuchtet, Hoffnung und eine Hand, die uns stützt. Dann wenden wir uns in stiller Zwiesprache zurück und ergreifen die Hand eines anderen.

Sie waren freundlich zu mir, diese alten Männer, als ich hart arbeitete, um von ihnen die heiligen Lieder zu lernen.

Playful Calf

20. Juni

An einem Junimorgen ist alles frisch und neu. Irgend jemand vollbrachte ein Wunder, während wir schliefen. Die Luft ist rein bis zur kristallenen Klarheit, auf jedem Blatt und jedem Grashalm glitzert die aufgehende Sonne. Das Grün der Hügel ist erneuert vom Frühlingsregen, und die Pferde, die dort grasen, sind glatt und blank. Solcher Lohn, solches *a sa s dv*, winkt dem Frühaufsteher, der mit Dank und Lob den Tag begrüßt. Gleichgültig, wie viele Altlasten von gestern noch drohen, sie können den Zauber der greifbaren Schönheit nicht brechen. Wieder eine Gelegenheit, wieder ein glänzender Tag, der im Planen der Menschen so schnell vergessen ist. Mit ihm zu gehen, mit dem Morgennebel aufzustehen heißt, die Freiheit und Erneuerung in der Seele des Indianers zu kennen.

Worte, die wahr sind, senken sich dem Indianer tief ins Herz und bleiben dort; er vergißt sie niemals.

Four Guns

21. JUNI

Wahrscheinlich werden wir uns niemals erinnern, wann wir die wichtigsten Entscheidungen in unserem Leben trafen – es sei denn, wir können uns einige unserer stillsten Augenblicke ins Gedächtnis zurückrufen. Wir halten die Veränderung für etwas, das mit Fanfaren daherkommt, aber das geschieht nur selten. Meistens erkennen wir die großen Dinge unseres Lebens lange, bevor wir sie nach außen hin für jedermann kundtun. Es ist schwer zu sagen, wann genau die Veränderung begann. Manches davon ist sogar *ga lv quo di*, heilig für uns, nicht leicht mitzuteilen – und es ist auch nicht weise, davon Mitteilung zu machen, denn es ist unser Eigenes, das von irgendwo tief aus unserem Inneren kommt. Es gibt ein inneres Leben, das Veränderungen erleichtert, weil es uns darauf vorbereitet, zu akzeptieren, was wir nicht ändern können – und, wichtiger, zu verändern, was wir können.

Die ganze Welt kommt. Eine Nation kommt, eine Nation kommt. Der Adler hat dem Stamm die Botschaft gebracht.

WOVOKA

22. JUNI

Die Gewohnheit stumpft so sehr die Schärfe der Beobachtung ab, daß es leicht ist, an einem Baum vorbeizugehen, ohne die Schönheit der Jahreszeiten zu sehen – oder ein Leben lang mit einem Menschen zusammenzusein, ohne die Schönheit der Seele zu erkennen. Wir reisen über weite Entfernungen, um etwas Schönes zu sehen, und betreiben einen großen Aufwand, um einen Blick von einer berühmten Person zu erhaschen – doch unsere unmittelbare Umgebung verblaßt so leicht. Vertraute Gesichter, *a da to la gi*, Stimmen, die einfache Berührung von Händen – das alles nimmt man als selbstverständlich hin. Auf einer festen Grundlage kann man entspannt und vertrauensvoll sein, doch wir müssen uns gleichwohl die Aufmerksamkeit für das Wichtige bewahren. Selbst gute Gewohnheiten können unsere Achtsamkeit für Dinge abstumpfen, die für uns nötig und wertvoll sind.

Ich kenne jeden Bach und jeden Wald… Ich habe gejagt… und lebte wie meine Väter vor mir, und wie sie lebte ich glücklich.

TEN BEARS

23. JUNI

Wenn der Tag gut verlaufen soll, ist die Haltung alles. Wenn wir von anderen verlangen, daß sie Geduld mit uns haben und uns *u we to li s di* zukommen lassen, das Cherokee-Wort für Mitleid oder Mitgefühl, dann ist unser Geist damit beschäftigt, ob wir es bekommen oder nicht, anstatt damit, daß wir gut leben. Wir vergessen, daß wir auf andere projizieren, wie wir behandelt werden wollen. Arroganz lädt zu Widerstand ein. Die Haltung eines geprügelten Hundes zieht weitere mürrische und verdrießliche Blicke und Verhaltensweisen an. Gutmütige Menschen sind immer willkommen und geben unserem Gemüt Frieden. Worum es uns auch geht, es ist unser Vorteil, wenn wir wissen, daß die Welt das Spiegelbild gefälliger Manieren auf uns zurückwirft – oder die strenge Haltung des Rührmich-nicht-An. Es ist so leicht, sich zu entspannen und zu genießen, damit andere das gleiche tun können.

Es ist wahr, ich bin alt; aber nicht so alt, daß ich die Dinge nicht mehr so sehen könnte, wie sie sind.

WHITE SHIELD

24. JUNI

Manchmal trifft uns eine Idee mit der schrecklichen Wucht eines aufsteigenden Düsenflugzeugs. Sie ergreift von uns Besitz und schüttelt uns durch. Wenn ein langsam dahinschlendernder Gedanke ins Bewußtsein tritt, würdigen wir ihn nur kurz, aber er kommt wieder und immer wieder, bis wir aufhören, darüber nachzudenken. Aber es lohnt sich, auf ihn zu hören. Nicht alle guten Dinge gehen mit geistesbetäubenden Lärmeffekten einher. Manches vom Besten kommt auf leisen Sohlen und streift uns kaum. Wenn wir geistesgegenwärtig sind, können wir es ein Leben lang auskosten. Wenn wir widerborstig und schwerfällig sind, kann eine blendende Idee direkt an uns vorbeigehen und jemanden erleuchten, der empfindsamer ist.

Ich habe deine Worte gehört – sie sind in das eine Ohr eingedrungen und werden dem anderen nicht entfliehen …

SHARITARISH

25. Juni

Gerade, wenn wir denken, daß nichts funktioniert, gibt es einen Lichtschimmer. Wären wir zutiefst davon überzeugt, daß das aussichtslos Scheinende sich doch noch erreichen läßt, könnten wir schwere Zeiten leichter ertragen. Leben ist wie das Wetter. Es hat seine Überraschungen, seine Stürme, seine Trockenperioden. Doch wenn wir durchhalten, ändert sich alles. Die Veränderungen kommen so, wie wir unseren Sinn ändern – unerwartet und manchmal ohne ersichtlichen Grund. Der Grund aber, der *uyelvdvi*, die reale Wirkung, ist hier zu suchen. Jedes Wort, das wir sprechen, alles, was wir glauben, bildet unser Bewußtsein und macht uns zu dem, was wir sind. Wenn wir nichts Gutes erwarten, verpflichtet uns das. Unsere Grenzen sind die unserer Worte, und es liegt in unserer Macht, sie festzulegen.

Werden wir uns vernichten lassen, ohne eine Anstrengung zu machen, die unserer Rasse würdig ist?

Tecumseh

26. Juni

Jemand hat gesagt, es sei unmöglich, zweimal in dasselbe Wasser zu spucken, wenn es ein fließendes Gewässer ist. Alles ist Wasser unter der Brücke – und fließt hin zum Meer, wobei es sich mit anderen Flüssen vermischt, die in die gleiche Richtung strömen. Alle Flüsse fließen ins Meer. Wir können sie ebensowenig aufhalten, wie wir irgendein Ereignis wieder zurückrufen können, um es zu ändern. Es ist Wasser unter der Brücke und ist vorbeigegangen, um sich mit all den anderen Erfahrungen zu verbinden, bis ihre Identität vergessen ist. Es hat keinen Zweck, dem Vergangenen nachzujagen. Wir können nur lieben und beachten, was gegenwärtig greifbar ist. Was ist besser, als die gegenwärtige Zeit, die gegenwärtige Gesellschaft zu genießen? Indem wir dies für ebenso wichtig halten wie die Vergangenheit, gewinnen wir etwas von dem wieder, was wir für verloren hielten.

Auch wenn sich Eis und Schnee auf meinem Wigwam türmen, sollte ich im Inneren doch ein warmes Feuer finden.

Tecumseh

27. Juni

Sanftheit hat eine erstaunliche Kraft. Wo manche herrisch auftreten, sind andere lieb und mitfühlend, und das gibt uns Hoffnung. Ein sanfter Mensch ist wie kühles, klares Wasser an einem heißen Tag – eine erfrischende Abwechslung angesichts der feindseligen Mienen. Wie oft sind wir jemandem begegnet, den wir bewundern wollten, es aber nicht konnten. Er ließ uns nicht über seinen Schutzwall hinwegsehen. Anteilnahme und Freundschaft wurden dringend benötigt, aber verbittert ignoriert. Solche Dinge zu verstehen macht uns sanft. Es verschafft uns die Berührung, die wir in jedem Alter brauchen. Jung und alt sehnen sich nach einer Stimme, die ihnen sagt, sie seien so wichtig, so geliebt, daß nichts uns dazu bringen kann, uns von ihnen abzuwenden. Ein sanftes Wort ist warmer Sonnenschein für jedes Herz, eine Berührung, die niemals vergessen wird.

Wahrlich, es ist ein freundlicher Himmel über unseren Köpfen an diesem Tag. Da ist keine Wolke, die ihn verdüstern könnte. Ich höre nichts als angenehme Worte.

Mongazid

28. Juni

Musik ist die universale Sprache – ein Band zwischen Menschen, die keine andere Form der Kommunikation haben. Sie hilft uns sogar, uns selbst zu verstehen, wenn sie ein Gefühl ausdrückt, das zu tief verborgen war. Musik sollte ein Bestandteil unseres Lebens sein. Eine vertraute Melodie kann uns in eine andere Zeit oder an einen anderen Ort versetzen, die wir bereits für verloren hielten. Es ist die Harmonie, die uns hilft, das Alte und das Neue miteinander zu verschmelzen, und die eine bittere Erinnerung auflöst. Wenige wichtige Ereignisse sind ohne Musik. Musikkapellen haben unseren Patriotismus angestachelt, Hymnen haben uns geholfen, ehrfürchtig zu sein, und das süße Lied eines kleinen Kindes kann das härteste Herz rühren. Der Cherokee nennt es *di ka no gi dv*, die Musik der Seele – in der Turteltaube, in der Spottdrossel, im murmelnden Bach.

Ich ergreife deine Hand von ganzem Herzen ... Du hast uns Trost zugesprochen.

Little Beavers Frau

29. Juni

Jemandem unrecht zu tun gleicht dem Werfen eines Gummiballs gegen eine Wand – er kommt mit der gleichen Wucht zurück. Man kann nicht sagen, wohin er zurückkehrt, so daß wir ständig auf der Hut sein müssen, um ihn nicht zu verpassen. Es ist einfacher, jemandem Gutes zu wünschen. Das heißt nicht, daß wir schwach oder wehrlos sind, sondern daß wir den Schmutz anziehen, wenn wir hineintreten. Und es gibt manche schmutzige Situation, der wir uns niemals stellen sollten. Was einem von uns geschieht, wirkt sich auf uns alle aus. Wir können uns nicht den Luxus leisten, jemandem etwas anderes zu wünschen als das Beste im Leben. Der Cherokee nennt dies das Beste von allem – *wi ta tse tiv i.*

Jahrelang befand ich mich auf dem Boden anderer Leute, und immer ist Ärger daraus entstanden.

Tooklanni

30. JUNI

Etwas, das den größten Gewinn brächte, wenn wir es ändern könnten, wäre, damit aufzuhören, Opfer zu sein. Zu viele glauben, sie seien dazu bestimmt, unter zerbrochenen Beziehungen zu leiden, an Krankheit, Armut und anderen Menschen – und sie sagen es immer und immer wieder. Es kommt nur darauf an, wie wir uns sehen. Wenn grün und blau geschlagen zu werden Sicherheit für uns bedeutet, werden wir immer der Verlierer sein. Tag für Tag machen wir uns auf den Weg zu dem, was wir zu verdienen glauben. Aber wir können die Struktur ändern. Wir brauchen nicht zu wiederholen, was wir unser ganzes Leben lang gehört haben, und damit beginnen, gute Worte für uns zu finden. In unserem Innern ist Gold verborgen, und sobald wir das begreifen, werden wir aufhören Opfer zu sein.

Wir müssen uns gegenseitig helfen, und der Große Geist wird uns helfen.

PIED RICHE

Juli

Tsa lu wa'nee

Korn in Quasten

Mein Volk hat mich in Dienst genommen ...
Ich habe es niemals betrogen ...
Ich habe alles getan, was ich konnte ...

Häuptling John Ross, 1866

1. Juli

In diesen Zeiten des «alles sofort» ist unsere Geduld brüchig, wenn wir warten müssen. Wer hat noch nicht einen Druckknopf im Aufzug mehrere Male gedrückt, um schneller voranzukommen? Warten kann durchaus die härteste Arbeit sein, die wir verrichten. Denen gegenüber, die uns warten lassen, sind wir alles andere als tolerant. Ist ihre Zeit wichtiger als die unsere? Also drängen wir ständig, geben Vollgas und lassen es darauf ankommen, um fünf Sekunden zu sparen. Doch wir können auch warten – wenn wir sehen, daß Verzögerungen uns vor einem Problem bewahren. Wie lang ist es her, daß wir eine so gute Entschuldigung hatten, einfach ruhig dazusitzen und zu beobachten, wie andere gegen die Uhr zu kämpfen versuchen? Als unsere Mütter den ganzen Nachmittag stickten, während ihre Köpfe und Füße Ruhe hatten, war Zeit. Könnten wir uns nicht dreißig Minuten nehmen?

Wir werden jedes Jahr mehr an der Nase herumgeführt; man vermittelt uns den Eindruck, wir seien frei, doch wir sind es nicht.

Wassaja

2. Juli

Für jemanden, der gerne spazierengeht, ist alles in der Natur ein Wunder. Die Ansichten, die Laute und Gerüche wechseln ständig und sind Balsam für die Seele. Einen besonderen Zauber jedoch besitzt der Abend, wenn der Sonnenuntergang seine verschiedenen Stufen durchläuft und die Felder mit künstlerischer Hand färbt und schattiert. Der Himmel ist mit dem blassesten Rosa getönt, das goldene Ränder hat – und dann verdunkeln in einer unmerklichen Bewegung rote und tiefblaue Farben die Hügel am Horizont. Die windgezausten Wolken, rosenrot und wellig wie Strähnen von seidigem Haar, fangen die letzten Strahlen des Sonnenlichts ein. Und über allem erscheint kühl und blau der Abendstern, um nach und nach die Herrschaft anzutreten. Erde und Himmel und alles dazwischen haben besondere Zeiten, wo alles andere ihrer Schönheit Platz macht. Wenn nur auch wir so großzügig zueinander sein könnten.

Heute sahst du einen Hirsch durch den Wald springen. Er war anmutig in seiner Kraft und Schönheit, schneller als der Wind.

METHOATASKE

3. Juli

Wir sind immer reich, wenn wir Mut haben. Worauf es ankommt, ist nicht die Situation, die wir vorfinden, sondern wie wir damit umgehen. Wenn uns nie etwas fordern würde, wüßten wir nichts von unserer Stärke – könnten niemals die Kraft spüren, etwas zu überwinden, die uns den Mut gibt, einen weiteren *o ta li*, Berg, anzugehen. Das Aufgeben überkommt uns nicht plötzlich, wir schaffen tagtäglich die Voraussetzungen dafür. Alles, der Erfolg wie das Scheitern – und sogar die Mittelmäßigkeit –, schlägt sich auf uns nieder, wenn wir bereit dazu sind. Wenn wir den Mißerfolg denken und bereden, findet er statt. Wenn wir glauben, wir könnten etwas tun, sind wir dazu imstande. Verlieren erfordert ebensoviel Anstrengung wie Gewinnen – und manchmal mehr. Nach Mut zu streben, nach Stärke, ist der Atem des Lebens.

Sprich und geh geradeaus, und alles wird gut sein!

Black Kettle

4. JULI

«Laßt uns unser Land, unser ganzes Land und nichts als unser Land zu unserer Sache machen. Und möge dieses Land durch den Segen Gottes ein großes und glänzendes Monument werden, nicht für Unterdrückung und Terror, sondern für Weisheit und Frieden und Freiheit, auf das die Welt für immer mit Bewunderung blicken soll.» Diese Worte sprach Daniel Webster, und er wußte, daß Amerika über ausgezeichnete Streitkräfte, große Führer und bestes Material verfügen würde, eine Kombination, die für Freiheit steht. Obgleich Freiheiten auf manchen Gebieten bis an die Grenzen strapaziert wurden, gilt nach wie vor, daß dies Amerika ist und daß es noch immer für Länder überall in der Welt ein Beispiel dafür ist, was es bedeutet, frei zu sein. Präsident Eisenhower sagte, daß alles, was Amerika der Welt zu bringen hoffe, erst einmal in die Herzen des amerikanischen Volkes Eingang finden müsse. Das ist geschehen, und das wird so sein, solange wir Gott bitten, Amerika zu segnen.

Für mein Volk ist jeder Teil dieses Bodens heilig.

SEATTLE

5. JULI

Die Erinnerung kann schmerzlich sein und ist manchmal ohne jeden wirklichen Nutzen. Oft ist sie so sehr von Schuldgefühlen und Bedauern geprägt, daß die positiven Erinnerungen getilgt werden. Leicht vergißt man das Gute, auch ohne es mit schlechten Erinnerungen zuzudecken. Kein Zweifel, es war nicht alles ideal – aber haben wir nicht schon genügend Gedanken an unglückliche Zeiten verschwendet? Es führt zu nichts Gutem, sich die Gegenwart zu verderben, indem man sich ins Gedächtnis ruft, was in der Vergangenheit schiefgelaufen ist. Wir sollten vielmehr mit der Veränderung anfangen. Vielleicht nur ein bißchen zuerst – aber ehrliche Anstrengung hat die Dinge immer zum Besseren gewendet und wird uns Selbstachtung verleihen. Die Zeit ist wertvoll, und was wir in diesem Augenblick mit ihr machen, entscheidet heute wie morgen und übermorgen über Wohl und Wehe.

Wir scheuen uns nicht, zu arbeiten, und wir fürchten uns nicht davor, das Rechte zu tun.

TOOKLANNI

6. Juli

Beeinflussung ist wie der weiße Phlox, der in den Wäldern blüht. Sein Duft treibt auf uns zu, doch von woher? Der eigenartige Geruch sagt uns, es ist Phlox – oder ist es wilder Wein oder wilde Pflaume? Im Endergebnis wissen wir, daß wir Blüten riechen, doch die Art und der Standort bleiben ein Geheimnis. Ebenso ist es mit Werbung oder Gerüchten oder Klatsch in der Nachbarschaft. Wir wissen, daß etwas vorgeht, weil wir darauf geprägt sind, Suggestionen nachzugeben, offen zu sein für so vieles, was wir nicht brauchen und nicht hören wollen. Die gleiche Beeinflussung findet auf vielen Gebieten statt, ob es sich nun um Alter und Krankheit handelt, um Einsamkeit oder Angst. Nicht nur bekommen wir über den Äther mit, daß etwas Wundersames geschehen ist, das nur Tage später wieder dementiert wird, sondern wir hören auch, wie Leute dreist und auf scherzhafte Weise über Krankheit reden. Die Beeinflussung ist subtil wie der Duft von Phlox – oder sind es Petunien?

Der Große Geist hat dem weißen Mann große Voraussicht gegeben; er sieht alles aus der Entfernung und macht die außergewöhnlichsten Dinge.

Crow Belly

7. Juli

Eine große Herausforderung schadet wenig im Vergleich zu der Unsicherheit, wie damit umzugehen ist. In Aktion treten oder es laufen lassen; bleiben oder gehen, um Hilfe bitten oder neue Entwicklungen abwarten? Unentschlossenheit kann unser ganzes Denken aus der Bahn werfen, uns blockieren zu einer Zeit, in der wir am nötigsten einen klaren Kopf brauchen. Mit unseren Emotionen geht es auf und ab, wir schwanken zwischen Nichtstun und Irgendwastun. In einem Augenblick haben wir eine klar definierte Antwort, im nächsten wissen wir nicht, was wir machen sollen. Der Cherokee nennt das *a si ni*, rückwärts denken, vor- und zurückgehen. Es bringt uns nirgendwo hin. Infragestellen ist nichts Falsches, aber unstetes Schwanken entfernt alles aus der Blickrichtung. Aus einer wackelnden Kamera kommt kein scharfes Bild. Mit kühlem Kopf zur Tat zu schreiten verhilft zu einem klaren Blick und verleiht den nächsten Schritt Festigkeit.

Ebensogut kannst du erwarten, daß Flüsse rückwärts fließen, wie daß ein Mann, der frei geboren ist, sich damit zufriedengibt, eingepfercht und seiner Freiheit beraubt zu sein.

Häuptling Joseph

8. Juli

Es ist nicht genug, etwas gut aussehen zu lassen. Das zugrundeliegende Prinzip muß gut sein. Wie sonst könnte die Natur so majestätische Landschaften hervorbringen? Sie wurden nicht geschaffen, damit wir sie anschauen und billigen. Sie wurden geschaffen, weil die Gesetze des Schöpferischen gut waren. Heute werden Dinge hergestellt, um vergänglich zu sein – zu ihrer Selbstzerstörung. Wenn etwas nicht sehr lange funktioniert – weg damit. Kein Wunder, daß es Berge von Abfall gibt. Kein Wunder, daß Beziehungen wackeln. Das zugrundeliegende Prinzip beruht zu oft auf der Idee, etwas aufzugeben, wenn es nicht funktioniert. Wenige Dinge sind so dauerhaft wie die Hügel, wenige so ruhig und so erhaben wie der See an einem stillen Tag. Doch wenn wir kein festes Fundament haben, um darauf aufzubauen, was können wir dann erwarten außer einem Umbruch und daß wir wieder neu beginnen müssen?

Die Erde ist voll von Mineralien aller Art ... Der Boden ist bedeckt mit Tannenwäldern ... Wenn wir das aufgeben ..., ist es das letzte, was für uns von Wert ist oder für das Volk der Weißen.

White Ghost

9. Juli

Wenn Menschen sich sicher sind, können sie jemand anderem klaglos den Lohn für eine große Tat überlassen. Früher oder später kommt die Wahrheit ohnehin heraus. Das Leben gleicht die Bilanz immer aus. Schon viele Menschen haben geglaubt, daß sie etwas für nichts bekommen – aber laß dir sagen, von nichts kommt nichts. Es gibt immer einen Ausgleich. Das einzige, wofür wir nicht bezahlen, ist Liebe, wirkliche Liebe, die der Cherokee *a da ge yu di* nennt. Das Leben beruht auf Gegenseitigkeit, es verlangt von uns, unser Bestes zu tun und Urteil und Ausgleich Ihm zu überlassen, der alles aufs schönste vollendet.

Sag deinem Volk ..., daß wir, seit man uns versprochen hat, uns nie wieder zu vertreiben, fünfmal umgesiedelt sind.

Ein Häuptling, 1876

10. Juli

Neue Trends und neue Ideen interessieren uns, doch wie sehr lieben wir das Altvertraute! Wir lieben es, Dinge zu bewahren, die uns teuer sind, alte Lieder, vertraute Orte, die guten Gesichter. Die meisten von uns wollen nicht die alten Zeiten zurückholen. Sie haben ihren Zweck erfüllt, und wir haben zuviel in das investiert, was jetzt für uns zählt. Doch wenn wir von etwas Vertrautem hören oder wenn ein bestimmter Geruch unser Gedächtnis berührt, sind wir plötzlich wieder dort und durchleben die alten Zeiten von neuem. Es ist mühsam, ewig auf die Zukunft zuzustreben. Die Straße ist unbekannt – und jeder Zoll davon muß geprüft und ausprobiert werden. Und dann taucht etwas auf, was wir auswendig kennen, und es richtet uns auf, und wir sind bereit, wieder weiterzumachen. Manchmal bedarf es des Altvertrauten, um uns zur Wertschätzung dessen zu verhelfen, was wir heute haben.

Du ließest mich die gute Straße und die Straße der Schwierigkeiten kreuzen; und der Ort, an dem sie sich kreuzen, ist heilig.

Black Elk

11. Juli

So unwahrscheinlich es manchmal scheint, es gibt immer einen Weg – manchmal sogar einen besseren. Wenn wir weiterarbeiten und unsere Vorstellungskraft nutzen, wird es tragfähige Lösungen geben. Unsere begrenzte Sicht kann uns glauben machen, daß Antworten auf bestimmten Bahnen kommen müssen. Es ist schwer, damit aufzuhören, einen besonderen Weg für den einzigen zu halten, zu glauben, wir hätten keine Wahl. Das macht uns von einer Brotkruste abhängig, wo wir ein Festmahl haben könnten. Wenn wir einen Durchbruch wollen, müssen wir unsere Scheuklappen ablegen – damit aufhören, unseren Verstand in winzigkleine Schablonen zu pressen, die keinen Platz haben, sich auszuweiten. Erlaube, ja ermutige Geist und Seele, die Gabe der *a go wa dv di*, der Vision, zu gebrauchen – die außerordentliche Fähigkeit, über die gewöhnliche Sicht hinauszublicken auf einen besseren Weg.

Es gab eine Zeit..., da waren unsere Wünsche unter unserer Kontrolle... Wir sahen nichts, was wir nicht bekommen konnten.

Sharitarish

12. Juli

Nach einem Sommerregen sind die Gerüche des Landes berauschend. Wildblumen und Trichterwinden haben sich verschwenderisch an Zäunen entlang ausgebreitet, und bittersüße Weinreben wachsen in Fülle, wo immer sie Halt finden können. Ein Atemzug frische Luft, der schöne Duft von Petunien im Abendwind ist niemals genug. Es muß wiederholt und für eine andere Zeit, einen anderen Ort in Erinnerung behalten werden. Es gibt keine Droge, die besser wirkt als ein Feldweg nach einem Regenschauer. Große Tropfen bilden geheime Symbole im Staub und sind *a da to li gi*, ein Segen auf dem Kopf eines Cherokee. Es ist eine besondere Botschaft, eine private Taufe des Großen Geistes.

Dieses Land ist mein, ich wurde darauf großgezogen; meine Vorväter starben auf ihm; und ich möchte auf ihm bleiben.

Crow Feather

13. Juli

Die Sommerhitze hat den Wiesen zu einer Ruhepause verholfen. Winzige Meisen und hellgelbe Grasmücken bleiben nah an den Wasserstellen, und nur die Heuschrecke singt weiter in ihren zirpenden Tönen. Sie singt, um uns daran zu erinnern, daß es Sommer ist und die Zeit, unseren Schritt zu verlangsamen. Auf den Wiesen sind Heuballen verstreut, und der Weizen und die Bohnen sind zur Ernte bereit. Der Abend ist von den Liedern der Lerchen und Kiebitze belebt, und die Spottdrossel ist der Komiker, der die Stimmen aller anderen Vögel nachahmt. Es wäre unmöglich, inmitten der Dinge der Natur zu leben und sich ihnen nicht anzupassen. Es ist die Natur des Cherokee, mit jedem Problem, das er hat, zu einem fließenden Gewässer zu gehen. Und er kommt zurück mit der besten aller Ernten, einem ruhigen Blick und der friedvollen Harmonie des Sommers.

Ich habe ein gutes Herz und möchte, daß diesmal kein Fehler gemacht wird, damit man mit einem guten Herzen leben und die Wahrheit sagen kann.

Captain Jack

14. Juli

Gib niemals auf, wenn der Weg rauh wird. Jetzt ist die Zeit, mehr denn je auf Kurs zu bleiben. Es wäre eine Schande, die Segel zu streichen und dann zu merken, daß wir das Ziel schon fast erreicht hatten. Wenn jemand, der nicht schwimmen kann, im tiefen Wasser in Panik gerät, wird er untergehen. Doch wenn er ruhig bleibt und sich für eine Weile treiben läßt, kann er sein Gleichgewicht finden und die Strecke schaffen. Der Cherokee glaubt, er sei imstande, auszuhalten, zu arbeiten und zu kämpfen. Er wird nicht *a tsv na*, umgedreht werden. Wir sind es uns selbst schuldig, zu sehen, was wir erreichen können. Und es kann gut sein, daß wir zu tun in der Lage sind, was andere für unmöglich erklärt haben.

Du zeigtest mir … die geistige Gestalt der Dinge, wie sie sein sollten. Du hast gezeigt, und ich habe gesehen.

BLACK ELK

15. Juli

Ein seichter Fluß, der nicht tief genug ist, alles Wasser aufzunehmen, das während der Regenzeit in ihn hineinfließt, kann immer über die Ufer treten. Wenn er überfließt, ist alles in Gefahr. Die in der Nähe eines solchen Flusses Lebenden wissen, daß sie darauf vorbereitet sein müssen. Sie haben gesehen, wie alles, was auf seinem Weg liegt, verwüstet wurde. Aber sie haben die gleichen Empfindungen auch Menschen gegenüber, die so sind wie der Fluß. Solche Leute können sich nicht beherrschen, es mangelt ihnen an Tiefe, und sie neigen dazu, sich in das Leben anderer Menschen einzumischen. Viele der Mauern, die wir bauen, sollen uns vor Zudringlichkeit schützen. Die Cherokee erinnern sich an diese Notwendigkeit von *a li s de lv to di*, Sicherheit oder Schutz, und werden nicht noch einmal vom Hochwasser überrascht werden.

Kein Mann meiner Rasse hat dort jemals zuvor gestanden. Die Flut steigt, hinaufblickend sehe ich einen steilen, steinigen Pfad. Ich führe den Weg hinauf…

Standing Bear

16. Juli

Wenn die Zeit ein Dollar wäre – wie vorsichtig würden wir damit umgehen. Wir würden sie nicht in Ärger investieren, denn wir wissen, daß es keinen Profit bringt, sich zu ärgern. Alles Begrenzte, sei es Zeit oder Geld oder die Menschen in unserem Leben, macht uns bewußt, was wir damit tun. Wie wir das bewerten, was wir haben, entscheidet darüber, was wir behalten. Der Cherokee will nicht viele Dinge, doch er weiß, daß die Weisen *i yv da* sind, voller Sorgfalt und Bedacht bei dem, was wichtig ist. Solche Sorgfalt lehrt uns, zu denken, ehe wir sprechen, unseren Schritt zu verlangsamen und Seelenfrieden zu finden. Am Ende haben wir so mehr von allem und mehr Zeit, es zu genießen.

Wenn wir mehr gespart hätten, hätten wir mehr gegeben …

Canassatego

17. Juli

Der Erde kann man kaum übelnehmen, daß sie sich nicht selbst zu reinigen vermag. Sie erneuert sich ständig und versucht unablässig, mit Störungen Schritt zu halten. Es gibt Gefahrenzonen, Umwälzungen und den Kreislauf der Elemente – doch der Indianer hat gewußt, wie man mit den Veränderungen lebt. Es ist die Menschenwelt, die ihr Haus reinigen muß. Manche glauben, die Schwierigkeiten hätten begonnen, als das Atom gespalten wurde, aber wahrscheinlich geschah es, als sich der Mensch vom Großen Heiligen Geist abwandte. Wir lernen von der Erde, nicht zu viel Druck aufzubauen, da wir sie sonst in die Luft sprengnen würden. Der Fluß hat uns gelehrt, daß wir nicht zu großzügig sein dürfen, weil wir uns sonst in Untiefen verlieren und in der Mittagssonne austrocknen würden. Wenn die moralischen Maßstäbe dem Gemenge zum Opfer fielen, würden auf der Welt wieder die Lichter ausgehen.

Ich bitte darum, nicht für mich selbst, sondern für mein Volk ..., daß sie noch einmal zurückgehen mögen ... und die gute Straße und den schützenden Baum finden.

Black Elk

18. Juli

Die Zeit ist die große Gleichmacherin. Sie stellt uns auf eine Ebene mit Menschen, die uns niemals als Gleichrangige betrachteten. Einer Person in höchst geachteter und gefürchteter Stellung kann es durch plötzlichen Abstieg den Atem verschlagen. Die Zeit scheint fast bösartig zu sein in der Art, wie sie die Dinge umkehrt. Wir wissen niemals wirklich, was Menschen denken oder glauben, bis sie etwas Zeit haben. Unser einziger Rückhalt ist, wie wir über uns selbst und die Notwendigkeit denken, darüber zu reden. Wenn unser Mund spricht, hört unser Verstand auf, zuzuhören. Es mag uns nicht gefallen, was die Zeit getan hat – aber wir können uns auf ihre Fairneß verlassen. Sie hat unsere Taten gesehen, uns reden hören, und sie kennt unser Herz. Wir können nur hoffen, daß genug Zeit bleibt, daß wir lernen und uns ändern können.

Wie die Urwaldvögel, denen unsere Väter mit angehaltenem Atem lauschten, singen sie gemeinsam …, auf gleiche Weise in Wald und Feld …, auf gleiche Weise vor dem Wigwam oder vor der Burg …, auf gleiche Weise.

Pokagon

19. JULI

Ein Spaziergang am Rand des Luzernenfeldes – er begann in der Dämmerung, mit einem Chor von Zikaden und dem sanften Rollen des Donners in der Ferne. Wie verzaubert vor Neugier stand ein Reh. Bewegungslos, doch bereit zur Flucht, beobachtete es und wartete. Die Berge und Täler haben ihre Schönheit nicht verloren, seit unsere Väter nach Wild jagten und ihre Pfeilspitzen den späteren Generationen hinterließen. Sie wandelten hier im Nebel und beobachteten, wie eine Wolkenlücke rosenrote Farbe aussandte, um Regenbögen zu formen – anmutig abgestufte Farben ohne scharfe Ränder. Der Widerschein und die zarten Schatten blieben hängen, bis die Dunkelheit sie in einen tiefen, blauen Dunstschleier hineinsog. Das Land mit seinen alten Eichen, die von vielen Ereignissen zeugen, ist wild und schön. Der große Uhu könnte uns erzählen, wie sein tutender Ruf von unseren Großvätern nachgeahmt wurde – und wie er antwortete.

Wir werden dieses Land niemals aufgeben …, denn das wäre, als würden wir … unsere Mutter …, die uns geboren hat, wegwerfen.

AITOOWEYAH

20. Juli

In unserer Kindheit waren die Stunden länger. Der Sommer war eine Zeit des Sonnenscheins, der bloßen Füße und der schattigen Bäume. Wir fischten mit einer krummen Angelrute im Bach und schwelgten in Kartoffeln und Zwiebeln, die über einem offenen Feuer gekocht wurden, was der Cherokee *a tsi la* nennt. Es war eine gute Zeit, und wir erwarteten, daß alles gut sei. Es war Zeit zum Tagträumen – oder sich an einem geheimen Ort zu verstecken und still zu sein. Jetzt haben wir weniger Zeit und mehr Verantwortung – oder haben wir uns unsere Freude von der Furcht stehlen lassen? Wenn wir es zulassen, wird sie uns sagen, wir könnten uns an keine Einzelheiten erinnern, wir würden weniger hören, unsere Sicht sei getrübt und wir hätten Angst vor dem, was wir sehen und hören. Furcht ist ein Gift, das unsere Sinne abstumpft. Doch sie kann uns nichts anhaben, wenn wir uns umwenden und unseren Geist erneuern und wiederherstellen. Der Bach und der Sonnenbarsch sind noch da, um uns zu helfen.

Wir sangen Lieder, deren Melodien alle Geräusche der Natur enthielten …, das Rauschen des Wassers, das Seufzen der Winde, und die Rufe der Tiere. Lehre es deine Kinder …

INDIANISCH

21. Juli

Wenn wir über die Unwissenheit eines anderen entsetzt sind, ist es schwer zu glauben, daß die unsere nicht minder groß ist. Wir staunen darüber, daß er nicht sieht, was so offensichtlich ist, aber mit all unserer Selbstsicherheit stehen wir ebenso im Dunkeln wie er. Es sind nur andere Dinge, die wir nicht wissen. Was der eine intensiv studiert, kann für jemanden, der in andere Ideen verstrickt ist, nichts bedeuten. Doch es bedarf unser aller, um die Familie dieser Welt zu bilden. Jeder von uns hat ein Ziel – und keiner das vollkommen gleiche wie ein anderer. Zeit, Umstände und Überzeugungen haben manche von uns so weit voneinander entfernt wie Osten und Westen. Es ist nicht so, daß wir geschaffen worden wären, um *nu da le hna v* zu sein, verschieden und getrennt. Wir haben unsere Wahl getroffen. Wir hatten die Freiheit dazu, und darin besteht der Unterschied.

Du denkst, ich sei ein Narr, aber du bist ein größerer Narr als ich.

SITTING BULL

22. JULI

Wir sind für immer im Übergang – ständig in Bewegung, die Richtung ändernd, anders handelnd, als wir es uns vorgestellt hatten. Wenn wir anhalten und die Vergangenheit und das Vorausliegende analysieren müßten, würden wir erkennen: Wenn irgend etwas von uns verlangt wird, ist es Flexibilität. Diese Flexibilität besteht nicht darin, daß man alles im Licht einer Farbe, eines Ideals, einer Überzeugung sieht, sondern darin, daß man sich biegt, ohne zu brechen, daß man fähig ist, das Chaos zu sehen und sich ihm nicht zu unterwerfen. Es ist unsere Pflicht, *a da du da lv ne di*, zu handeln und uns zu biegen, ohne einen Bruch in unserer Seele zu erzeugen. Ein in zwei Hälften gespaltenes Haus kann nicht stehen. Wie weit wir auch in eine Richtung gehen, wir müssen es wieder zusammenbringen, müssen verbündet bleiben mit dem Gesetz unseres eigenen spirituellen Wesens – welches darin besteht, daß wir andere lieben wie uns selbst. Doch zuerst müssen wir uns selbst lieben.

Ich träumte ..., daß der Schöpfer von allem Wakan Tanka war... Um ihn zu ehren, muß ich seine Werke ehren.

BRAVE BUFFALO

23. Juli

Viel geht durch Mißverständnisse verloren – und das häufig deshalb, weil wir jemanden wissen lassen wollen, daß wir ärgerlich sind. Wir beschließen, zu denken, daß er uns absichtlich verletzt hat, obwohl wir nichts von seiner Situation und seinen wirklichen Gedanken wissen. Es muß eine ichbildende Sache sein, zu glauben, daß jemand versucht, uns anzugreifen. Irgendwie schafft es eine Bedeutung, wo zuvor keine war. Wir haben die unheimliche Begabung, realistische Geschichten zu erfinden, die uns glauben machen, wir seien wichtiger, als wir es sind. Es ist nicht erfreulich, die Art von Mensch zu sein, die mißverstehen will – nicht nur andere Menschen, sondern auch das Leben selbst. Es ist schmerzlich, unglücklich und ungenießbar zu sein, aber manche können der Versuchung nicht widerstehen.

Es ist mir zu Ohren gekommen, daß du nicht geeint (angenehm) bist; komm zu mir, wenn du geeint bist.

Big Bear

24. Juli

Wie sehr wir den Motten gleichen, wenn wir im Dunkeln gefangen sind und unsere Flügel gegen alles schlagen, was sich zwischen uns und dem Licht befindet! Obgleich wir uns mit Hindernissen abmühen, sind wir *a tsv s dv*, die Kerze, die den Ort, an dem wir sińd, erleuchtet. Andere, die nachfolgen, suchen nach einem Zeichen, einem Licht im Dunkeln, um zu wissen, daß sie nicht allein sind. Wir müssen uns etwas Zeit nehmen, um ruhig zu sein, um uns aufzuladen, und das kann bedeuten, eine Weile im Dunkeln zu warten. Was immer dann geschehen mag – das Licht wird kommen. Und es wird uns erleuchten, anstatt uns mit seinem Glanz zu blenden.

Der Weg zum Ruhm ist rauh, und viele düstere Stunden verdunkeln ihn. Möge der Große Geist den deinen erhellen!

Black Hawk

25. Juli

Die Saison des Heuens ist in vollem Gang, und mit grüngoldenen Ballen beladene Lastwagen verlassen die in geschäftige Aufregung versetzten Wiesen. Über den Köpfen kreisen Kiebitze, und Wachteln rufen nach ihrer durch den Lärm der Maschinen versprengten Brut. Allem Anschein nach ist dies die ruhige Jahreszeit – doch das trügt. Das Ende ist niemals das Ende, sondern ein neuer Anfang. Die in der Sonne trocknenden Gräser haben Samen fallengelassen, die wieder sprießen werden. Hohe, anmutige Sonnenblumen beschatten die wilden Petunien, die auf einen weiteren Regen warten. Wir beenden eine Sache und beginnen eine andere – immer mit einem wachen Blick dafür, wie wir es besser machen können. Es erinnert uns daran, daß wir das, was wir reifen lassen wollen, zuerst pflanzen und pflegen und liebevoll bewässern müssen.

Der Große Geist hat uns angelächelt und uns froh gemacht.

Keokuk, 1848

26. Juli

Wenn wir beim Blick in den Spiegel ein wenig die Augen zusammenkneifen, ist das Ergebnis gar nicht so schlecht. Doch wenn wir an einem Spiegel vorbeigehen und unerwartet ein Bild auffangen, enthüllt es mehr, als wir sehen wollten. In einem kurzen Augenblick haben wir uns unbewußt ertappt. Es war keine Zeit, die Augen zu verengen – und da standen wir ohne Verkleidung. Es war ein Fremder. Kein Lächeln – einfach schrecklich. Warum denken wir, daß wir lächeln, wenn wir es nicht tun? Der Cherokee hat oft einen stoischen Gesichtsausdruck, *a du tiv to di*, eine Maske, die seine sensible Natur gegen die Welt um ihn her schützt. Andere verhalten sich ebenso. Es hilft, seinen Humor zu behalten, wenn wir unverhofft ertappt werden.

Der alte Lakota war weise. Er wußte, daß das Herz des Menschen fern der Natur hart wird.

Standing Bear

27. Juli

Höchst intelligente Leute verlieren das, was sie am meisten wollen, indem sie etwas fordern, das noch im Stadium des Werdens ist. Es gibt eine Zeit, kühn zu sein, *ni ga na ye s gv na*, wie der Cherokee sagt, doch es erfordert Weisheit, zu erkennen, wann das ist. Wenn etwas des Besitzens wert ist, ist es auch wert, daß man darauf wartet, darauf hinarbeitet. Aber die Furcht, etwas zu verlieren, ehe wir eine Chance hatten, es uns zu eigen zu machen, kann uns dazu anstacheln, Risiken einzugehen, die sich nicht lohnen. Unsicherheit läßt uns auf eine Weise reagieren, die bewirkt, daß wir gerade das verlieren, was wir behalten wollen. Die Aktion ist ein notwendiger Teil des Lebens, doch Überzeugen ist eine Kunst und tritt selten fordernd auf.

Der Große Geist wird uns nicht für das bestrafen, was wir nicht wissen.

Red Jacket

28. Juli

Andere Leute mögen uns sagen, sie wüßten, was das beste für uns ist. Und vielleicht wissen sie es manchmal. Doch es ist wichtiger, daß wir Zeit haben, selbst zu erkennen, was wir tun müssen. Die Stärke anderer Menschen neigt dazu, nach einer Weile zu schwinden, also brauchen wir unsere eigene Stärke, um uns aufrechtzuhalten, wenn niemand anders da ist. Wenige sind auf jede Eventualität vorbereitet. Doch wir verstehen es, unser *go hi yu di*, unseren Glauben, einzusetzen, wo er uns hilft. Wenn wir in Situationen geraten, in denen wir nicht wissen, was zu tun ist, sollten wir gar nichts tun, so lange, bis wir Zeit gehabt haben, stillzustehen – und zu sehen.

Die Erde und ich sind eines Sinnes.

Häuptling Joseph

29. Juli

Erste Eindrücke sind Widerspiegelungen dessen, was wir zu denken bereit sind. Wie leicht ist es, zu glauben, wir würden eine andere Person kennen, da wir uns selbst so wenig kennen. Keiner von uns offenbart, wer er wirklich ist, bis er sich sicher fühlt, und dann dauert es noch lange, ehe wir jemandem genügend trauen, um ihn Freund zu nennen. Wir brauchen es, daß man uns sagt, wir würden geliebt – nicht einmal, sondern viele Male, *ta li a le-yu go di-wo di s ge s di*, «zweimal oder öfter sage es», wie es der Cherokee formuliert. Selbst der Unschuldigste unter uns neigt zum Aburteilen. Doch zu urteilen, bevor wir jemanden kennen, kann einen Mangel an Ehrlichkeit uns selbst gegenüber bedeuten – oder die Angst, wir könnten in anderen sehen, was wir bei uns selbst zu finden fürchten.

Wir verbargen nichts. Wir kamen weder heimlich noch bei Nacht. Wir kamen am hellen Tage.

Mangas Coloradas

30. JULI

Wir sagen, wir würden unsere Freunde wählen, doch wahre Freunde haben sich selbst gewählt. Sie sind es, die zu antworten beschließen, und auf welche Weise. Letztlich machen sie sich zu unseren Freunden, indem sie treu sind und ein echtes Interesse an unserem Wohlergehen haben – oder uns in Ruhe lassen, wenn es nötig ist. Bekannte warten und urteilen. Und manchmal, wenn wir keine Grundlage finden, um Freunde sein zu können, ist es besser, daß wir Bekannte sind. Es ist nur ehrlich, zuzugeben, daß wir nicht für alle Menschen liebe Freunde sein können. Aber da gibt es etwas Besonderes. Ein Freund ist ein *unali* – einer, der nicht fragt und nicht auf Gegenseitigkeit aus ist. Darum sind Freunde uns teuer. Sie haben beschlossen, es zu sein.

Der weiße Mann gehorcht dem Großen Geist nicht; darum konnte sich der Indianer niemals mit ihm einigen.

FLYING HAWK

31. Juli

Freue dich, wenn der Weg rauh wird, wenn alles sich ins Erbärmliche wendet. Es ist die Zeit, zu rufen und in die Hände zu klatschen – wenn auch nur in der Abgeschlossenheit unseres eigenen Gemüts. Sich über Schwierigkeiten zu freuen scheint nicht vernünftig, da es natürlich wäre, aufzugeben und zu weinen. Doch wir stoßen uns leichter ab von der Misere, wenn wir die Tränen abschalten und die Freude aufdrehen. Sie kommt von innen und geht nach außen – und das ist die Art, wie *u hi so di*, der Fluch oder die Düsternis, gebrochen wird. Wenn wir es nie zuvor getan haben, müssen wir lernen, auf Freude zu sinnen und freudig zu handeln, weil das Herz lauscht – und aus dem Herzen heraus werden alle Angelegenheiten geregelt.

Ich bitte euch nun, zu glauben, daß wir uns, so erbärmlich wir in euren Augen auch erscheinen mögen, für viel glücklicher halten als euch.

Häuptling der Gaspesian, 1676

AUGUST

Galo'nee

Fruchtende-Monat

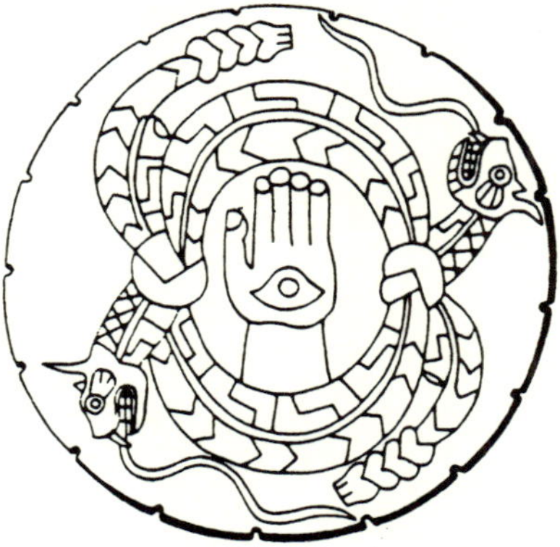

Die Neigung, dieses Land zu verlassen,
hat keinen Platz in unseren Herzen,
und wenn wir fortgehen, wird es der Gang
der Natur sein: Wir werden unter
diesem Boden schlafen, den der Große Geist
unseren Ahnen gab und der sie nun in
ihrer ungestörten Ruhe bedeckt.

HÄUPTLING JOHN ROSS, 1830

1. August

Fischengehen ist für die Cherokee *a na su hv s gv* und niemals eine Zeitverschwendung. Dasselbe gilt für das Herumtrödeln oder In-die-Luft-Gucken. Große Menschen besaßen die Weisheit, sich Zeit zu nehmen und ihren Geist mit dem Korken einer Angelschnur treiben zu lassen. Wer sagt denn, daß man durch ruhiges Sitzen nicht mehr tut, als wenn man mit aggressiver Miene herumrennt und den Blutdruck hochtreibt? Stille und Nachdenken können etwas ebenso Aktives sein wie heftige Bewegung. Manchmal lernen wir etwas durch Studieren, aber Fischengehen macht weise. Wir wissen, daß wir nicht für immer stillsitzen können – aber dem Streß und dem Druck ein bißchen zu entkommen macht einen Menschen mit Sicherheit glücklicher und gesünder.

Mehrere von unseren jungen Leuten ... wurden in all euren Wissenschaften unterrichtet ..., doch als sie zurückkamen, waren sie schlechte Läufer und kannten sich nicht mehr aus mit dem Leben in den Wäldern ...

Six Nations

2. August

Es ist nicht leicht, die Stunden zu vergessen, die wir als Kinder an einem glitzernden Bach verbrachten – und es gab damals mehr glitzernde Bäche. Es ist nicht schwer, sich an jedes Geräusch zu erinnern, das den Bach heraufdrang, wie das Fischen war und wie der Fang, frisch vom Wasser und in einer alten Blechpfanne gekocht, schmeckte. Es gab *a tsi nv s gi*, Veilchen, die in Büscheln am Ufer blühten, und giftigen Efeu, den wir meiden sollten – was wir nicht immer taten. Ein Kardinalsvogel sang ein Fischerlied. Das Geräusch von Rudern, die mit einem leisen Plitsch-Platsch ins Wasser tauchten. Wasserflöhe glitten wie Menschen auf Wasserskiern über die Oberfläche. Und wenn wir vorbeigingen, zogen sich *tsisdvna*, Krebse, in Löcher im Schlamm zurück. Jeder Augenblick war eine Freude und klopft heute sanft an unser Gemüt, wenn das Bedürfnis nach Einsamkeit da ist.

Was ist das Leben? Es ist das Leuchten eines Glühwürmchens in der Nacht … Es ist der kleine Schatten, der über das Gras läuft und sich im Sonnenuntergang verliert.

Crowfoot

3. August

Liebe und Mißhandlung sind niemals vereinbar. Wenn jemand behauptet, er liebe uns unabhängig davon, wie er uns behandelt, sollten wir vorsichtig sein. Es ist der Aufschrei von jemandem, der mehr das Bedürfnis hat, sich anzulehnen, als zu lieben. Sein Bedürfnis ist ein Netz, das über eine Beute geworfen wird. Es ist die Spinne, die die Fäden ihres Netzes anzieht, um zu fangen, was sie braucht. Liebe droht nicht und schüchtert nicht ein, um es im nächsten Augenblick mit Überredung und Versprechungen zu versuchen. Liebe besteht nicht nur aus gefühlvollen Worten. Sie ist das Bedürfnis, zu geben und zu stützen und zu schützen, auch wenn damit die Bequemlichkeit gefährdet wird. Sie ist nicht Manipulation, und sie ist nie und nimmer *u yo i gv ne di*, Mißhandlung.

Ein Kind glaubt, Schmerz werde nur von jemandem verursacht, der unfreundlich ist.

Chased-By-Bears

4. August

Jedesmal, wenn wir zu Fall kommen, wieder aufstehen und einen neuen Anlauf unternehmen, bewerten wir es insgesamt als Fortschritt. Es ist das Aufstehen, was einen Krieger ausmacht, *di tli hi*, wie der Cherokee sagt. Aufstehen bedeutet nicht, daß der Krieger furchtlos oder vollkommen selbstsicher ist. Es bedeutet, daß er Selbstsicherheit gewinnt, indem er es beharrlich weiter versucht, und er vertraut voll darauf, daß die Stärke kommt, wenn er sie braucht. Er fragt: *Na quu na?* Wie wäre es jetzt? Jeder hat Angst vor einer Herausforderung, Angst davor, unten zu sein und unten zu bleiben. Doch das Vertrauen auf den Großen Geist verleiht den Mut, machtvolle Worte zu sprechen, um den menschlichen Geist zu bestärken. Also, wie wäre es jetzt?

Ich weiß, daß der Große Geist von oben auf mich herabblickt und hören wird, was ich sage …

SITTING BULL

5. August

Es ist seltsam, daß die gleichen Worte, die gestern gesprochen wurden, heute eine andere Bedeutung haben. Was können wir sagen, das wir nicht schon vorher gesagt haben? Und was kann gesagt werden, das nicht schon auf so viele Arten gesagt wurde? Manche Worte können beliebig oft wiederholt werden und noch immer neu sein. Der Cherokee sagt: *Gv ge yu a*, ich mag dich, oder: Ich liebe dich. Ich liebe dich in höchstem Maß für einen Tag. Doch das heißt nicht, daß es morgen genauso sein wird. Der morgige Tag wird sein eigenes Gefäß mitbringen, um es zu füllen. Während die Sonne aufgeht und der Mond untergeht, verrinnt die Zeit, doch das Bedürfnis, zu lieben und geliebt zu werden, ändert sich nie. Es hilft uns, die zarteren Dinge zu schätzen, da wir wissen, daß unsere gemeinsamen Stunden wie geschliffene Edelsteine sind, die niemals ihren Glanz verlieren und immer ihren Wert behalten.

Ich bin froh wie die Ponys, wenn am Anfang des Jahres das frische Gras zu wachsen beginnt.

Ten Bears

6. August

Die Natur ist vollkommen. Wenn ein Teil von ihr wegfällt und in das große Kontinuum des Lebens zurückkehrt, stehen neue Schößlinge, neue Sprosse des Lebens bereit, seinen Zweck zu vollenden. Eine Jahreszeit schreitet fort, so daß eine andere an ihre Stelle treten kann – doch sie ist nicht wichtiger und nicht unwichtiger als die vorige. Es gehört zur Natur, vollkommen zu sein – ebenso, wie es ursprünglich zur menschlichen Natur gehörte. Aber der menschlichen Natur wurde die Möglichkeit gegeben, zwischen Gut und Böse zu wählen. Sie entschied sich dafür, ungehorsam zu sein, und nun kennen wir Furcht und Angst. Ein Cherokee-Ausdruck, *u so nv-i ya dv ne di*, nennt dies eine unrechte Tat, eine Untat, die eine langanhaltende Situation hervorrief, mit der wir uns mehr herumschlagen müssen, als uns lieb ist. Doch wir haben auch die Wahl, und wir müssen überlegen, welches der neue Sproß sein könnte, der den Zweck vollendet.

Großer Geist … Du hast mich ins Zentrum der Welt mitgenommen und mir die Güte und Schönheit und Seltsamkeit der grünenden Erde gezeigt … Du hast sie mir gezeigt, und ich habe sie gesehen.

Black Elk

7. August

Auf dem Pfad durch den Wald liegt eine dünne Schicht von scharlachroten Blättern, die früh vom Geißblatt abgefallen sind. Grillen besingen zirpend die Ankunft einer neuen Jahreszeit – und der kesse blaue Eichelhäher, *tla v ga*, stimmt zu. Die Erde zu berühren schenkt uns das reizvolle Gefühl, unsere Ursprünge wiederzufinden. Ob wir auf ihr schreiten, pflanzen oder pflügen, sie ist ein für uns geschaffener Ort, ein Ort, um mit bloßen Füßen darauf zu stehen und zu spüren, wie uns stilles Wohlbehagen durchströmt. Der Pulsschlag der Erde verlangsamt unseren eigenen und macht der Verwirrung ein Ende. *Ga lv lo i*, den Himmel, in seiner grenzenlosen Tiefe zu sehen regt uns an, unser Bewußtsein zu erweitern, um zu erkennen, wieviel Schönheit für uns bereitet ist. Es hilft uns, zu sehen, daß minderwertige Dinge nur so lange Bestand haben können, wie wir es ihnen erlauben. Nichts vermag uns einzuschränken, wenn wir die Freiheit des Geistes kennen.

Ich wurde in der Prärie geboren, wo der Wind frei wehte und es nichts gab, was das Licht der Sonne hätte brechen können. Ich wurde geboren, wo es keine Mauern gab …

Geronimo

8. August

Das Leben ist ein langes Umwerben von Dingen, die wir wollen oder fürchten. Ob es etwas ist, das wir wünschen, oder etwas, das wir vermeiden wollen, wir *gu na da yi li da s di*, umwerben es, wir buhlen darum in Gedanken und Worten, beziehen uns darauf mit intensiver Anstrengung. Wenn unser Verlangen zu starr ist, erzeugen wir bekanntlich eine psychologische Mauer, die den natürlichen Fluß des Erreichens unseres Herzenswunsches absperrt. Wir können einfach nicht tun, was wir tun wollen. Wenn etwas um jeden Preis vermieden werden soll, neigen wir dazu, es uns so lebhaft vorzustellen, daß ihm nichts anderes übrigbleibt, als uns zu begegnen. Das gleiche mentale Gesetz spielt uns zu, was wir wollen. Wir müssen darauf achten, was wir wollen, denn wir sind dafür prädestiniert, es zu bekommen. Es ist unsere Natur, um etwas zu werben, aber dabei sollte immer Weisheit walten.

Ich lief zur Quelle, um Wasser für die zu holen, die durstig waren. Durch solche kleinen Dienste gewann ich ihre Zuneigung …

PLAYFUL CALF

9. August

Tradition ist ein fundamentaler Teil des Lebens. Sie schafft eine Struktur, auf die wir uns stützen können, um uns ein Gefühl der Zugehörigkeit, Sicherheit, zu verschaffen. Doch sie kann auch ein Hindernis auf dem Weg des Fortschritts und neuer Erfahrungen sein. Wir sind es uns schuldig, die *ka no he lv hi*, die alten Lebensformen, die Traditionen, zu bewahren. Aber wir sind es uns auch schuldig, nicht so sehr konditioniert zu sein, daß wir etwas so lange in gleicher Weise tun, bis wir stagnieren. Zu viele von uns sind träge, laufen mit der Herde und halten ihre Phantasie in engen Grenzen. Es widerstrebt uns, eine Tradition zu verraten. Aber aus einer Form, in die wir künstlich hineingepreßt wurden, auszubrechen, um uns aus eigenem Antrieb aufzuschwingen, ist den Einsatz unseres Scharfsinns wert – und würdig all dessen, was uns so weit gebracht hat.

Der Geist des Landes ist noch im Indianer verkörpert; er wird es so lange sein, bis andere Menschen fähig sind, seinen Rhythmus zu erahnen und ihm zu entsprechen.

Standing Bear

10. August

Warme Augustabende bieten uns einen Blick auf die gleich fließendem Honig verlangsamten Bewegungen des Sommers, in Cherokee *go gi.* Das Vieh grast friedlich auf den Wiesen, und die Spottdrossel, die in der Krone des Maulbeerbaumes lebt, ahmt die Lieder anderer Vögel täuschend ähnlich nach. Der Himmel ist mit Kondensstreifen von Düsenflugzeugen überzogen, die gerade noch von den letzten Sonnenstrahlen erfaßt werden, ehe sich eine schmierige Dunkelheit über den Horizont legt. Wolken von der Art, wie sie ein Künstler zu malen versucht, wechseln vor unseren Augen die Farben und treiben über den westlichen Himmel. Es ist die beste Zeit, der Hitze des Tages zu entkommen und auf dem Feldweg zu spazieren, der sich durch die Wiese windet. Hohe Sonnenblumen nicken in einer plötzlichen kühlen Brise, und der weiße Flaum der Pusteblume weht über die Einzäunung herüber. Dies ist *to hi dv*, der Friede, *u ne la nv hi*, der Friede Gottes, der alles Verstehen übersteigt.

Möge ich dich erblicken, möge ich dich erkennen, möge ich dich bedenken, möge ich dich verstehen, o Herr des Universums.

LIED DER INKA

11. August

Irgendwann stehen wir alle vor einer Weggabelung und entscheiden, in welche Richtung wir gehen wollen. Wenn wir fest in unserer Vorstellung von dem, was recht ist, verankert sind, können wir die Entscheidung mit Zuversicht treffen. Wir lieben den Menschen, der unbeirrt ausharrt, wenn alles nur noch abwärtszugehen droht. Er sieht nicht nur so aus, als ob er kämpfen könnte – was der Cherokee *a la s di* nennt, sondern er trägt auch eine unsichtbare Rüstung aus Glauben, die ihn unbesiegbar macht. Wenn wir die richtige Straße gewählt haben und zum Kampf bereit sind, wird ein Weg geschaffen, wo zuvor kein Weg war. Unsere Füße setzen sich in Bewegung, und wenn wir den entscheidenden Punkt erreichen, markieren wir den Weg für diejenigen, die uns nachfolgen.

Lehre uns den Weg für die Reise, und wir werden niemals von ihm abweichen.

Satank

12. August

Raum und Zeit bedeuten für Freunde nichts. Sie finden sich immer wieder, um die wichtigen Dinge miteinander zu teilen – und eine große Menge gewöhnlicher, alltäglicher Ereignisse. *Tsu na li i*, Freunde oder uns Nahestehende, verzeihen uns, ob wir es verdienen oder nicht. Sie wissen, wie leicht es ist, aus dem Gleichgewicht zu geraten. Doch sie setzen große Hoffnungen in uns – vielleicht sogar größere, als wir selbst dies tun. Es ist das Beste, was uns geschehen kann, wenn jemand beschließt, für uns diese Art von Freund zu sein, Nachsicht mit unserer mangelhaften Erkenntlichkeit zu haben – aus keinem anderen Grund als aus treuer Freundschaft. Es ist eine stille, friedliche und wertvolle Beziehung, die niemals alt wird und niemals endet. Ein solcher Freund zu sein bedeutet, eine reizvolle und segensreiche Verantwortung zu haben.

Der Große Geist hat uns angelächelt und froh gemacht.

KEOKUK

13. August

Man kann richtige Dinge sagen und dies auf die richtige Art tun, aber oft schneiden wir ein empfindliches Thema an, weil wir sprechen, wo wir hätten zuhören sollen. Eine beiläufige Bemerkung, die für uns nicht viel bedeutet, kann bei jemand anderem einen Nerv treffen. Vielleicht sind wir zu *ni ge ya ta hv na*, zu unachtsam oder zu herzlos. Im Lauf der Jahre lernen wir, wie man Freunde gewinnt und behält – und meist tun wir es, indem wir unsere Zunge im Zaum halten. Gleichgültig, wie nah wir jemandem stehen, es gibt uns nicht das Recht, alles zu sagen, was uns einfällt.

Du darfst niemanden verletzen oder schädigen.

Wovoka

14. August

Wir haben gehört, daß alles zu dem kommt, der warten kann. Dies mag bis zu einem gewissen Grad stimmen. Doch es scheint einleuchtender, daß alles zu demjenigen kommt, der darauf hofft, sich darauf vorbereitet und darauf hinarbeitet. Viel zu viele warten darauf, daß das Glück sie überrennt und ihnen die Freude aufzwingt. Daß man aber das Recht auf etwas hat, läßt es noch nicht geschehen. Freude ist wie eine sprudelnde Quelle, die sich ihren Weg nach oben durch Schichten erkämpft, welche ihren Fluß ständig behindern. Und Freude ist die Essenz des Lebens, der *s du i s di*, der Schlüssel. Wenn uns etwas geschenkt wird, können wir es nicht zerpflücken und bemängeln. Wir blicken dann nicht in die Runde, ob etwa jemand anders daran interessiert ist, ehe wir uns entscheiden – sondern wir nehmen es bei der Hand und gehen damit, lernen etwas darüber, loben es und finden, daß wir lange genug gewartet haben.

Ich fürchte keinen Menschen und bin nur vom Großen Geist abhängig.

KONDIARONK

15. August

Die meisten Menschen beabsichtigen nicht, in eine schlechte Sache verwickelt zu werden. Wir treiben einfach mit der Strömung. Dies kann geschehen, weil wir schnell vorankommen wollen, eher aber aus Unwissenheit. Es ist gesagt worden, wir hätten die Fähigkeit, aus dem Himmel eine Hölle oder aus der Hölle einen Himmel zu machen. Man hat schon gehört, daß wir beides tun – obgleich wir die Wahl haben. Für die Cherokee ist klar, daß der als Himmel bezeichnete Ort, *ga lv la di-tso sv,* die letztgültige Entscheidung ist. Wir hatten mit Situationen zu tun, für die wir uns nicht entschieden haben. Sie wurden uns einfach aufgebürdet, und wir versuchten, zu helfen. Aber wir müssen uns weise verhalten. Wir dürfen uns nicht erlauben, in eine Sache hineingezogen zu werden, für die wir nicht verantwortlich sind, und zu deren Handhabung unsere Kenntnisse nicht ausreichen.

Ich habe zu nehmen versucht, was sie mir versprachen ..., doch ich kann es nicht finden.

Big Bear

16. August

Manche Leute behaupten, sie hätten kein Bedürfnis nach Einsamkeit. Andere bestehen auf Zurückgezogenheit, darauf, sich von allem zu entfernen und Abstand zu gewinnen. Die meisten von uns verlangen nach Augenblicken der Ruhe, nach *u tse li dv*, der einsamen Stunde, solange sie Seele und Lebendigkeit besitzt. Es geschieht in den ruhigen Zeiten, daß wir unsere Stärken entwickeln und wissen, wir haben etwas, worauf wir uns verlassen können. Einsamkeit bedeutet nicht Rückzug an einen Ort, zu dem niemand und kein Laut durchdringen kann. Sie ist ein süßer Augenblick des Friedens mit anderen Menschen oder ohne sie, der es uns erlaubt, unser Gleichgewicht zurückzuerlangen und den Rhythmus von Körper, Geist und Seele wiederherzustellen. Weisheit ist, der Einsamkeit der Natur nah zu bleiben, um sich jung und geschmeidig zu erhalten.

Der alte Lakota war weise ... Er hielt sich an seine Jugend und an deren besänftigenden Einfluß.

Standing Bear

17. AUGUST

Wir verlieren niemals wirklich jemanden. Wenn er jemals ein Teil unseres Lebens war, ist er es für immer. Man sollte dem Vergangenen nicht nachtrauern, sondern die Lehren daraus ziehen und die darin enthaltenen Erfahrungen nutzen. Das Leben verläuft zweigleisig, es gibt nicht immer Sonnenschein und Blumen, ein paar Wolken, ein paar Tränen sind auch dabei. Es ist eine komplexe Mischung aus vielen Dingen, aus denen auszuwählen wir berufen sind. Wir können nicht bei etwas stehenbleiben, das schiefgelaufen ist, und uns auch nicht ewig bei etwas aufhalten, das wir richtig gemacht haben. Die Zeit schreitet fort, bewegt sich, sie ist voll von neuen Erfahrungen, guten und weniger guten Erinnerungen und vielen vielversprechenden Stunden. Es ist möglich, alle anderen Gefühle beiseite zu lassen und sich nur der Freude zu erinnern. Vor allem aber: Das Beste soll noch kommen.

Der Große Geist hat mich hierhergestellt …, um gut für das Land zu sorgen und dafür daß wir uns gegenseitig keinen Schaden zufügen.

YOUNG CHIEF

18. August

Man braucht Begeisterung, um etwas zu tun. Wir erleben Tag für Tag so viele Male das gleiche, daß wir dazu neigen, den Eifer zu verlieren. Doch wenn wir uns anspornen, wird die Begeisterung, wie durch eine frisch geölte Pumpe, wieder leichter fließen. Wenn Menschen den Geschmack am Leben verlieren, heißt das nicht, daß es nichts Interessantes mehr gäbe, sondern lediglich, daß sie nicht mehr interessiert sind. Sie müssen sich anspornen und aus der Spur des Zweifels herausfinden, in die sie sich eingegraben haben. Der Cherokee assoziiert den Mangel an Begeisterung mit dem Traurigsein, das er *u hi so di* nennt. Begeisterung hat wunderbare Wirkungen auf Geist und Körper, gibt ihnen die Möglichkeit, zu genesen, sich von unglücklichen Erfahrungen zu erholen. Wenn uns die Begeisterung fehlt, dann laßt uns eben sagen: Wir haben sie – genügend, um alles zu tun, was wir tun müssen.

Der Große Geist lächelte uns an und machte uns froh …, doch wir mußten zustimmen.

KEOKUK

19. AUGUST

Um mit anderen Menschen in Frieden zu leben, brauchen wir Einsicht und ein vorsichtiges Urteil. Viel zu oft urteilen wir nach dem Aussehen, und das führt zu Mißverständnissen. So vieles ist vor dem gewöhnlichen Blick verborgen, daß es Zeit erfordert, etwas gut genug zu kennen, um überhaupt etwas zu sagen. Wenn wir Licht haben, müssen wir wissen, daß das nicht bedeutet, daß keine Dunkelheit existiert. Und wenn wir zu essen haben, heißt das nicht, daß es keinen Hunger gibt. Können unsere Augen all die Gründe und Zwecke in den Handlungen anderer Menschen sehen? Solange wir nicht jemandes Schmerz gefühlt und seine Last getragen haben, können wir nicht wissen, wie wir unter den gleichen Umständen reagieren würden. Unsere Sinne sind nicht imstande, uns alles zu sagen. Nur Mitgefühl und Verständnis zeigen uns die Wahrheit.

O Großer Geist, hilf mir, niemals über einen anderen zu urteilen, solange ich nicht zwei Wochen in seinen Mokassins gegangen bin.

EDWIN LAUGHING FOX

20. August

Wir sind viele Wege gegangen, die wir uns nicht ausgesucht haben, und wir haben viele Arbeiten getan, die wir nicht tun wollten. Wir haben Lasten getragen, die wir nicht tragen wollten, und mit Leuten verhandelt, die wir nicht mochten. Es ist seltsam, daß der Weg, den wir nicht einschlagen wollten, derjenige ist, der uns schneller zu dem Ort brachte, an dem wir sein wollten. Zeitweise war der Weg feindlich, doch wenn wir eine Hand brauchten, war eine da. Wenn wir Mut benötigten, war er da. Was wir Probleme und ungerechte Umstände nennen, ist ein Weg, uns Redlichkeit und Friedfertigkeit zu lehren. Es führt uns zu der Frage, wie viele andere Belohnungen uns entgangen sind, weil wir uns etwas widersetzten, das nach zu viel Verantwortung aussah.

Ich ging mit den Wolken um die Welt, als Gott zu meinen Gedanken sprach und mir sagte …: Sei mit allem im Frieden.

Cochise

21. August

Manchmal besteht Weisheit darin, zu wissen, was man übersehen sollte. Oft ist sie ein Verzeihen, das nicht in Worte gekleidet wird. Aber warum sollte irgendeine schnell denkende, fleißige Person mit Bildung und Verstand etwas übersehen wollen? Weil wir niemals wissen, wann wir in den Schuhen eines anderen Menschen stecken werden. Wenn es soweit ist, wünschen wir, daß man uns verzeiht – aus verschiedenen Gründen. Fehler zu übersehen zeugt nicht nur von Weisheit – es ist auch Freundlichkeit. Wer hat noch nicht gehofft, die Welt würde wegschauen, wenn er oder sie es nicht schaffte, bewundernswert zu sein? Auf cherokee heißt «übersehen» *a hi ya s to di*, was fast gleichbedeutend ist mit «ignorieren». Welch ein Glück, wenn wir nicht ignoriert, unsere Fehler aber übersehen werden.

Du darfst weder jemanden verletzen noch ihm Schaden zufügen. Du darfst nicht kämpfen, sondern mußt immer das Rechte tun.

WOVOKA

22. August

Immer, wenn wir denken, zeichnen wir ein geistiges Bild. Je mehr wir auf das Bild auf der Kinoleinwand unseres Geistes schauen, desto wirklicher wird es. Wir vergessen, daß es nur Einbildung ist, unsere Gefühle greifen auf, was der Geist gesehen hat, und die Einbildung erzeugt Freude, Tränen oder gar Zorn. Unsere Emotionen manipulieren uns und veranlassen uns, Dinge zu tun, die wir unter anderen Umständen niemals tun würden. Wenn wir dem nachgeben, verursachen diese mentalen Suggestionen Schmerz, Eifersucht und Wut. Wenn unsere geistige Schau uns sagt, daß wir getäuscht wurden, läßt uns der Zorn töricht reagieren. In solchen Fällen neigen wir dazu, uns auf den Kriegspfad zu begeben, und zwar nicht aus vernünftigen Gründen, sondern weil wir uns die falschen geistigen Bilder eingegeben haben.

Ohne einen gerechten Grund und ein ehrenhaftes Ziel begeben wir uns nicht auf den Kriegspfad.

PUSHMATAHA

23. August

Das Malen eines Bildes entspricht weitgehend dem Leben eines Lebens. Manche von uns schaffen nur eine Skizze, während andere die Zeit und den Enthusiasmus aufbringen, schöne Farben zu mischen und sie auf eine Leinwand zu pinseln. Auf manchen Leinwänden wird mit Farbe gespart, andere sind düster und dunkel mit wenigen oder gar keinen Glanzlichtern. Aber diejenigen, welche fröhliche Farben verwenden, leuchtendes Rot, Sonnenblumengelb und alle Arten von Purpur und Lila, zeigen uns, daß das Leben nicht gewöhnlich sein muß. *U ne la nv hi*, der Meister, gab uns alle Paletten und Töpfe voll von leuchtenden Farben, um sie kühn zu gebrauchen oder um zarte, aber lebendige Schatten hineinzumischen. Die allgemeinen Grundlinien sind uns vorgegeben, doch es bleibt uns überlassen, sie mit Farben zu füllen, aufeinander abzustimmen und zu vermischen, bis wir die richtigen Töne erhalten. Jeder von uns ist ein Maler und hat die Aufgabe, aus dem Leben ein Kunstwerk zu machen.

Sie forschten lange Zeit nach der Quelle des Lebens und gelangten am Ende zu dem Gedanken, daß es von einer unsichtbaren schöpferischen Macht stammt, der sie den Namen Wa-ko-da gaben.

Playful Calf

24. August

Nichts rettet den Tag so sehr wie ein gutes Wort. Und nichts ist so oft mißbraucht worden. In einem Wort liegt Macht, gleichgültig, ob wir es lesen, sprechen oder hören. Und wir befehlen mit dem Wort und werden mit dem Wort befehligt. Wir verbreiten uns damit, rufen damit auf und trösten damit. Worte sind Werkzeuge, Waffen, sowohl gute als auch schlechte Arznei – und sehr schön, wenn sie liebevoll gebraucht werden. Das Wort, auf cherokee *ka ne tsv*, besitzt die Macht, heilen zu helfen, aber auch, kranke Menschen noch kränker zu machen. Das Wort schafft Vertrauen, wenn es mehr aufbaut als zerstört. Beziehungen sind durch ein loses Mundwerk irreparabel zerrüttet worden. Glück ist durch Sprachlosigkeit zerronnen. Solange wir nicht auf unsere eigene Stimme und die Art unseres Redens achten, werden wir niemals ahnen, wie wir Worte gebrauchen.

Ich öffne mein Herz, um zu dir zu sprechen ... Öffne du das deine, um meine Worte zu empfangen.

COMO

25. August

Wir haben ein Talent dafür, uns selbst davon zu überzeugen, daß wir in gewissen Angelegenheiten nichts tun können – weil wir nichts tun wollen. Zunächst suchen wir noch nach Lösungen und hoffen auf ein Wunder. Aber jeder Tag, der vergeht, entfernt uns von so vielem, das uns nicht mehr bewegt. Allmählich verblassen die Dinge, die wir für wichtig gehalten hatten, und entschwinden aus unseren Gedanken. Auf cherokee wird dies *gv ge wi s di* genannt, was soviel wie vernachlässigen bedeutet. Es ist eine Sache, etwas fahrenzulassen, das wertlos für einen ist, und eine andere, das dringende Bedürfnis zu haben, etwas wiederzubekommen. Was ist wichtig? Entscheidend ist, zu wissen, was wir wollen und brauchen – wenn es jemals in unserem Besitz sein soll.

Es tat mir sehr leid, als ich herausfand, daß deine Absichten gut waren und völlig verschieden von dem, was ich vermutet hatte.

Sitting Bull

26. AUGUST

Es ist tröstlich zu wissen, daß wir jeden Tag in Kontakt mit Menschen sind, die ein solches Vertrauen in uns setzen, daß wir uns verstärkt bemühen, unser Bestes zu tun. Es gibt keine diffizilere und kreativere Aufgabe als die, anderen Vertrauen zu schenken. Keine zwei Menschen reagieren jemals in der gleichen Weise, und da bei Individuen die Methode «Versuch und Irrtum» kaum angezeigt ist, muß man auf Empfindlichkeiten und Ängste achten. Wo die eine Person herausgefordert werden kann, mag es eine andere nötig haben, daß man ihr sagt, wie sie sich über Emotionen und eingebildete Fehler hinwegsetzt. Wie so viele andere erscheint der Cherokee *u wo we la nv*, gelassen oder stoisch, doch er ist von Natur aus empfindlich gegen Kritik in jeder Form. Wir alle brauchen Wertschätzung und Aufmerksamkeit, und wenn jemand Interesse zeigt, unterscheidet ihn das von den anderen.

Diese Hand hat nicht die Farbe deiner Hand, doch wenn ich sie durchbohre, werde ich Schmerz empfinden. Das Blut, das aus meiner Hand fließen wird, wird dieselbe Farbe haben wie das deine. Der Große Geist hat uns beide gemacht.

STANDING BEAR

27. August

Wenn wir neue Kenntnisse, ein anderes Verständnis hätten, könnten wir zurückgehen und die Dinge anders machen. Andernfalls würden wir wieder das gleiche tun. Wir arbeiten mit dem, was wir haben, was wir wissen. Es ist töricht, sich mit Vergangenem zu quälen. Wenn wir absichtlich etwas Unrechtes getan haben, verhält es sich ein wenig anders – doch meist ist unsere Reue entweder eingebildet oder Geschichte. Sie bewahrt uns nicht vor dem Wunsch, weiser und vorsichtiger gewesen zu sein – dazu fähig, im Dunkeln besser sehen zu können. Der Cherokee nennt dies Erinnerung an Dinge, die niemals gewesen sind, *i ye li s di i* – Übertreibung der Phantasie. Andererseits hilft uns ebendies, Erinnerungen, die uns festhalten wollen, zu entrinnen.

Er ist kein Feigling. Black Hawk ist ein Indianer!

Black Hawk

28. August

Alles, was gedeiht, wird vom Licht genährt. Hebe einen Stein auf, und die Keime darunter sind gekrümmt, verkümmert und farblos. Doch nach wenigen Stunden eindringenden Lichts fangen sie an, sich aufzurichten, und am Ende werden sie alle Folgen des Niedergedrücktseins überwunden haben. Es ist nötig, daß ein *a li so qui lv di*, ein Gewicht oder eine Last, von unseren Schultern genommen wird, damit wir im Licht wachsen und gedeihen können. Wir müssen die Bereitschaft zeigen, auf dem Stein zu stehen, und nicht unter ihm. Uns in besseren Verhältnissen zu sehen, klar zu denken bedeutet, frei zu sein. Nach und nach erkennen wir die Möglichkeit von Gesundheit und Ordnung und großem Glück, das alles einschließt, was wir brauchen. Das Gute zu sehen und zu sagen wird am Ende das Gute erzeugen, doch unsere Vision und unsere Worte müssen stetig sein.

Du mußt geradeheraus sprechen, so daß deine Worte wie Sonnenlicht in unsere Herzen dringen können.

Cochise

29. AUGUST

Eine gefestigte Stellung zu gewinnen erfordert Beherrschung, Beherrschung der Zunge und all dessen, was zu ihren Aussagen führt. Schlauheit und einflußreiche Verbindungen sind ungefähr so verläßlich wie ein billiges Gerüst. Es kann unter dem geringsten Druck völlig zusammenbrechen. Weder für den Besitz noch für das Ansehen gibt es permanente Sicherheit. Diese beruht auf innerem, persönlichem Vertrauen zu dem, was der Cherokee *Galun lati* nennt, den Großen Geist. Die Menschen haben immer versucht, Vermögen anzuhäufen und auch abseits von allem Spirituellen glücklich zu sein. Besitz und Ansehen kann jeder erreichen, der bereit ist, dafür zu arbeiten – doch Zufriedenheit und Gesundheit gehen Hand in Hand mit dem Großen Geist.

Wir streiten uns niemals über den Großen Geist.

COCHISE

30. August

Wie können wir einem anderen Menschen ins Herz sehen oder seine wahren Wünsche erkennen? Wir sind nicht einmal der unseren sicher. Man hat uns so viele Vorschläge gemacht, daß wir unser eigenes Herz in Frage stellen. Wenn wir verstehen, wer wir sind, werden wir andere kennen. Etwas Wertvolles in einer anderen Person zu identifizieren heißt, es an uns selbst zu entdecken. Der Tsalagi nennt es intuitiv oder wahrnehmungsfähig – etwas ohne greifbaren Beweis zu erkennen. Das Wunder besteht darin, in jemand anderem etwas Gutes zu finden und zu merken, daß wir es in uns haben müssen, um fähig zu sein, es wiederzuerkennen. Wer niemals ein gutes Wort oder einen guten Gedanken für irgend jemanden hat, offenbart die eigene furchtbare Not.

Es gab Vorurteile in bezug auf die Indianer – daß sie nicht zu zivilisieren seien ..., nicht erzogen werden könnten ..., so etwas wie menschliche Wesen seien ..., aber nicht ganz im Sinn der Menschenrechte ...

Wassaja

31. August

Zuerst kommt immer das, was wir fühlen – doch Gefühle wandeln sich auf den Wogen der Emotionalität. Sobald wir am Morgen erwachen, befragen wir unsere Gefühle daraufhin, wie der Tag verlaufen wird. Es ist, als prüfe man den Wind, um festzustellen, um welchen Tag es sich handelt. Emotionen sind ein wichtiger Teil von uns – aber nur ein Teil. Wenn wir ihnen Macht geben, werden sie *a s da wa dv s to di*, uns vereinnahmen oder beherrschen. Wie oft haben unsere Emotionen uns dazu gebracht, krank zu sein oder zu kämpfen, wo wir nichts anderes hätten tun müssen, als der Suggestion zu widerstehen. Unsere Empfindlichkeit für Schmerz und Verletzung kann die Tränen gut mit Selbstmitleid und einem noch größeren Bedürfnis nach Nahrung für unsere Emotionen aufbereiten. Wenn es einen guten Grund für den Schmerz gibt, wird er schneller enden, wenn wir ihm zu verschwinden erlauben.

Wir hatten das Gefühl, mit der Erde zu sprechen, wir liebten sie so, und einige der alten Männer und Frauen weinten vor Freude, als sie ihr Zuhause erreichten.

MANUELITO

SEPTEMBER

Dulu-stinee'

Nußmonat

*Sie sangen, eine oder zwei Zeilen ... aus
einer in der Cherokee-Sprache gedruckten Hymne ...
Ich habe nie eine Gemeinschaft gesehen,
die sich so offensichtlich aufrichtiger Anbetung hingab.*

GEORGE FEATHERSTONHAUGH

1. SEPTEMBER

Wir mögen körperlich an diese Erde gebunden sein, aber in unserem Geist sind wir Adler. *Wo ha li*, der Adler, ist das Symbol der Freiheit und der Kraft, sich aufzuschwingen. Sein Nest ist ein Horst, hoch über allen anderen Nestern, wo niemand seine Jungen erreichen kann. Wenn *wo ha li* seine Schwingen ausbreitet, um den Wind aufzufangen, ist sein Flug voller Anmut und Schönheit. *Wo ha li* erübrigt Zeit, um sich zu erneuern, alte Federn herauszuziehen, damit andere nachwachsen können. Auch entfernt der Adler Teile seines Schnabels, und neuer Wuchs ersetzt sie. Auch wir können uns emporschwingen. Unser Geist hat keine Grenzen, und wir vermögen unsere Ziele so hoch zu stecken, wie unser Ehrgeiz reicht. Wenn wir Geist und Seele darauf einstellen, etwas zu tun, kann uns nichts davon abbringen außer uns selbst. Aber wir müssen uns Zeit nehmen für Rast und Erneuerung, damit unser Flug bis zum Ziel vollkommen und frei bleibt!

Deine Füße werden so schnell sein wie gezackte Blitze, dein Arm wird wie der Donnerschlag sein und furchtlos deine Seele.

METHOATASKE

2. SEPTEMBER

Irgendwo zwischen unseren besten Zeiten ist ein verlorener Tag. Er ging nicht auf einmal verloren, sondern Minute um Minute. Es schienen nur ein paar Augenblicke der Irritation oder einige Sekunden der Traurigkeit ohne jeden Grund zu sein. Doch es summierte sich alles zu einem Tag, der nichts gebracht hat. Die verlorenen Minuten sind wie die kleinen Füchse, die sich unbemerkt in den Weingarten stehlen, um die Früchte am Rebstock zu ruinieren. Wir achten so sehr darauf, größere Zeitverluste zu vermeiden, und erlauben dabei den kleinen Irritationen, den Zeiten der Traurigkeit und des Zweifels, unseren gesunden Menschenverstand zu stehlen und den Tag zu verderben. Das Leben enthält so viele kleine Dinge, kleine Gedanken, kleine Worte – doch zusammengenommen sind sie das Leben. Der einzige Trost liegt in der Erkenntnis, daß die verbleibende Zeit ohne Bedauern gelebt werden kann, auch wenn wir einen Tag verloren haben.

Es gab eine Zeit, da bedeckte unser Volk das Land wie ein vom Wind gekräuseltes Meer ... Diese Zeit ist seit langem vergangen ... Ich werde nicht trauern ...

SEATTLE

3. September

Jeden Tag stehen wir vor Entscheidungen. Das mag uns nicht gefallen, aber wir können wählen, wie wir darauf reagieren. Wenn wir uns nicht entscheiden, wird das Leben für uns entscheiden. Und wenn uns nicht gefällt, wie es bisher entschieden hat, können wir sicher sein, daß uns auch nicht gefallen wird, was es in Zukunft zu bieten hat. Die meisten glauben, sie hätten keine Wahl. Und es mag auch so scheinen – wenn man kein Kämpfer ist. Kämpfer sind Menschen, die bereit sind, gegen den Strom zu schwimmen. Sie sind nicht mit allem einverstanden, was sie sehen und hören, nur um Teil der Herde zu sein. Sie denken und handeln selbständig. Wir entwickeln Muskeln, wenn wir stromauf schwimmen, und mit der intellektuellen und spirituellen Kraft, die daraus entsteht, nehmen wir an und lehnen wir ab, wechseln sogar unsere Sichtweise – und finden Lösungen, von deren Existenz wir nichts ahnten.

Unsere Augen sind geöffnet, so daß wir klar sehen. Unsere Ohren sind nicht verstopft … Für all diese Gunstbezeigungen danken wir dem Großen Geist, und nur ihm.

RED JACKET

4. September

Wenn wir Interesse daran haben, fehlt uns selten die Energie, etwas zu tun. Wir können Stunde um Stunde dabeibleiben. Doch der Routine und allem, was der Kreativität und der Farbe ermangelt, folgt Überdruß. Nicht immer können wir das machen, was uns gefällt. Sicher gibt es irgendwelche notwendigen Arbeiten, die uns nicht begeistern – aber alles, was wir tun müssen, ist, uns zu weigern, stumpfsinnig und unaufmerksam zu sein. Es zeigt sich an der Art, wie wir gehen, und an unserem *i yu ni we dv*, unserem Gesichtsausdruck. Ein plötzlicher Wechsel von der Routine zu etwas Aufregenderem durchflutet uns mit Energie und einer Klarheit, die die ganze Zeit vorhanden war. Wir wußten es nur nicht und ließen uns von Gefühlen beherrschen. Die Energie fließt, wenn sie mit einem lebendigen Kreislauf verbunden ist. Unsere Arbeit sollte damit verbunden bleiben.

Erhebe dich zur Würde und Größe deiner ehrenvollen Stellung … Schüttle die Fesseln des schlechten Geistes ab …

Keokuk

5. September

Ständige Bewegung scheint wichtiger als das Warten. Doch das Warten ist die Zeit der Vorbereitung, des Aufbaus der Seele, um ausgeruht und bereit zu sein. Wenn Ängstlichkeit uns ergreift, verbraucht sie Energie. Sie vergeudet unsere Zeit. Warten erzeugt Beharrungsvermögen, so daß keine Notwendigkeit besteht, sich zurückzuziehen, keine Notwendigkeit für *a si ni*, zurückzugehen. Viel hängt davon ab, ob unser Warten eine Pause ist vor dem Weitermachen oder Trägheit, die uns in Unbeweglichkeit versetzt. Aber wenn Geist, Körper und Seele als Einheit zusammenhalten, um Berge zu versetzen, ist das Warten nur ein Vorspiel zu der Aktion, die allen Zeitverlust wettmacht.

Der Weg zum Ruhm ist rauh, und viele düstere Stunden verdunkeln ihn.

Black Hawk

6. September

Die Bequemlichkeit eines vertrauten Ortes hält uns an dem Platz, an dem wir uns befinden – selbst wenn wir dort nicht glücklich sind. Der Schmerz, der entsteht, wenn wir etwas verlassen, woran wir uns gewöhnt haben, macht uns zu schaffen. Es erfordert Zeit, sich anzupassen – manche sagen, etwa sechs Wochen. Doch sobald die Anpassung erfolgt ist, können wir nicht mehr zurück. Das Heimweh nach dem Altvertrauten hat nicht mehr die Zugkraft, die es einst hatte. Gleich den feinen Ranken des Efeus, die sich zäh festhalten, muß jedes empfindliche Gefühl gelockert und abgelöst werden, ehe wir anfangen, uns zu Hause zu fühlen. Solange wir die Welt, die wir einst kannten, nicht verloren haben, können wir uns nicht voll an eine neue anpassen. Es ist ein langsames, seltsames Auflösen von alten *a no da nv te s gv,* Denk- und Handlungsweisen. Doch eines Tages werden wir zurückblikken und uns wundern, warum es so lange gedauert hat, wo es doch so gut ist, frei und fröhlich zu leben.

Während wir in der Bequemlichkeit unserer Ruhe Mitleid mit dir empfinden, wundern wir uns über die Ängste und Sorgen, die du dir machst …

Häuptling der Gaspesian

7. September

Es gibt fehlende Menschen in unserem Leben. Wir wissen nicht, wer sie sind, weil manche niemals da waren. Doch es gibt Leerstellen, von denen wir wissen, daß sie gefüllt werden sollten. Unsere Gefühle gehen hinaus, und da ist niemand, der sie uns zurückgibt. Ist es unsere Schuld? Taten wir etwas, das den Platz an unserer Seite leer ließ? Der Gedanke ist schmerzlich, denn viele andere haben keine solchen Leerstellen. Sie halten es für selbstverständlich, daß Platz ist für jede Person, die sie brauchen, und daß jede Person an ihrem Platz ist. Doch es kann der Gedanke aufkommen, daß es, wenn wir einen unbesetzten Platz haben, dort draußen auch jemanden mit einer freien Stelle geben muß, weil wir nicht da sind. Wir sind die fehlende Person im Leben von jemand anderem. Macht er sich Vorwürfe, *a da du hi s to di*, weil wir nicht dort sind? Das sollte er nicht, ebensowenig wie wir.

Ich kann nicht glauben, daß wir nutzlos sind, sonst hätte Usen (Gott) uns nicht geschaffen ... Jedem Stamm ... gab er eine Heimat ... und stellte das Beste für ihn bereit.

GERONIMO

8. SEPTEMBER

Ein Wechsel der Jahreszeit kommt allmählich. Morgennebel hängen wie Gazevorhänge in den Tälern, und kühlere Luft treibt wie Distelflaum in spätsommerlichen Brisen. Die Tage sind noch warm, und die Grillen zirpen, bis Regenschauer das Land abzukühlen beginnen. Noch ehe es sichtbare Beweise dafür gibt, daß der Herbst kommt, spürt man es in der Luft. Die grünen Weiden biegen sich anmutig im wechselnden Wind und verwandeln ihre Farbe langsam in Sonnengelb. Es ist die Zeit, zu genießen, was der Cherokee *ga ne tli yv s di* nennt, den Übergang, die Entlassung der alten Jahreszeit und die Begrüßung der neuen. Es ist die Zeit des Nüssesammelns – Eicheln, Pekan- und Walnüsse in Fülle. Die Süße der Erde spricht zu den Füßen und erneuert die Seele.

Wenn ich Frieden schließe, ist es ein langer und anhaltender.

SANTANA

9. September

Wenn wir etwas tun, das unter das Niveau unseres besten Verhaltens zurückfällt, geben wir unserem schlimmsten Feind Stärke. Und jedesmal, wenn wir Irritationen und Selbstmitleid überwinden, kommen wir unserem besten Freund nahe. Unser schlimmster Feind, den der Cherokee *adasgagi* nennt, und unser bester Freund, *unalii*, sind eins. Sie leben in uns, und überall, wo wir hingehen, gehen sie mit. Sie sprechen zu uns, handeln durch uns und wetteifern um unsere Aufmerksamkeit. Wir sind unser eigener bester Freund und unser eigener schlimmster Feind. Zeitweise ist der eine stärker als der andere. Doch es ist unsere Entscheidung, welcher herrschen wird und welchen wir pflegen, weil wir das Leben und die Stärke von beiden sind. Unser Leben, unsere Gesundheit und unser Glück bezeugen, wovon wir uns beherrschen lassen.

Ich bin hier durch den Willen des Großen Geistes, und durch seinen Willen bin ich ein Häuptling.

Sitting Bull

10. SEPTEMBER

Es gibt Ausnahmen von der Regel – doch allgemein gesprochen liebt dich niemand wie deine Mutter. Irgendwo im feinmaschigen Gewebe des Lebens wob sie eine Stärke ein, ein goldenes Band, das dich an sie bindet und dich zugleich losläßt, damit du gehst. Die Bindung dient nicht dem Besitz, sondern dem Schutz. Sie ist da, wenn sie gebraucht wird. In der Jugend spürten wir den Druck von zuviel Beaufsichtigung, zu vielen Fragen. Doch die Zeit, die Gleichmacherin, zeigt, daß diese Liebe selbstloser war, als wir dachten, wertvoller, als wir sie jemals erträumten. Und, das wichtigste, es ist nicht Blut, das verbindet, sondern einfach die Entscheidung, zu lieben, weil sie es will, nicht aus Pflichtgefühl. Sie macht uns frei für das Wissen, daß, wenn wir auserwählt sind, geliebt zu werden, dies gewiß die Zeit ist, zu sagen: *«Gv ge yu a, U ni tsi.»* Ich mag dich, ich liebe dich, Mama.

Der Komantsche kann morgen sterben oder in zehn Jahren. Wenn das Ende kommt, sind alle wieder zusammen. Ich will meine Mutter wiedersehen.

QUANAH PARKER

11. September

Manche Menschen haben die Gabe, zu überzeugen. Es scheint einfach so, als ob ihre Worte wahrer klängen als die jedes anderen. Es mag die Art und Weise sein, in der sie sprechen, die ruhige Zuversicht, aufgrund derer man ihnen mehr traut und besser zuhört als anderen. Sie können uns beruhigen oder unsere Gefühle anstacheln – manchmal auf die falsche Art. Oft setzen wir auf die Autorität anderer Menschen, wenn wir uns selbst ein Urteil bilden sollten. Wer sind diese Leute mit *u la ni gv gv*, mit der Macht in ihren Worten, die unsere Stärke prüfen? Es wäre eine Schande, auf doppelzüngige Reden zu hören, wenn das, was wir dringend brauchen, Mut und ruhige Sicherheit ist. Unsere Zunge hat sowohl die Macht, aufbauend zu wirken, als auch, Kurzschlüsse herbeizuführen – sowohl bei anderen als auch bei uns selbst.

Der heutige Tag ist klar. Der morgige kann von Wolken überschattet sein. Meine Worte sind wie die Sterne, die sich niemals ändern.

SEATTLE

12. September

Manche Dinge verblassen oder verwittern in der Spätsommersonne niemals. Vollkommen angepaßt an Hitze und trockenes Wetter, wachsen die Sonnenblumen hoch und schwer von hellgelben Blüten. Sie färben die Straßenränder und Hecken mit dem ersten Blick des Herbstes. Die Wiesen sind voll von Wachteln, die beim kleinsten Laut nervös aus ihrer Deckung hervorbrechen. Doch kühleres, feuchteres Wetter wird sie sich sammeln und eng zusammenbleiben lassen, wenn ein stiller Spaziergänger sie beruhigt, indem er so tut, als wären sie gut versteckt – auf cherokee *gv s ga lv.* Während der Abend herniedersinkt, zeichnet sich die Silhouette einer Spinne gegen das letzte Glühen der Sonne ab – hin und her, ein lebendes Weberschiffchen, das die Fäden des Altweibersommers zu einem raffinierten Muster verwebt, um ein fliegendes Insekt zu fangen. Sie ist ein Teil der klaren Heiterkeit, die die stille Stunde vor der Dunkelheit durchzieht und ein Lied singt: Friede sei mit dir.

Stamm folgt auf Stamm, und Nation folgt auf Nation, wie die Wogen des Meeres. Dies ist die Ordnung der Natur und darüber zu klagen nutzlos.

Seattle

13. September

Kann irgend etwas Gutes aus einem Mund kommen, der nicht zu sprechen vermag, ohne sich zu beklagen, und der niemals etwas Gutes über jemanden zu sagen hat? Negatives Reden stellt uns darauf ein, zu verlieren. Selbst wenn das Heruntermachen nur Effekthascherei ist, wirkt es verheerend. Worte sind lebendig. Sie schießen hinaus und kehren zurück wie Bumerangs, um uns emporzuheben oder mit einem schmerzhaften Stoß umzuwerfen. Nichts enthüllt den inneren Zustand eines Menschen so sehr wie die Rede. Die Person mag aussehen wie ein Engel, doch wenn die Worte faul sind, gibt es dort keinen Paradiesgarten. Die Leute verdammen ihr Leben aus Gewohnheit. Wie eine bewußtlose Gans, *sasa,* in einem Weizenfeld, schnattern sie ohne einen einzigen Gedanken. Doch in dem Moment, in dem ihr Wohlbefinden bedroht ist, fragen sie, was sie getan haben, um das zu verdienen.

Es gab eine Zeit, da hatte ich die Wahl…

RED EAGLE

14. September

Wenn wir alle auf einmal innehielten, um für die Kinder dieser Welt zu beten, gäbe es eine Veränderung, wie wir sie noch nie erlebt haben. So wenige Kinder haben noch das Recht, unschuldig zu sein. Man läßt sie wie Miniaturerwachsene aussehen, lehrt sie, erwachsen zu handeln, und beschimpft sie dafür. Wir sind versucht, voll Mitgefühl zu sagen, die Welt sei eben so. Also, was können wir tun? Wir gehen unseren Weg, wünschen, die Dinge wären anders, tun aber nichts, um sie anders zu machen. Warum? Weil wir uns losgelöst haben von unserer Verpflichtung, zu *a da to li s to di*, zu beten. Wo sind wir fehlgegangen? Wir ließen die Kinder in Wettstreit treten und gaben ihnen keine innere Stärke. Wir wellten ihr Haar und verbogen ihren Geist. Wir erzogen sie, gaben ihnen aber keine Weisheit. Was aber können wir für sie tun, wenn wir es selbst nicht gelernt haben?

Sind Frauen und Kinder nicht ängstlicher als Männer?

Tonkahaska

15. September

In jedem von uns sind die Echos von vielen vergangenen Dingen. Stimmen, Geräusche, Gedanken – und nur wenige, die aus Zeiten vor vielen Sommern klar wie die Glocken einer Turmuhr herüberläuten. In beständigen Schlaglichtern der Erinnerung rufen sie uns zurück, verlangen, daß wir uns Einzelheiten wieder vergegenwärtigen, von denen manche am besten vergessen wären. Warum hören wir diese Echos? Vielleicht, um unsere Gefühle zu klären, uns zu helfen, der gegenwärtigen Zeit gegenüber objektiv zu sein, so daß wir bestimmte Dinge in unserem Leben korrigieren oder tilgen können. Wie der wohlgenährte *gi li* (Hund) beim Anblick eines Knochens gierig wird, so greifen wir manchmal auf unsere Instinkte zurück und reagieren, bevor wir denken. Solange wir uns darauf einstellen können und unsere emotionalen Bindungen zu verstehen beginnen, sind wir auch imstande zu begreifen, wie andere empfinden, und sie nicht für das bezahlen zu lassen, was wir in unseren Echos hören.

Ich wurde in der Prärie geboren, wo der Wind frei wehte und es nichts gab, was das Licht der Sonne hätte brechen können.

TEN BEARS

16. September

Es gibt viele Tage, an denen alles in der Welt uns überragt. Uns bleibt dann ein Gefühl der Unzulänglichkeit, der Gedanke, daß, gleichgültig, was wir tun, andere es besser können. Doch wir dürfen nicht aufgeben. Andere Menschen sind auf ihrem Weg, wir sind auf dem unseren. Faire Vergleiche können nicht gezogen werden – nicht einmal von jenen, die Experten zu sein behaupten. Nur die Zeit – *a li yi li sv* – zeigt, wer das hat, was erforderlich ist, um das Leben gut zu bewältigen. Es ist nur so, daß manche Tage uns mehr abverlangen als andere. Und manchmal nehmen wir mehr, als wir geben. Das Leben und die Umstände kommen ins Gleichgewicht, wenn wir nicht nur auf das schauen, was schiefgeht. Wenn wir die Verantwortung für uns übernehmen und zu leben anfangen, anstatt auf eine Zeit zum Glücklichsein zu warten – dann werden wir die Welt überragen.

Die weißen Männer und die Indianer bekämpften einander rückwärts und vorwärts, und dann kam ich und machte Frieden.

Santana

17. September

Ein Gewinner ist davon überzeugt, daß es, obwohl er jedes Argument gehört hat, mit jedem Widerstand konfrontiert war, jede Kritik erfahren hat, keine Umkehr, kein Akzeptieren einer Niederlage gibt. Einem Gewinner zu sagen, etwas sei unmöglich, ist für ihn wie ein rotes Tuch, ein *ga da ti.* Er besteht darauf, vorwärts zu gehen, und beharrt darauf, bis das, was er tut, ihm so vertraut ist, daß nichts anderes übrigbleibt, als zu gewinnen. Jeder Gewinner weiß in seinem Herzen, daß er nicht allein ist. Seine Seele und sein Traum sind so miteinander verbunden, daß selbst eine Niederlage nur ein Aufschub wäre. Was wir in eine Idee stecken, was wir von ihr erträumen, woran wir glauben und worauf wir hinarbeiten, wird sie mit ziemlicher Sicherheit Gestalt annehmen lassen.

In meinen frühen Tagen war ich begierig, zu lernen und etwas zu tun, und darum lernte ich schnell.

Sitting Bull

18. September

Der größte Berg setzt sich aus winzigen Sandkörnern zusammen. Der reißendste, tiefste Fluß besteht aus winzigen Wassertropfen, und in der Woge der menschlichen Existenz ist jeder von uns ebenso wichtig wie ein anderer. Ein einziger kleiner Wassertropfen ist in sich selbst ebenso vollkommen wie der ganze *u we yv* (Fluß) oder das ganze *a me quo hi* (Meer). Wir sind nicht weniger wunderbar als jede geniale Erfindung. Viele kleine Teile bilden das Große, aber jedes Ding, jeder Teil, ist unendlich wichtig und notwendig. Jeder von uns ist wesentlich, hat einen definitiven Sinn, und es ist eine heilige Verantwortung, zu entwickeln und zu gebrauchen, was uns zur Verfügung steht.

Ich bin kein Kind. Ich denke selbst. Niemand kann das für mich tun.

Häuptling Joseph

19. September

Wir lernen früh im Leben, daß es schmerzlich ist, zu lieben. Für jemanden zu sorgen ist eine große Freude, doch es macht uns anfällig für Kopfschmerzen, und unsere Emotionen liegen zutage. Wir wollen der ganzen Welt zurufen, daß wir lieben und welch wunderbares Gefühl dies ist. Es bewirkt, daß wir uns überlegen fühlen, fähig, mit Dingen fertig zu werden, die uns einst niederzwangen. Plötzlich ist jeder ein Freund, und niemand wird aus unserem Kreis der Liebe ausgeschlossen – *a da ge yu di.* Ein gewisser Teil von uns möchte verbergen, was wir fühlen, um nicht zu hell zu strahlen oder zu begeistert zu sein. Wir brauchen eine kleine Reserve für uns selbst, damit wir den Teil von uns, der auf einer tagtäglichen Grundlage das Leben in uns erzeugt, nicht erschöpfen. Doch welcher Schmerz auch damit einhergehen mag, für jemanden zu sorgen – wir würden es für nichts auf der Welt aufgeben.

Sag ihnen, daß wir alles liebten, was schön war.

INDIANISCH

20. SEPTEMBER

Die Erde zu berühren heißt, an der Brust unserer Mutter zu ruhen. Es bedeutet, unsere Ursprünge wiederzufinden – ein Wissen, daß der Ort, an dem wir stehen oder gehen oder pflügen oder pflanzen, für uns geschaffen wurde. Wir wissen es, weil der Puls der Erde unseren eigenen verlangsamt und unsere Verwirrung beendet. Den Himmel zu sehen in seiner ganzen grenzenlosen Tiefe regt unsere Phantasie an und steigert unsere Empfänglichkeit für die einfache Schönheit, die uns bereitet ist. Wir können sehen, daß es falsch ist, bitter zu sein, und wissen, daß es nur so lange andauert, wie wir es zulassen. Wenn wir die Dimensionen unseres Geistes ausschöpfen, sind wir so grenzenlos wie der Himmel. Wenn Luftströme den Duft der Blumen bewegen, so können wir vielleicht nicht sehen, wo er herkommt, aber wir spüren seine Einwirkung. Das Leben ist unser, um es zu genießen, und es kommt von dem Großen Heiligen Geist.

Wir sangen Lieder, deren Melodien alle Geräusche der Natur enthielten …

INDIANISCH

21. SEPTEMBER

Kann es etwas Schöneres geben als die Jahreszeiten eines Baumes? Ein Baum steht in Schönheit von Jahr zu Jahr und behält seine Anmut und Würde. Seine Geheimnisse sind mitten in ihm, und er erzählt nichts von Menschen und ihren vorübergehenden Erlebnissen. Wir lernen etwas, wenn wir einen Baum betrachten. Ständig beschneidet er sich selbst, fortgesetzt wirft er alles Übermäßige ab. Wenn er an einer schwierigen Stelle wächst, sendet er tiefe Wurzeln hinab, um nach einem festen Halt zu suchen. Jedes Blatt ist einzigartig und schön – doch es dient auch dazu, giftige Stoffe aus der Atmosphäre zu entfernen, und sendet einen sauberen Duft aus, um uns vor der Hitze zu schützen. Neben einem Baum zu sitzen oder unter einer Eiche auf der Erde zu liegen ist der Gipfel des Genusses. Doch die allerhöchsten Blätter zu sehen, die keine menschliche Hand jemals berührt hat, bedeutet, schlichtweg ein Wunder zu sehen – ein Wunder mit einer Botschaft, die uns auffordert, einen festen Stand zu gewinnen in allem, was gut ist, und hoch aufgerichtet mit dem Blick in den Himmel dazustehen.

Es kann sein, daß irgendeine kleine Wurzel des heiligen Baumes noch am Leben ist.

BLACK ELK

22. SEPTEMBER

Gleiches zieht Gleiches an. Wenn wir aufgeben, werden es auch andere tun. Doch wenn wir beschließen, daß dies ein neuer Anfang sein soll, werden auch andere Mut fassen. Wir beeinflussen andere Menschen. Unsere Haltung sendet Gefühlswellen aus – wie der Geruch von Blumen in Luftströmungen treibt. Was wir denken und sagen, stellt die Bühne her für das, was geschehen soll. Wir können unseren Sinn ändern, unsere Worte, unsere Haltung, und wir hören auf zu weinen. Wir handeln so, als ob unsere Gebete schon erhört wären, und unternehmen Schritte, die zeigen, daß wir es glauben. Wenn die frühe Morgensonne von der anderen Seite des Waldes her durchbricht, werden die dunklen Stellen erhellt, und es wird vieles geheilt. Genauso ist es mit uns.

Großer Geist, du lebtest zuerst, und du bist älter als alle Not.

BLACK ELK

23. September

Es ist das Recht jedes Menschen, zu sehen, daß all die wichtigen und wertvollen Dinge des Lebens nicht fortgeblasen werden wie Rauchfahnen im Wind. Versprechungen werden gebrochen, so daß das Wort, einst als Vertrag gedacht, nur noch Gerede und ohne Ernst ist. Müssen Vereinbarungen und Versprechungen nicht mehr eingehalten werden? Das Wort einer anderen Person ist ohne Belang, wenn unsere eigene Redlichkeit dünn geworden ist. Wahre Freundschaft erfordert zwei. Aus Neid und Vormachtstreben erwächst Selbstsucht – und Selbstzerstörung. Erwarten wir von anderen, daß sie sind, was wir nicht sein können?

Die Vögel im Urwald … sangen gemeinsam, ohne Stolz, ohne Neid, ohne Eifersucht …

POKAGON

24. SEPTEMBER

Zu viel Zeit wird damit verbracht, etwas sein zu wollen, was keine Substanz hat. Wenn ein Garten auf felsigem Boden angelegt wird, mögen die Samen keimen, doch die Pflanzen werden sterben, weil sie kein Wurzelsystem haben – keinen Platz für ihre Füße. Es ist besser, die Säule zu sein, als alle Hoffnungen und Ziele an ein Stück künstlicher Szenerie zu knüpfen, die vom Wind umgeblasen wird. Was fest und verläßlich erscheint, sollte geprüft werden. Eine Person mit zwei Gesichtern sollte man sich zweimal ansehen. Worauf wir uns verlassen, hängt davon ab, was wir für wichtig halten. Zu wem gehen wir, wenn uns etwas Kummer bereitet? Was ist im Herzen – und was haben wir gepflanzt, um Ernte halten zu können? Unsichtbare Dinge haben mehr für sich als das meiste, was wir sehen.

Die Black Hills, die Schwarzen Berge, sind für uns das Haus aus Gold. Wir bewachen es, um reich zu werden.

LITTLE BEAR

25. SEPTEMBER

Als wir jung waren, mußten wir bei allem, was uns glücklich machte, um Erlaubnis fragen. Und noch immer wollen wir eine Erlaubnis, um glücklich zu sein. Das Kind in uns möchte ein glücklicher Erwachsener sein, aber da ist niemand, um uns zu sagen, daß wir dürfen. Sind wir jemals so frei geworden, uns selbst die Erlaubnis zu geben? Besitzen wir die Freiheit, der Tradition zu folgen und doch Individuen zu sein? Können wir einem Elternteil ähneln und uns gleichwohl verbessern? Ist es uns erlaubt, all jene, die uns vorausgegangen sind, im Leben, im Handeln und im Arbeiten zu übertreffen? Zu viele haben das Gefühl, sie müßten an ihren Wurzeln festhalten, anstatt Bewunderung und Respekt für sie zu haben. Statt Bewahrer der Vergangenheit zu sein und zu glauben, wir müßten auch ihre Krankheiten haben, eine gewisse Zahl von Jahren zu leben und zu sagen, was gut genug für sie war, ist auch gut genug für uns – können wir uns die Erlaubnis geben, auf ihren Fundamenten aufzubauen. Es bricht ihre Ketten ebenso wie die unsrigen.

Für uns ist die Asche unserer Vorfahren heilig …

SEATTLE

26. September

Der späte Abend ist eine gute Zeit, um den Feldweg hinunterzuwandern, wo Kühe sich an Büscheln neuen, grünen Grases gütlich tun. Kürzliche Regenfälle haben den Wiesen neues Wachstum gebracht, und wilde Blumen färben die Böschungen und die sanften, wogenden Hügel. Feldsperlinge reden über Eindringlinge und ein Kiebitz schreit nach Aufmerksamkeit, um uns von seiner zweiten Brut wegzulocken. Die Stimme des Rotvogels, *tojuhwa*, ruft nach seinem Partner irgendwo in den tiefen Wäldern. Diese Zeit bringt das Vergangene und die Gestalten des Zukünftigen in Erinnerung. Sie ist friedlich, voll von Gebet, und persönlich. Selbst der Sonnenuntergang, der Rouge über den Horizont breitet, ist eine Widerspiegelung von Herz und Seele. Es ist eine Freude, ein Fest, ein Höhepunkt des Lebens, ein ruhiger Augenblick, wenn man Erholung braucht.

Die Erde und das große Wetter bewegen mich …, haben mich mitgerissen … und erfüllen mein Inneres mit Freude.

Der Eskimo Uvavuk

27. SEPTEMBER

Wir besitzen Kraft, die wir nie benutzt haben. Doch wir leben nach Sicht und nicht nach dem Glauben, daß alles anders sein könnte. Die Kraft, uns zu beleben, wartet darauf, benutzt zu werden. Es ist dieselbe Kraft, die wir als Kinder gebrauchten, um mehr das zu sehen, was wir wollten, als das, was wir nicht hatten. Im Inneren ist jeder übergewichtige Körper eine schlanke Gestalt, die darauf wartet, befreit zu werden. Im Inneren jedes Menschen, der behauptet, bankrott zu sein, ist das Bedürfnis nach Qualität, nicht nach Quantität. In einem, der leidet, sind Gesundheit und Lebenskraft, doch irgend etwas versucht, sie zu stehlen. Wir können nicht geißeln, was wir nicht erkennen. Nicht die Symptome sind das Problem. Sie sind nur der Beweis dafür. Die Wurzeln reichen tiefer als oberflächliche Arzneien. Die Seele weiß es, aber sie wird nie zu Rate gezogen. Das Wirkliche an uns ist die Seele, doch sie ist durch die Herrschaft des Körperlichen und des Verstandes unterdrückt worden.

Tag und Nacht können nicht zusammen wohnen.

SEATTLE

28. September

Neugeborene können weder gehen noch sprechen, noch ihre Augen allzu gut auf etwas konzentrieren. Die Fähigkeiten kommen mit der Zeit. Das kleine Kälbchen auf dem Feld, das so seltsam schaute und so unsicher auf seinen Beinen stand, konnte innerhalb einer Stunde laufen. Die Anstrengung, sich zu bewegen, gibt Kraft – und bringt uns dazu, uns noch mehr anzustrengen. Doch wie bei Ebbe und Flut folgt der Anstrengung des Sichbewegens eine Rast und dann wieder Bewegung. Jede Anstrengung macht das nächste Mal ein bißchen leichter, bis die maximale Stärke erreicht ist. Manche Dinge fordern unsere ganze Existenz heraus. Das ist die Natur der Dinge. Doch jede Anstrengung, die wir machen, schwächt die Herausforderung. Wenn wir nicht aufgeben, sondern immer wieder arbeiten und rasten, arbeiten und rasten, kommt der Durchbruch, die Kraft, eine Prüfung zu meistern und ganz klein erscheinen zu lassen.

Was immer du gewinnst, was immer du verlierst, es ist das Deine.

Five Wounds

29. September

Entschuldigungen berauben uns. Wenn eine Idee gut ist, verdient sie einen zweiten Blick. Wenn schneller Profit wichtiger ist als langfristiger Erfolg, dann ist eine Idee, deren Entwicklung Geld kostet und Zeit erfordert, wahrscheinlich keine gute Idee. Die Welt will nicht warten. Das schnelle Geld, die rasche Befriedigung, das große Aufsehen: All das bricht zusammen. Die beste aller Ideen ist, daß wir, wenn wir etwas tun und es gut machen wollen, die Welt nichts davon wissen lassen sollten. Wir sollten den *di ni s go li* (Kopf) gesenkt, den *a ho li* (Mund) geschlossen halten und alles andere auf Tempo schalten. Woran wir glauben, allein darauf kommt es an.

Ich suchte nach immerwährenden Vorteilen, und mein Gesicht strahlte vor Freude …

Ten Bears

30. September

Friede wie ein Fluß. Denk ihn, fühl ihn, sieh ihn fließen in gleichmäßiger Strömung, die nicht das kleinste Boot zum Kentern bringt. Streß kann den Blutdruck erhöhen. Er kann unsere Ohren dröhnen und unsere Herzen rasen lassen. Halte ein und sage: «Friede. Sei ruhig.» Das hat immer gewirkt, wenn es galt, Stürme zu beruhigen. Manche Leute brauchen den Streß, um das Gefühl zu haben, im Konkurrenzkampf erfolgreich zu sein. Anstatt in Ruhe gute Arbeit zu leisten, *a di sv s di*, ringen sie mit eingebildeten Rivalen und verborgenen Feinden. Streß geht einher mit starren Ansichten, doch Friede, *to hi dv*, ist ein Fluß mit genug Energie, eine Stadt anzutreiben – oder einen Körper zu heilen.

Unsere Herzen erfreuen sich der Güte unseres Schöpfers…, weil er Herz und Hand des roten Mannes in Frieden vereint hat.

John Ross

Oktober

Duna Na-Dee'

Erntemonat

Ich kann nicht sagen, wo wir ein neues Zuhause finden, aber ich beabsichtige noch immer, zu meinem Volk zurückzugehen, doch es ist zweifelhaft, ob es dort ein Leben in Frieden, Sicherheit und Freude für eine längere Zeit geben wird.

Mrs. William P. Ross,
ein Flüchtling in Kansas, 1863

1. Oktober

Die atemberaubenden Himmel des Oktobers zeigen lebhafte Pinselstriche von Rotgold und gedämpfte Schattierungen von Lavendel und tiefem Purpur. Es ist ein Schauspiel aus Licht und Farben. Ohne Zeitbewußtsein wechselt der Himmel seine Farben, die schmelzen und zusammenlaufen, sich aufheben und erglühen, während die Sonne immer weiter über den Horizont sinkt. Der Pfad ist ein nebliger, blauer Dunstschleier, der unter den Bäumen in Dunkelheit übergeht. Ein Glühen vom Himmel erleuchtet den Weg der Schwalben bei der Verfolgung von Insekten am späten Abend. Gleich dem dämmrigen Theater nach dem Ende der Vorstellung ist dies oft der beste Teil des Schauspiels. Irgendwo tief im Wald ruft eine Eule, und eine andere antwortet. Ein Reh äst an den neuen Halmen des Winterweizens, und Friede senkt sich über das Land und ins Herz – eine Abendträumerei.

Mehr als siebzig Jahre lang habe ich in diesem Wald gejagt und in diesem Fluß gefischt, und viele Jahre lang habe ich diese Erde angebetet.

Senachwine

2. Oktober

Die einfachen Dinge des Lebens sind die besten. Eine Stunde süßer Einsamkeit, ein Busch hellgelber Chrysanthemen, der Ruf einer Wachtel auf der Wiese. Es ist nicht viel nötig, um uns zu erfreuen. Ein schwer zu erreichendes Ziel nach dem anderen läßt uns an manch schöner Gelegenheit vorüberhasten. Es scheint, daß der Herbst stillsteht, während wir andere Dinge tun. Die Bäume verlieren ihre farbenfrohen Blätter, und sie sind dadurch nicht weniger hübsch, aber es ist doch noch besser, sie in allen ihren Phasen zu sehen. Gewisse Dinge werden von uns verlangt, weil die Ordnung des Lebens aus Geben und Nehmen besteht – doch es ist die ruhige, zeitlose, natürliche Tätigkeit, die uns erquickt und in unseren Gesichtern glüht. Nicht alles ist Pflicht. Manches ist Belohnung, eine Belohnung, die zu verdienen wir uns nicht erinnern.

Der heutige Tag ist klar. Der morgige kann von Wolken überschattet sein. Meine Worte sind wie die Sterne, die sich niemals ändern.

Seattle

3. Oktober

Mangel motiviert uns. Unser Mangel an Selbstwürdigung spornt uns an, bei anderen danach zu suchen. Es ist wichtig für uns, zu wissen, wie sie denken, weil dies eine Möglichkeit darstellt, uns zugehörig zu fühlen. Es kommt uns vielleicht gar nicht in den Sinn, daß wir ihnen durch unsere Aktionen nahegelegt haben, was sie denken sollen. Unser Wert bemißt sich nicht danach, was jemand anders denkt, sondern nach dem, was wir denken. Eine Stunde der Selbstwürdigung gibt uns mehr als Jahre des Wartens darauf, von jemandem zu hören, wir könnten mithalten. *U na to tsa li*, dazugehören, bedeutet, ein geachtetes Mitglied des Stammes zu sein, das sich in jeder Situation behauptet. Der Cherokee tut es, indem er ehrenhaft ist, Fertigkeiten entwickelt und sich seiner Verantwortung für den Stamm als Ganzen bewußt ist. Dies verleiht ihm eine einzigartige Stellung und Selbstachtung.

Wenn ein Mann etwas verliert und zurückgeht und sorgfältig danach sucht, wird er es finden …

Sitting Bull

4. Oktober

Wir weinen, weil wir uns unglücklich und ungeliebt fühlen. Wir weinen, weil wir mitfühlend sind. Wir weinen, weil wir jemandem schaden. Doch vor allem weinen wir, weil wir nicht weise sind. Dies sind die Tränen, die noch mehr Tränen erzeugen. Genug *di ga sa wo s di*! Genug der Tränen! Die meiste Zeit versuchen wir, so wenig Tränen wie möglich zu haben, doch sie sind ebenso ein Teil des Lebens wie das Lachen. Sie können eine Reinigungsfunktion erfüllen, an die nichts anderes heranreicht. Doch, wie alles andere, kann auch dies übertrieben werden. Emotionale Menschen sind normalerweise mitfühlend und fürsorglich. Und das macht das Leben entweder lebenswert, oder es hält es so sehr in Unordnung, daß nichts sicher ist. Es gibt eine Zeit zum Lachen und eine Zeit zum Weinen. Wir müssen daran denken, daß genug genug ist, und uns bemühen, dem Leben voll innerer Harmonie entgegenzutreten.

Ich hörte …, ich sei wie ein Mann ohne Land. Ich vergoß Tränen.

Little Wound

5. Oktober

Dutzende von Fachleuten sind bereit, dir zu sagen, was nicht zu machen ist. Worauf es ankommt, ist der Mensch, der es tut. Es geht nicht darum, daß man es hartnäckiger versucht oder mehr einsetzt. Oft rastet etwas nicht an der richtigen Stelle ein, bis wir es loslassen und weggehen. Die Befreiung besteht nicht darin, daß wir die Niederlage akzeptieren, sondern daß wir sagen, wir haben getan, was wir können, und jetzt werden wir es wirken lassen. Geistige und spirituelle Arbeit geht weiter – auch wenn wir uns entspannen. Der Verstand wird versuchen, die Oberhand zu gewinnen, kann aber durch die Seele, die vom Anfang bis zum Ende das Entscheidende ist, reguliert werden. Sie liefert die Weisheit, die Dankbarkeit, die Verbindung zu *U ne la nv hi*, der alle Dinge schuf.

Der Große Geist stellte es an den richtigen Ort.

Arapahoes

6. Oktober

Denk einen Augenblick an schöne Dinge – an einen Strauß Zinnien, rot, gelb und lila. Denk an lachende braune Augen und einen Dunststreifen in einem rosenfarbenen Sonnenuntergang. Denk an herumtollende Welpen im Gras und an das Lachen spielender Kinder. Sieh mit deinem geistigen Auge die glitzernde Silhouette der nächtlichen Großstadt – denk an gute Bücher, erlesene Musik, ein warmes, freundliches Lächeln und heiße Apfelmilch, dick mit Sahne. Denk an reizvolle Dinge, die du vielleicht vergessen hast – die *si gi gi*, die in der Nacht zirpenden Grillen, einen Vollmond, der auf kristallklarem Wasser glänzt, fröhliche Stimmen, glückliche Gebete. Wenn wir an diese Dinge denken, lassen sie uns glauben, *u wo hi yu ha*, daß wir sie wieder haben werden.

Warum bittest du uns, die Flüsse, die Sonne und den Wind zu verlassen und in Häusern zu leben?

Ten Bears

7. Oktober

Singen heilt eine Welt voll Schlechtigkeit. Wir haben gelernt, alles zu besingen – und das hat manch besseres Verstehen bewirkt. Mit anderen Menschen zu singen lehrt uns Harmonie, und das Zuhören erzeugt Emotionen. Doch allein *na ni we a* drückt wirklich aus, was wir uns nicht zu fühlen gestattet haben. Wir können singen, wenn alles bedrohlich ist, singen, um heiter und ruhig zu sein, singen, um unsere Ängste zu überwinden. Aber am besten ist es, mit Freude zu singen, *na ni we a.* Singen ist unendlich viel besser als Schreien. Es gibt jung und alt ein Gefühl der Sicherheit – wenn nicht des Vergnügens. Jedermann kann es tun. Jedermann sollte erleben, welch eine Veränderung das Singen bewirkt.

Hör zu. Ich bin der Mund meines Volkes. Wenn du mir zuhörst, hörst du allen Irokesen zu. Es ist nichts Böses in meinem Herzen. Mein Lied ist ein Lied des Friedens.

Kiosaton

8. Oktober

Mark Twain sagte, er habe seiner Erziehung niemals erlaubt, seine Bildung zu stören. Auch wir sollten das nicht tun. Bildung ist weder ein Schulabschluß noch hat sie mit Geld zu tun. Sie entsteht durch die Verarbeitung von Erfahrung zu Weisheit und Wissen. Sie zeigt sich darin, wie wir sie anderen Menschen mitteilen. Sequoyah, ein genialer Cherokee, besaß keine Schulbildung. Er erfuhr, daß der weiße Mann über eine Methode verfügte, seine Gedanken auf Papier festzuhalten, und machte mit Hilfe seines eigenen Geistes seinen ganzen Stamm schriftkundig, indem er ein Silbenalphabet entwickelte – *ti ga lo qua s to di*. Liebe und Weisheit verliehen ihm als einzelnem die nötige Einsicht, das Bewußtsein seines Volkes zu erschließen, so daß dieses schreiben, die Schriften lesen und die Wunder des Griechischen, des Lateinischen und des Rechnens erfahren konnte. Er nannte es «das sprechende Blatt». Doch er gab uns mehr als das – nämlich den Ansporn, unseren Verstand nach den Kleinodien des Großen Geistes zu durchforschen.

Es ist mein Wunsch und der Wunsch meines Volkes, in Ruhe und Frieden mit dir und den Deinen zu leben.

Cornplanter

9. Oktober

Die Hoffnung ist unser beständigster Gefährte. Wir hoffen, daß sich die Dinge zum Besseren wenden mögen. Selbst unter gräßlichen Umständen, wenn wir von allem verlassen zu sein scheinen, bleibt die Hoffnung. Sie ist ein Faden, dessen Stärke ausreicht, das Leben zusammenzuhalten. Die Hoffnung bewahrt uns wie der Korken an einem Netz vor dem Versinken in unseren eigenen Ängsten. Sie hilft uns, uns auszumalen, wie die Dinge sein sollten, damit wir sie zustande bringen. Wir können nicht sagen, daß irgend etwas hoffnungslos ist, wenn so viel davon abhängt, daß wir über Grenzen hinausblicken. Hoffnung ist ein Teil unserer natürlichen Existenz. Mit ihr ist die Tür immer offen. Und ohne sie neigen selbst Träume dazu, unterzugehen.

Jetzt kann ich gut essen, gut schlafen und froh sein. Ich kann mit einem guten Gefühl überall hingehen.

Geronimo

10. Oktober

Eifersucht bleibt niemals verborgen. Sie dringt in das Gespräch ein, zeigt sich in der Wendung des Kopfes, lebt auf der Zungenspitze. Sie bewirkt nasenrümpfende Rivalität und zerrüttet Beziehungen. Sie ignoriert völlig die Tatsache, daß wir in uns selbst nach den Dingen suchen müssen, die uns erheben oder erniedrigen. Was jedem von uns gehört, hat mit jemand anderem nichts zu tun. *A dv yu go di*, eifersüchtig zu sein, heißt, erbärmlich zu sein. Wenn wir uns nicht behaupten können, sollten wir nach Hause gehen, uns bereit machen und wiederkommen. Aber Feindschaft gegen alles, was bedrohlich ist, zeitigt in keinem Fall etwas Gutes.

Während die Indianer uns als Freunde empfingen und mit freundlicher Aufmerksamkeit unsere Vorschläge anhörten, waren wir peinlich berührt von ihrem Mangel an Vertrauen in die Versprechungen der Regierung.

Bericht einer Kommission des Präsidenten, 1876

11. Oktober

Blumen und Menschen haben viele Ähnlichkeiten. Die schüchternen Veilchen, die sich an den Schatten halten, um in betauter Stille zu blühen, sind so verschieden von den hellgelben Narzissen, die im Sonnenlicht tanzen. Und dann ist da die Schönheit der Rose. Sie blüht in lieblichen Farben, *di ka no di*, und hat einen ganz eigenen Duft. Doch sie muß vorsichtig behandelt werden, sonst werden ihre Dornen stechen wie verrückt. Und die Petunie. Sie wächst überall, bei jeder Art von Wetter und sehr wenig Beachtung. Sie ist fruchtbar, kommt in vielen Farben daher und würzt die Abendluft mit glücklichen Erinnerungen. Wie sehen wir uns selbst? Manchmal sind wir einfach Unkraut – doch sogar Unkraut blüht und verschafft einem Einsicht in die eigene Natur.

Mein Volk gleicht den zersplitternden Bäumen einer sturmgepeitschten Ebene ...

SEATTLE

12. Oktober

Wir haben die unvergeßlichen Schreie von Schneegänsen auf ihrem Weg in wärmere Gegenden gehört. Lange Richtungspfeile am Himmel, die wie Silberpailletten changierend in der Sonne glänzen, erstaunen uns mit ihrem uralten Ritual. Wenn die Jahreszeit zu wechseln beginnt, eröffnet uns die Natur eine neue Perspektive der Schöpfung – einer Schöpfung, in der wir keine Fremden sind. Wir waren niemals ein Nebenprodukt. Dies alles wurde für uns in der gleichen Art vorbereitet, wie wir für ein Neugeborenes vor seiner Ankunft alles besorgen, was es braucht. Auch unsere Jahreszeiten können erneuert werden. Doch es ist unsere Entscheidung, weil wir die Freiheit der Wahl haben. Wir sind nicht durch die Natur programmiert. Der Große Geist gab uns das Leben und die Weisheit, es aufrechtzuerhalten – und auch, es zu genießen.

Jeder Mensch ist aus Seiner Sicht vollkommen. Adler haben es nicht nötig, Krähen zu sein.

Sitting Bull

13. Oktober

Der frühe Morgen im Herbst ist in tiefliegenden Nebel gehüllt, so daß selbst die Vögel auf ihrem Flug vorsichtig sind. Büschel von rostroten Gräsern sind zu taubeladenen Gespinsten drapiert, und überall am Weg schimmern seidene Überbleibsel in den raffiniertesten Formen. Für wenige Stunden ist der Morgen zart mit Spinnengewebe behängt. Manche Gewebe werden schon repariert, wo ein Blatt oder ein Zweig sie durchbrochen hat. Jedes Netz, silbern mit perlenden Tröpfchen im Nebel und durchsichtig im Sonnenschein, trägt die Handschrift einer besonderen Spinne. Gewiß wäre dies selbst für das sauerste Gemüt eine Versüßung, *u ga na s dv.* Es bringt nicht nur das Herz richtig in Tritt, sondern erleichtert auch seine Last.

Der Große Geist ... hat gemacht, daß alles wechselt ... Sonnenschein zum Spielen ... Nacht zum Schlafen ... Alles gut.

Flying Hawk

14. Oktober

Es ist eigenartig, wie wichtig etwas zu einer bestimmten Zeit sein kann und wie vollkommen unwichtig zu einer anderen. Indem wir uns entwickeln, entwickeln sich unsere Interessen. Wir verlieren Situationen aus den Augen, die wir für feststehend wie aus Beton gehalten hatten. Schön oder unschön, nichts bleibt gleich. Es kann nicht. Es entwickelt sich zu etwas Neuerem und Besserem, oder es gibt seinen Platz frei. Das Leben ist in jedem Augenblick eine lebendige, bewegende Kraft. Wir wollten diese Veränderung nicht haben – doch um glücklich zu leben, müssen wir uns verändern. Wir können uns nicht kristallisieren lassen, bis wir unflexibel sind. Es gibt zu vieles, das uns zerbrechen würde, wenn wir uns nicht biegen könnten. Den gegenwärtigen Augenblick zu genießen heißt, das angeborene Wissen zu haben, daß der nächste und übernächste noch besser sein kann.

Meine Vorväter waren Krieger. Ihr Sohn ist ein Krieger. Von ihnen nehme ich meine Existenz, von meinem Stamm nehme ich nichts. Ich bin der Macher meines Schicksals.

Tecumseh

15. Oktober

Am Waldrand schwingt eine Weinrebe im scheckigen Sonnenlicht hin und her. Zwei junge Eichhörnchen vertreiben sich die Zeit damit, auf der Rebe zu schaukeln, sich hinauf und hinunter zu jagen und von Baum zu Baum zu springen. Es ist gut, zu beobachten, wie sie offensichtlich Freude daran haben, einfach am Leben zu sein. Wir tun selten etwas mit großer Freude. Die meisten von uns werden nur lebhaft, wenn es einem Zweck dient – nicht einer echten Begeisterung. Wir sind zu voll von Wenn und Aber, um Gründe für den Frohsinn zu finden. Manchmal kann eine Veränderung uns in eine Bewußtheit von Leben stürzen und uns zeigen, daß es viel einfacher ist, als wir gedacht hatten. Jetzt sind wir in einer Jahreszeit weicher Winde und einer langsameren Gangart. Wenn wir nur aus der Angst herauskommen und das Leben Minute für Minute genießen können.

Deine Kinder wollen dein Gedächtnis auffrischen. Sie denken, du hättest die ihnen gemachten Versprechungen vergessen.

Häuptlinge und Krieger der Ottawa und Chippewa

16. Oktober

Es gibt einen gewissen Grad an Gleichheit in deinem und meinem Leben ... eine Gleichheit, die besagt, daß wir, gleichgültig, wie verschieden wir sind, uns doch jeder mit den täglichen Problemen und Hoffnungen und Bestrebungen des anderen identifizieren können. Du hast vielleicht die Grundeigenschaft der Gelassenheit und ruhigen Zuversicht ... und ich die der Leichtfertigkeit und des Eifers ..., dennoch können wir uns aufgrund unserer grundlegenden Gleichheit und Freundschaft oder, wie wir Cherokee es nennen, *o li i* verständigen. Insofern es bei einem von uns irgend etwas Großes oder Starkes gibt, wird es aus unserer gegenseitigen Achtung und unserem Verständnis füreinander erwachsen ..., denn der Faden der Gleichheit stammt vom Großen Geist und verbindet nicht nur uns, sondern alle, mit denen wir in Kontakt stehen – ein stilles Band, das uns in Tapferkeit vereint.

Freund und Bruder: Es war der Wille des Großen Geistes, daß wir uns an diesem Tag begegnen sollten.

Red Jacket

17. Oktober

Niemand ist derart zum Verlieren bestimmt, daß er das Blatt nicht wenden könnte – wenn er sich ändern will. Die Oberhand zu gewinnen erfordert, daß wir uns auf eine Weise ins Zeug legen, die uns in früheren Zeiten nicht in den Sinn gekommen wäre. Wir sind hochgradig abhängig von unserer Meinung über uns selbst sowie davon, ob man Sieg oder Niederlage von uns erwartet. Der Große Geist will immer, daß wir gewinnen. Es ist unsere Unentschlossenheit, die die Dinge in der Schwebe hält. Am Gewinnen ist nichts Schlechtes – und zu glauben, daß wir es können, ist eine gute Sache. Der Zweifel, *a dv dv hv s gi*, stammt nicht vom Schöpfergeist, sondern von uns. Die Liebe hüllt uns ein in Frieden und Heilung, in den Eifer, große Dinge zu vollbringen. Aber wir müssen uns befreien, um sie tun zu können.

Bruder, du sagst, es gebe nur einen einzigen Weg, den Großen Geist anzubeten und ihm zu dienen. Wenn es aber nur eine Religion gibt, warum machst du dann … in bezug darauf so viele Unterschiede?

As-go-ye-wat-ha

18. Oktober

Freunde sind jene, die dir verzeihen – wenn sie Freunde sein wollen, müssen sie das tun. Irgendein ungeschriebenes Gesetz besagt, daß ein Freund jemand ist, auf den man sich ohne ein Wort verlassen kann, ohne eine Versprechung, ohne ein äußeres Zeichen von *ali i*, was für die Cherokee Freundschaft bedeutet. Wir können den Geburtstag eines Freundes vergessen – aber nur seinen. Wir können ihm unsere tiefsten, finstersten Gedanken mitteilen, und er wird uns zum Mittagessen einladen. Wir werden ihn vielleicht für unseren Wächter halten – doch nie und nimmer werden wir in ihm jemand Gewöhnlichen sehen. Die härteste Lektion, die wir lernen müssen, ist, daß nicht jeder ein Freund ist. Nicht jeder betrachtet uns zeitweise als ein Kind, das Hilfe und Trost braucht. Ein Freund sieht alles und sagt nichts – bis die Zeit gekommen ist. Und selbst dann wird uns verziehen.

Waupaypay und ich nannten uns in jenen Tagen Bruder-Freund. Es war ein Treueschwur auf Leben und Tod; was der eine tut, muß der andere tun …

Rain-In-The-Face

19. Oktober

Heute findet vielleicht eine Wende statt. Sie vollzieht sich nicht mit Blitzlichtern und Fanfaren, sondern ruhig. In der Vergangenheit suchten wir nach Gründen, nach etwas, das wir als den Katalysator der Veränderung bezeichnen könnten. Wir vermochten nicht zu entscheiden, was es war, obgleich wir vieles aufführten. Etwas in uns, etwas in unserer Wahrnehmung, läßt uns plötzlich veränderte Umstände erkennen und neue Ideen entwickeln. Wir sind in der Lage, die Grenzen unseres gewöhnlichen Denkens zu überschreiten. Ohne offensichtlichen Grund beginnt das Leben zusammenzupassen, als hätten wir ein Stück eines Puzzles gefunden und könnten das Bild vervollständigen. Wendepunkte sind manchmal nicht besonders auffällig, oft aber in so kleinen, gewöhnlichen Ereignissen versteckt, daß sie dem Auge verborgen bleiben. Unsere Aufgabe ist es, die Wende zu erkennen und das Beste daraus zu machen, wenn sie stattfindet.

Das Land ... gehört dem ersten, der sich auf seine Decke setzt ... die er auf den Boden geworfen hat, und bis er wieder aufsteht, hat kein anderer einen Anspruch darauf.

TECUMSEH

20. Oktober

Die Grillen wissen, daß der Sommer vorbei ist. Sie verstecken sich in hohen Gräsern, um eine Herbstmelodie herauszuschaukeln. Eine von ihnen, nicht mehr flink auf den Beinen, klettert aus ihrem Versteck, um über einen Grashüpfer zu kriechen, der schon sein Finale gesungen hat. Inmitten der Veränderungen treiben langerwartete Regenfälle eine Fülle von Sonnenblumen, die Stacheln rosafarbener Disteln und die purpurroten Federbüsche eleganter Lilien hervor. Es ist eine Wiedergeburt jener früheren Blütenperiode, die zu genießen man weniger Zeit hatte. Kühlere Luft lockt die scheue Rehgeiß mit ihrem halbwüchsigen Kitz hervor, um auf dem Schwingelgrasfeld zu äsen. Waschbären hinterlassen winzige Fußabdrücke in der feuchten Erde um den Teich, und Opossums gehen schnurstracks auf die Dattelpflaumenbäume los. Die neue Jahreszeit derart friedlich kommen zu sehen ist ein *da na li s da yv hu s gv* – ein Fest für die Seele.

Die Inseln im Mississippi waren unsere Gärten, in denen der Große Geist Beeren, Pflaumen und andere Früchte in Fülle wachsen ließ …

Black Hawk

21. Oktober

Wir leben mit Erinnerungen. Jeden Tag werden wir auf die eine oder andere Weise durch etwas oder jemanden aus der Vergangenheit beeinflußt. Ein tiefes Sammelbecken von Gefühlen läßt uns manches bewahren, was wichtig und *u wo du hi*, schön, war und ist. Doch dies ist ein neuer Tag, um uns darin zu erneuern. Wir haben einen Sinn, sonst wären wir nicht hier. Ein Teil davon ist es, zu bewirken, daß jede Stunde zählt. Wir können die Zeit nicht totschlagen, ohne uns zu schaden, ohne etwas sehr Wertvolles zu vergeuden. Erfahrungen, nach denen wir ausgelaugt sind, könnten den Sinn haben, uns dazu zu bringen, daß wir eine ganz neue Lebensweise in Angriff nehmen. Das Leben wird die Erinnerungen nicht auslöschen, sondern sie als Grundlage für größere Dinge in der Zukunft bewahren.

Wenn der Große Geist jemanden dazu ausersehen hat, der Häuptling dieses Landes zu sein, dann bin ich es.

Sitting Bull

22. Oktober

Im Gedränge der Termine vergessen wir, froh über all die Dinge zu sein, die gutgehen. Doch wenn etwas schiefgeht, beginnt das Zählen. Bevor der Tag endet, wissen wir genau, wie oft wir ausgenützt worden sind. Alles, was nicht in Ordnung ist, erregt unsere Aufmerksamkeit, auf cherokee *a ga se s di*. «Was kommt als Nächstes?» fragen wir. Und noch ehe wir es merken, sind wir darauf programmiert, nur auf negative Ereignisse zu reagieren. Der Tag läuft besser, wenn wir frühzeitig beschließen, daß alles, was positiv sein kann, auch positiv sein wird. Das läßt uns mehr auf die Ordnung als auf die Unordnung achten – und das, worauf die Augen unseres Geistes geheftet sind, wird uns antworten.

Die Soldaten … ließen es die Regierung niemals wissen, wenn einem Indianer Unrecht geschehen war, sie berichteten nur von den Untaten der Indianer.

Geronimo

23. Oktober

Der Mut ist wie ein Muskel. Er entwickelt sich nur zu seiner vollen Stärke, wenn er gebraucht wird. Mut entsteht, wenn wir ihn im Geist anregen und uns weigern, die Dinge als gegeben anzusehen oder zu glauben, wir könnten daran nichts ändern. Die meisten von uns scheuen sich, dem als schlecht Erkannten ins Auge zu blicken. Es ist so viel leichter, die Dinge laufen zu lassen, als ein Problem ernsthaft anzugehen und seine Ursachen zu beseitigen. Mut zu haben bedeutet nicht, aggressiv zu sein und jedermann zeigen zu müssen, daß man keine Angst hat. Einige der tapfersten Männer der Geschichte waren Indianerhäuptlinge, die versuchten, ihr Land und ihr Volk zu schützen. Sie gebrauchten ihre Geschicklichkeit im Sprechen, um Verständnis zu erzeugen.

Meine Freunde, euer Volk hat sowohl Verstand als auch Herz; ihr gebraucht sie … so, daß sie euch am meisten nützen. Mein Volk … ist genauso.

Spotted Tail

24. Oktober

Als Kinder lehrte man uns, daß wir, wenn wir nicht etwas Gutes zu sagen hatten, überhaupt nicht sprechen sollten. Heute sollte man die Kinder das gleiche lehren, und die Erwachsenen sollten sich an das erinnern, was sie lernten. Sich eine sanfte Sprache zu bewahren ist eine ständige Aufgabe. Es gibt so viel, um darüber zu sprechen – auch wenn es im Lärm der anderen Stimmen vielleicht nicht gehört wird. Wo immer eine dominierende Persönlichkeit auf verbale Zerstörung ausgeht, wird es keinerlei Frieden geben. Der Cherokee nennt dies Chaos ein *e hi s dv*, einen Schmerz, ein Kopfweh. Es hält jeden bei so schlechter Laune, daß er nicht sein Bestes geben kann. Wo Gezänk und Belästigung herrschen, ist keine konstruktive Arbeit möglich. Ohne eine sanfte Sprache wird man nichts zustande bringen.

Wir schworen, einander weder Böses zu tun noch gegeneinander Ränke zu schmieden.

Geronimo

25. Oktober

Welch einen Zauber besitzt ein regnerischer Tag mit seinen weichen Schatten und dem Nebel, der in den Wäldern hängt. Das beruhigende Geräusch des Regens auf dem Dach und die Art, wie er beim Herabplätschern aus der Dachrinne singt, geben Anlaß zur Entspannung. Auf dem Weg zum Wald liegt ein Teppich aus gelben Blättern und ein paar roten, die der Regen heruntergespült hat. Rotkehlchen stolzieren wie altmodische Prediger in Fräkken umher. Sie lieben den Regen, weil der Boden weicher ist und sie Futter finden können, ohne zu schwer arbeiten zu müssen. An einem rastlosen Tag, wenn die Sonne zu hell ist und es zuviel Lärm gibt, solltest du dich zurücklehnen und einer Erinnerung lauschen – dem *a ga s gv,* dem Plätschern auf dem Dach, und den Frieden spüren, den es bringt. Eine gute Erinnerung ist ebenso wirksam wie der Regen, der sie hervorgebracht hat.

Väter, unsere Herzen sind gut… Wenn Frieden herrscht…, schlafen wir unbeschwert…

Spotted Tail

26. Oktober

Mißverständnisse sind so ansteckend wie Masern – sie greifen von einer Person auf die andere über und überspringen nur diejenigen, die eine Immunität dagegen entwickelt haben. Wenn das Mißverständnis an einem Ort ausbricht, wird es weitere geben – ohne daß ein Zusammenhang bestehen muß. Der Ursprung ist im allgemeinen eine unter Druck stehende Person, und die Schwingungen sind wie das Grollen vor einem Vulkanausbruch zu spüren. Man braucht sich nicht in zweifelhafte Angelegenheiten verstricken zu lassen. Wenn wir etwas hören, können wir uns weigern, es weiterzugeben. Letzteres geschieht, wenn jemand halb zuhört und das, was er gehört hat, mit kleinen Variationen weitererzählt. Wenn wir auf unserer eigenen Meinung beharren und uns weigern, an zweifelhaftem Gerede teilzunehmen, ist unser Gewissen rein, und wir haben nichts von uns gegeben, das auf uns zurückfallen könnte, wenn es uns am wenigsten paßt.

Ich spreche geradeheraus und möchte weder betrügen noch betrogen werden.

Cochise

27. OKTOBER

Erfahrung kann unser bester Lehrer sein. Doch es ist ein Trugschluß zu glauben, man müsse gewisse Erfahrungen herbeiführen, nur um etwas lernen zu können. Dies ist nichts anderes, als wenn wir absichtlich Unrecht tun, um zu sehen, ob man uns verzeihen kann. Niemand sollte solche Spiele spielen. Wenn wir schon einige davon hinter uns haben, sollten wir schleunigst damit aufhören. Nur selten bleiben sie ohne Folgen. Alles in allem bekommen wir wieder heraus, was wir in das Leben hineinstecken. Wenn wir Unrecht tun, bekommen wir Unrecht zurück. Zu glauben, wir seien unbesiegbar, ist großartig, wenn wir auf dem richtigen Weg sind. Aber Spielen ist nicht der richtige Weg. Spielen ist Torheit, und uns dessen, was wir tun können, allzu sicher zu sein ist gefährlich im Licht all dessen, wovor wir uns in diesen Zeiten hüten müssen.

Ich möchte eine kleine Botschaft an mein Volk senden. Sag ihnen, daß ich tot bin.

SATANK

28. Oktober

Wer sehnt sich nicht nach einem lieben und vertrauten Freund? Es gibt einen. Es ist unsere eigene innere Person, die immer für uns da ist und uns niemals verrät. Es ist jene unverdorbene Seele in uns, die darauf wartet, daß sie anerkannt und geliebt wird. Sie ist das Wirkliche an uns – unsere vollkommene Struktur. Sie ist niemals zu fett oder zu mager gewesen, hat niemals zuviel geraucht, sich niemals etwas erlaubt, was uns geschadet hätte. Sie erneuert und belebt unser ganzes Wesen, denn sie hat die Macht, Heilung für jede Erinnerung zu bringen – uns neuen Lebensmut zu geben. Solange wir diesen inneren Freund nicht nutzen, arbeiten wir nur mit halber Kraft. Er ist rettende Gnade, Inbegriff und Sinn des Lebens.

Die Menschen müssen geboren und wiedergeboren werden, um dazuzugehören.

Standing Bear

29. Oktober

Wenn wir gezwungen sind, selbständig zu denken, ist das eine gute Sache. So groß auch der Wunsch nach einem starken Menschen in unserer Nähe sein mag, wir haben die Verantwortung für uns selbst und müssen wissen, wie damit umzugehen ist. Es ist bequem, jemanden zu haben, auf den man sich verlassen kann, aber es kann dazu führen, daß man nicht mehr denkt und nicht abwägt und nichts dazulernt. Sich die Verantwortung zu teilen schafft Freundschaften. Doch wenn wir uns zu sehr auf andere Menschen verlassen, werden wir verwundbar. Der Cherokee braucht seinen Stamm, liebt die Nähe zu anderen, aber er muß die Dinge lernen, die ihn befähigen, *a li s ga s to di*, auf sich selbst gestellt zu sein. Wir müssen in der Lage sein, etwas zu durchdenken – unsere starken Seiten zu erkennen und wie unsere schwachen beseitigt werden können. Dies macht das Leben erst zum Leben, welches mehr ist, als nur sein Auskommen zu haben.

Wenn die Herren aus Virginia uns ein Dutzend ihrer Söhne schicken, werden wir sie sorgfältig erziehen … und Männer aus ihnen machen.

CANASSATEGO

30. Oktober

Echos können uns leicht zum Narren halten. Wir glauben zu wissen, woher der Schall stammt, und in Wirklichkeit kommt er aus der entgegengesetzten Richtung. Ein Echo ist ein Laut, der weite Strecken überbrückt und dann gegen etwas stößt, nur um wieder und wieder zurückzukommen. Ebenso verhält es sich mit dem Klatsch. Auch er kommt immer dorthin zurück, wo er entstanden ist – manchmal mehr als einmal. Dies ist der Preis, der für die Eitelkeit, die Leere und den Mangel an irgend etwas Aufregendem im Leben des Klatsches bezahlt wird. Das schlimmste ist, daß eitles Geschwätz, das zurückschallt, niemals berichtet, daß der Geschichtenerzähler auf keinerlei persönliche Erfahrungen zurückgreifen konnte. Wie lächerlich ist es doch, wenn einen das Leben anderer mit Aufregungen versorgen muß!

Ich werde ihn zu meinem Freund machen, aber ich werde meinen Rücken nicht unter seiner Bürde beugen.

Many Horses

31. Oktober

Herrlich sind die Oktobertage mit ihren kühlen Brisen und Einschiebseln von warmer Luft, die das Gesicht berühren, als würde sich kurz eine Ofentür öffnen. Der Kardinalsvogel flitzt durch den Wald, und der blaue Häher keckert und krächzt bei seinen empörten Attacken gegen das Fuchshörnchen. Irgendwo außer Sichtweite klopft ein gerissener Specht wie ein hartnäckiger Besucher. Was entspannt und locker aussieht, ist in Wahrheit Geschäftigkeit, mit dem Ziel, alles für den Einbruch des Winters bereitzumachen. Wir sind ein wenig wie die Präriester, die blüht, bis es friert, und nicht schlappmacht aufgrund dessen, was sie kommen sieht. Sie blüht voller Überschwang bis zur letzten Minute – und so ist es auch mit uns.

Unser Land haben wir vom Großen Geist bekommen, der es uns gab, damit wir darauf jagen, unsere Kornfelder darauf anlegen, darauf leben und unser Bett darauf machen, wenn wir sterben. Und er würde uns niemals verzeihen, wenn wir es verschachern würden.

Metea

NOVEMBER

Nu Da'Na'Egwa

Monat des großen Handels

Ich, die Cherokee, wir sind eure Freunde, Freunde eures Volkes, aber wir wollen nicht in die Fehde zwischen euch und euren nördlichen Brüdern verwickelt werden. Unser Wunsch ist der Frieden. Frieden zu Hause und Frieden unter euch.

HÄUPTLING JOHN ROSS AN ARKANSAS, 1861

1. November

Sind wir so oberflächlich geworden, daß wir die Bedeutung der Erde unter unseren Füßen nicht mehr erkennen? Zusammen mit Luft, Licht und Wasser erhält sie unser Leben aufrecht. Viele Cherokee glauben noch, daß die Kräuter und Wurzeln, die sie der Erde entnehmen, die beste Nahrung und die beste Medizin sind. Sie haben mehr Vertrauen zu dem, was sie pflanzen, als zu der künstlichen Hühnersuppe, die neuerdings so viele Speisen würzt. Doch es gibt noch mehr Wohltaten, die von der Erde stammen (wenn ein Fleck übrig ist, auf dem noch keine Chemikalien abgeladen worden sind). Wo Menschen ihre Hände auf die Erde legen, sie mit ihren Füßen berühren und auf ihr liegen können, verschwindet die nervöse Unruhe vollkommen. Ihre Bäume beseitigen Giftstoffe, ihre Wurzeln, ihre Blumen und selbst ihr Unkraut haben einen Zweck. Wir aber sind ihre Verwalter. Wie verhalten wir uns?

Jeder Teil dieses Bodens ist heilig ..., jeder Hügel, jedes Tal, jede Ebene und jedes Gehölz ... antwortet liebevoll auf unsere Schritte ...

Seattle

2. November

Jetzt, während des Herbstes, könnten wir ein paar Tage Indianersommer haben. Es ist eine stille Zeit des warmen Sonnenscheins mit ein bißchen Dunst und warmen Brisen aus dem Süden. Dies ist ein Stück Kindheit, als Bündel von süßen Zwiebeln zum Trocknen am Gartenzaun hingen und Kürbisse und Melonen farbenfroh aufgestapelt waren. Wir hätten gerne, daß diese Zeit länger dauert – und erwarten sogar, daß sie es tun wird. Aber es ist nicht wahrscheinlich, daß um diese Jahreszeit etwas stillsteht. Sie ist zu heiter, zu befriedigend, um nicht schnell vorbeizugehen. Vielleicht lehrt sie uns das Geben und Nehmen des täglichen Lebens – sei es beim Wetter oder indem wir flexibel zu sein lernen, was Menschen angeht. Da sind die angenehmen Tage, die wir so sehr genießen – und dann sind da die stürmischen Tage, an denen wir uns ducken und es durchstehen müssen.

Ein wütender Sturm peitscht beständig den Gipfel des Berges… Der Abenteurer…, selbst wenn er entkommt…, (könnte) von seiner fürchterlichen Wucht durch die Luft gewirbelt werden.

Sluskin

3. November

Diese Felder, die jetzt kühl im Tau liegen, haben nur Wochen vorher in der Sonne gebraten. Der Wechsel kommt schnell, und was immerwährend schien, vergeht plötzlich. Die Bäume haben ihre Farbe gewechselt – aus Grün sind alle Schattierungen von *ga ga ge*, Rot, geworden, und bald werden sie braun und rostfarben sein. Selbst die Vögel, die über den Winter hierbleiben, singen nun andere Lieder, so daß man Erfahrung braucht, um sie identifizieren zu können. Habichte pfeifen unheilverkündend, und wenn Wolken die Sonne verhüllen, rufen Eulen. Die Natur begibt sich langsam zur Ruhe. Nur der Mensch versucht, ein unbarmherziges Tempo durchzuhalten. So vieles, was verborgen war, ist jetzt sichtbar. Mit jedem gefallenen Blatt hat sich die Sicht erweitert. Kleine Schätze – eine Eichel, eine Eulenfeder, ein hübscher Stein – sind auf dem Weg leichter zu finden. Es ist Herbst, und das Leben hat schon begonnen, sich für eine andere Zeit, ein anderes Jahr zu erneuern.

Ich liebe das Land, auf dem ich geboren wurde, die Bäume, die es bedecken, und das Gras, das auf ihm wächst. Es ernährt uns gut.

Como

4. NOVEMBER

Individualität färbt das Leben. Unsere Stimmungen haben Farbe, unsere Kleidung, unser Teint, unsere Ideen. Wir sind nicht geschaffen, um alle gleich zu sein, sondern um wir selbst zu sein – um einen Platz einzunehmen, den kein anderer Mensch einnehmen könnte. Die Erde wäre ein stumpfsinniger Ort, wenn jeder Hügel und jeder Baum und jedes Tal mit anderen übereinstimmen würde und nichts jemals verschieden sein könnte. Wenn alles nur eine einzige Farbe hätte oder völlig flach wäre, würden wir uns anpassen und wären ebenso stumpfsinnig. Es gibt kein Gesetz, wonach wir wie jeder andere sein müßten. Wir brauchen keiner Mode zu folgen und keine unklugen Dinge zu tun, bloß weil jemand anders es so macht. Unser Leben ist eine separate Einheit – unabhängig von der Masse. Es ist unsere *a du da lv di*, unsere persönliche Pflicht, unbedingte Selbstachtung zu bewahren.

Gott, der Allmächtige, hat uns alle gemacht.

RED CLOUD

5. November

Wenn wir das Schöne vor unseren Augen übersehen und in der Ferne nach einer zukünftigen Zeit des Glücks Ausschau halten, besteht die Wahrscheinlichkeit, daß sich nicht viel ändert. Vollkommene Zeiten sind nur kurze Unterbrechungen der gewöhnlichen. Sie erzeugen die Illusion, daß das Leben auf irgendeinem Berggipfel der Ekstase stattfinden kann. Doch wir sind nicht dafür gemacht, uns außerhalb dieser Welt aufzuhalten. Unser Geist und unser Körper könnten dies nicht verkraften. Für die Cherokee ist schon ein Nachmittag beim Fischen an einem stillen, ruhig fließenden Bach ein Gipfelerlebnis. Alles hängt davon ab, welche Bedürfnisse wir haben – was uns Befriedigung und Wohlbefinden verschafft. Das Hohe und das Niedrige sind miteinander verbunden. Die meiste Zeit leben wir dazwischen – doch diese mittlere Ebene kann ebenso lohnend sein wie der höchste Gipfel.

Die Bäume, die Tiere, sie alle sind dort, wo Er sich aufgehalten hat, und der Indianer denkt an diese Orte und sendet seine Gebete dorthin, um den Ort zu erreichen, an dem Gott gewesen ist, und um Hilfe und einen Segen zu bekommen.

Alter Medizinmann der Dakota

6. November

Körperliche Stärke tröstet ein schmerzendes Herz in keinem höheren Maße, als ein scharfer Verstand einem leidenden Körper Erleichterung zu verschaffen vermag. Anders ist es mit der Seele, denn sie hält Trost, Erleichterung und Aufmunterung bereit. Und wir brauchen all das. In der Regel gilt unser Interesse nur einem Teil von uns – Geist, Körper oder Seele. Doch wenn wir all unsere Zeit darauf verwenden, diesen einen Teil unter Ausschluß der anderen zu entwickeln, erzeugen wir ein Ungleichgewicht. Wirklich fit zu sein bedeutet, sich in jeder Lage auf sich selbst verlassen zu können. Wir haben viele Facetten, und wenn wir *i da tli ni gv si*, unser Bestes tun, und den Großen Geist anrufen, haben wir alles abgedeckt und obendrein eine vollkommene Führung.

Wir haben alles, was du zu sagen hattest, gehört, und wir wünschen, daß auch du zuhörst, wenn ein Indianer spricht ...

Peopeo Moxmox

7. November

Zweifel sind uns vertraut. Sie schleichen sich im Schlepptau des Alltäglichen ein, und dann beginnen sie zu nagen. Wir können es uns nicht leisten, mit dem Zweifel zu liebäugeln. Er kann uns verzehren, bis kaum noch etwas von uns übrig ist. Anfangs suggeriert er uns nur andeutungsweise, daß etwas verkehrt sein könnte – und dann die Frage: Was wäre, wenn es sich tatsächlich so verhielte? Und am Ende sind wir ganz sicher, weil wir es so empfinden. Kleine Samen von *u tla si dv*, von Zweifel, sind wie Hefekörner in einem Brotteig. Sobald sie sich erwärmen, beginnen sie den Laib aufzublähen, bis man die Pfanne nicht mehr sehen kann. Es ist alles so heimtückisch.

Long Hair (Custer) kam ... Sie sagten, wir hätten ihn massakriert ... Unser erster Gedanke war, zu fliehen ... doch wir waren eingekesselt, und so mußten wir kämpfen.

Crazy Horse

8. NOVEMBER

Der Blick zurück kann eine Schuld erzeugen, wo niemals eine existieren sollte. Kein Zweifel, bei jedem gibt es Dinge, von denen er wünscht, sie nie getan zu haben – doch in den meisten Fällen taten wir, was wir im Augenblick tun konnten. Wenn wir Zeit auf Gewissensbisse verwenden, besteht die Gefahr, daß wir uns nicht voll für das einsetzen, was wir in der Gegenwart tun sollten. Es wäre eine Schande, noch mehr Zeit für etwas zu vergeuden, was wir in der Vergangenheit nicht tun konnten – und wahrscheinlich auch heute nicht könnten. Wir haben alle etwas gemeinsam: die Gegenwart. Von hier aus gilt es, vorauszuschauen. Wir können noch etwas für unser Leben tun und damit aufhören, das gute Werk, das wir gerade jetzt tun können, zu verhindern oder *a da yo s da ne di*, zu hemmen.

Man kann sich nicht mit zwei Dingen gleichzeitig beschäftigen. Das erste schließt alle anderen aus.

SHOOTING STAR

9. NOVEMBER

Es ist erstaunlich, wie nett die Menschen sind, wenn wir sie erst richtig kennenlernen. Jemand, der der Unsympathischste von allen zu sein schien, stellt sich gerade als derjenige heraus, an dem wir am meisten Gefallen finden. Nicht immer nimmt man sich genug Zeit, um andere kennenzulernen. Das kann einen wunderbare Freundschaften kosten und hervorragende Gelegenheiten, glücklich zu sein. Die Cherokee haben eine Tendenz zu *u de ho sa ti*, das heißt, sie neigen dazu, schüchtern oder schamhaft zu sein, wenn es darum geht, einen Vorstoß zu unternehmen. Schon eine kleine Anstrengung, etwa, die Hand auszustrecken, um jemanden zu uns heranzuziehen, kann eine äußerst lohnende Erfahrung sein. Freundschaft ist keine Einbahnstraße, und jeder von uns hat die Aufgabe, dem anderen einen Teil des Weges entgegenzukommen.

Dies bereitet uns große Freude, denn wir glauben jetzt, daß wir aufrecht vor euch stehen und sagen können, was wir denken.

SA-GO-YE-WAT-HA

10. NOVEMBER

Herbstnächte, besonders jene bei Vollmond, sind ebenso atemberaubend wie jeder sonnenbeschienene Morgen. Nicht einmal die Helligkeit des Mittags ist mit diesem Frieden und dieser Einsamkeit zu vergleichen. Die Zeit des Mondaufgangs ist eine samtene Stunde der Stille, in der nur die größten Sterne sichtbar sind. Die nackten Glieder der großen *tsu s ga* (Eiche) ätzen ihren Schatten in die Erde, ein filigranes Muster blattloser Schönheit mit klar definierten Linien. Die Dunkelheit kann die anmutige Schönheit der Nacht nicht verbergen, den tiefen, stillen Schlummer, der allem, was sich bewegt, gebietet, es ruhig zu tun. Es ist Erholung für die Seele, ein Teil der stillen Welt zu sein, die immer eine Freude ist.

Mein Herz ist voller Freude, wenn ich dich hier sehe, so wie sich die Bäche mit Wasser füllen, wenn im Frühling der Schnee schmilzt…

PARRA-WA-SAMEN

11. November

Als Kinder flitzten wir wie Kaninchen auf irgendwelchen verborgenen Pfaden dahin und schlüpften in Verstecke, bei denen wir sicher waren, daß niemand anders von ihnen wußte. Irgend etwas in uns wird niemals wirklich erwachsen. Noch immer hüten wir einen Augenblick der Einsamkeit fern von den ausgetretenen Pfaden, *ga nv nv i*. Dies Gefühl kann in einer Menschenmenge aufkommen, wo jeder ein Fremder ist, der nichts von uns erwartet. Es kann entstehen, wenn wir im Wald gehen, wo das unberührte Leben der Natur still wird oder uns völlig ignoriert. Es kann auch hinter verschlossenen Türen sein, wo der Lärm ausgesperrt ist und Frieden herrscht. Wo immer wir nach dem Trost der Einsamkeit verlangen, stets ist da der Wunsch und die Fähigkeit, einen geheimen Ort zu genießen – wie die Kaninchenpfade der Kindheit.

Ich wurde wie andere indianische Babys von der Sonne gewärmt, von den Winden geschaukelt und von den Bäumen beschattet.

GERONIMO

12. NOVEMBER

Weder ist Intelligenz, *go hu s di-ge sv*, immer auf der Seite der Herrschenden noch Schwäche stets auf der Seite der Beherrschten. Oft haben die Umstände diktiert, wo eine Person im Leben steht – und sie werden bestimmend bleiben, bis sie wahrgenommen und geändert worden sind. Manchmal scheint es, gewisse Situationen seien nötig, um Lektionen zu lernen, die man sonst nicht gelernt hätte. Doch es wird uns mehr und mehr bewußt, daß man uns diese Dinge in den Kopf gesetzt hat, um uns besser manipulieren zu können. Was müssen wir wissen? Wer ist der Lehrer? Wir müssen klug sein, um nicht mit poetischen Worten in finstere Geschichten hineingelockt zu werden. Es ist nicht unsere Sache, zu herrschen oder beherrscht zu werden. Unsere Sache ist es, andere zu lieben – aber wir können es nicht tun, ehe wir nicht gelernt haben, uns selbst zu lieben.

Einem Mann die falschen Kleider zu geben bedeutet, seine Seele zu peinigen …

STANDING BEAR

13. November

Wir dürfen uns von der Angst, Fehler zu machen, nicht davon abhalten lassen, herauszufinden, was wir tun können. Nur diejenigen, die nichts tun, sind in der Lage, Fehler zu vermeiden – und dann ist die Untätigkeit ein Fehler. Der erste Schritt ist am schwersten. Aber mit jeder Anstrengung erhöht sich das Potential, und es sammelt sich Zuversicht an. Wenn wir schwanken, stellt ein natürlicher Instinkt in Frage, ob wir auf sicherem Grund stehen – und ob wir weitermachen sollen. An diesem Punkt sollten wir uns auf unseren Glauben besinnen und uns anstrengen, zu neuen, höheren Ebenen des Selbstvertrauens vorzudringen. Nichts kann uns aufhalten, wenn wir wissen, daß wir haben, was dafür erforderlich ist. Unser Lohn ist nicht allein das Gewinnen, sondern der Vorrat an Kraft und Mut, den unsere Entschlossenheit bedeutet, es immer besser zu machen.

Tue beim Handeln und Sprechen nichts Unnützes. Führe keine leeren Reden, und tratsche nicht ..., und laß dich nicht zu schlechtem Benehmen hinreißen.

Five Nations

14. November

Es hat sich ein Blick auf die Hügel eröffnet, die schultertief unter einer dicken Nebeldecke liegen, und die kahlastige Schönheit des Novemberwaldes wird offenbar. Der November verändert das Land drastisch. Der Teppich aus farbigen Blättern raschelt nicht mehr unter den Schritten. Die Kardinalsvögel und Meisen sind da, doch ihre Lieder sind dem Frühling vorbehalten. Die Eulen rufen früh in den dunklen Wäldern, und Präriehunde jaulen und heulen ihre Abendlieder in den blaubehaubten Hügeln. Ein Spaziergang im Wald ist friedlich und einsam. Unter dem Eis eines seichten Baches spielt das Wasser sein Harfenspiel. Das ungehaltene Schnauben einer Hirschkuh warnt irgendeinen unbekannten Eindringling davor, ihre Mahlzeit zu stören. Es ist merkwürdig, wie altgewohnt das ist – gewohnt und alt, aber doch so selten und so neu.

Die vielen Monde und sonnigen Tage, die wir hier gelebt haben, werden lange in unserer Erinnerung bleiben.

KEOKUK

15. November

Die es zu wissen behaupten, erklären uns, daß wir etwas nicht weniger als fünfundzwanzigmal hören und sagen müssen, ehe es in unser Innerstes sinkt und zu einer dauerhaften Erinnerung wird. Aber wissen wir nicht, daß für manche Dinge einmal genug ist? Wir erinnern uns an manche Ereignisse in der lebhaftesten Ausführlichkeit – nicht immer zu unserem Wohl. Warum ist die Erinnerung wichtig? Manche Dinge sollten uns klar sein, weil wir von dem beherrscht werden, was wir unbewußt in Herz und Gemüt haben. Und wir besitzen die Fähigkeit, uns unsere Ressentiments und alles damit Verbundene blitzschnell zu vergegenwärtigen. Scherze sind der zweitbeste Anlaß für sofortiges Erinnern. Womit wir bei Emersons Bemerkung sind, daß der zivilisierte Mensch den Gebrauch der Füße verlernte, als er eine Kutsche baute. Wenn wir mehr Ressentiments als glückliche Erinnerungen speichern, verlernen wir den Gebrauch unseres Rechts, fröhlich zu sein.

Einst war ich jung, meine Söhne, und dachte so wie ihr jetzt …

Washakie

16. November

Ein mitternächtlicher Himmel im November ist eine Aussicht, die der Betrachtung wert ist. Nichts kommt der Klarheit des grenzenlosen Nachthimmels gleich, der mit so vielen Sternen übersät ist, daß sie mehr wie ein auf ewig darübergeworfener Schal aus Spinnweben erscheinen. Wir nehmen so vieles als selbstverständlich hin: die geläufige Schönheit des Alltagslebens, den süßen Schlaf, *ga lv di*, und das ruhige Atmen, das die Nacht bietet. Es scheint, daß wir demjenigen unsere Aufmerksamkeit schenken, was am lautesten anklopft, und all das, was uns erfreut und tröstet, vorübergleiten lassen, ohne es zu sehen. Jetzt, da der Nachthimmel so spektakulär ist, ist es ein Geschenk der Jahreszeit, hinaufzublicken und zu erkennen, daß unsere Seele frei und grenzenlos ist. Nicht einmal das unermeßliche Universum und die glitzernden Sterne, die für uns geschaffen wurden, sind vergleichbar mit den Sternen in unserem Herzen und mit dem, was für uns bereitet worden ist.

Mein Herz ist froh, und ich werde nichts vor dir verbergen.

Santana

17. November

Als ich eineinhalb Jahre alt war, banden wir im Spiel einen Stein hinten an mein Kleid. Ich weinte, und meine Mutter schimpfte mit ihrem kleinen Bruder. Ich konnte es nicht ertragen, daß er beschimpft wurde, ich liebte ihn so. Ich kehrte ihm den Rükken zu, um den Stein wieder angebunden zu bekommen. Er war ein Onkel, dessen Sprache so farbig war, daß sie in feineren Kreisen nicht akzeptabel war. Doch kein Mann wurde von den Leuten so geachtet und geliebt wie er. Er war ein gnadenloser Spötter, ein Freund in der Not, ein Stifter unwillkommener Spitznamen, und er stand haushoch über den Verstandesmenschen. Als er uns verließ, weinten abgebrühte Arbeiter ebenso wie kleine Großmütter. Er war *udu ju*, Onkel, für viele Nichten und Neffen und eine Welt von Freunden. Für mich war er ein treuer, liebevoller und wertvoller Freund. Kann ich jemals an ein solches Vorbild heranreichen?

Kleiner Berg ist jetzt tot. Er tat alles, was er konnte, um Frieden zu schaffen.

SANTANA

18. November

Die ersten Einbrüche frostiger Luft haben den Himmel klar gemacht und Stille über das Land gebracht. Lange Bänder von Gänsen auf dem Weg nach Süden zerbrechen in mehrere Kolonnen, und ihre Schreie schallen über das Tal. Das Geräusch läßt uns aufhorchen, stehenbleiben und den Wechsel der Jahreszeit bestaunen. Blauer Dunstschleier hängt in der Einbuchtung eines fernen Hügels. An sonnigen Tagen wandelt er sich zu Rosa, dann zu Beige und fast zu Weiß. Die Sonnenuntergänge sind intensiv und lebhaft, sie überziehen den Himmel mit tiefem Rot, wie heiße Asche, die auf den Horizont fällt und glüht wie der Herd am Abend. Doch über die östlichen Hügel erhebt sich ein kühler Mond, der in Heiterkeit und Frieden die gleiche Kraft hat wie die Sonne in ihrer aufwühlenden Farbigkeit. Just in diesem atemberaubenden Augenblick zwischen Tag und Nacht ruft eine Wachtel. Es ist der einfache Abschluß eines weiteren Tages, eine Zeit, sich einzufinden und den häuslichen Frieden zu genießen.

Erzähle ihnen, wie sehr wir alles liebten, was schön war.

Indianisch

19. NOVEMBER

Unsere Großmütter sagten uns, hübsch sei, wenn man sich hübsch verhalte. Wir haben vielleicht nicht alles verstanden, was sie sagten, aber wir haben es auch nicht vergessen. Jedesmal, wenn wir uns irrten, kamen ihre Worte zurück, um uns zu erinnern. Zu einer Zeit bedeutete «hübsch» Kleider, wie wir unser Haar trugen und wie wir unsere Reize einsetzten. Später merkten wir, daß es auch bedeutete, wie wir uns betrugen, wie wir uns in schlechten und in guten Zeiten verhielten. Aber dann kam eine andere Zeit, in der von Würde, Flexibilität, von Selbstachtung und Selbstbeherrschung die Rede war. «Hübsch» bedeutet Ehre und Prinzipien. Es bedeutet, sich um andere zu kümmern und sie zu respektieren, selbst wenn man nicht einer Meinung mit ihnen ist. Hohe Werte und Ehrfurcht haben die Menschen attraktiver, hübscher gemacht, und unter Druck sind sie dann ihren Preis wert!

Ich habe die Freundschaft meines Stammes versprochen … Ich werde dieses Versprechen halten. Ich kann nicht lügen …

WILD HORSE

20. NOVEMBER

Seelenfrieden ist ein Juwel, das in den schlimmsten und in den besten Zeiten begehrt ist. Es ist das Gefühl, das in uns entsteht, wenn wir von einer verkehrsreichen Autobahn zu einem abgelegenen Platz an einer Landstraße kommen. Friede ist die Abendbrotzeit, wenn der Sonnenuntergang jedes Fenster vergoldet und eine ruhige Zufriedenheit Mensch und Natur miteinander in Einklang bringt. Er ist ein warmes Bad, ein weiches Kissen, ein Sonnenstrahl, der die Seele trifft. Alle diese Dinge spielen eine Rolle – die freundlichen Worte, die Zärtlichkeit, der schläfrige Mitternachtsgesang eines Ziegenmelkers. Doch vor allem besteht er darin, daß wir etwas hören, das wir glauben, wenn es schwer ist, überhaupt an etwas zu glauben. Er ist das Wissen, daß die Dinge sich entwickeln können und das Leben lebenswert ist. Es ist *to hi ae se s di*: Es ist Friede auf Erden.

Das Ohr des großen Meisters des Lebens, das für mein Schreien noch offen ist, wird von der Beschwörung des Segens durchdrungen werden …

SHAWUSKUKHKUNG

21. November

Die Zeit des Erntedankfestes bedeutet den ersten strengen Frost, den ersten Eisregen, der die trockenen Herbstblätter rascheln läßt. Die Kälte des frühen Morgens kristallisiert die Gräser zu Lichtstäben. Aus den Wäldern ist das letzte bißchen helle Farbe verschwunden, und der letzte Spaziergang ohne Handschuhe und Schal ist gemacht. Aber diese Zeit bedeutet für die Cherokee auch Familie, *si da ne lv hi*. Die Tradition bewährt sich, indem sie ein gemeinsames Band mit anderen Zeiten und anderen Menschen aufrechterhält. Wir gedenken ihrer mit Liebe und Wertschätzung. Wir kochen das gleiche Essen, setzen die gleichen gutmütigen Neckereien und das Chaos mit den Kindern um unsere Füße herum fort. Im Zuge der Geschäftigkeit können manche Augenblicke belastend sein – aber dann spricht wieder jemand von früheren Zeiten. Die Jungen sagen, was es für sie bedeutete. Plötzlich ist die Tradition wieder fester verwurzelt – und niemand hat etwas dagegen.

So ist es mit Wakan Tanka: Wir glauben, daß er überall ist, und doch ist er für uns die Seele unserer Freunde, deren Stimmen wir nicht hören können.

CHASED-BY-BEARS

22. November

Wir kämpfen fieberhaft für Gleichheit und Freiheit, um etwas zu tun, das auf lange Sicht wenig Sinn hat. Zu anderen Zeiten handeln wir mit allem Wertvollen ohne die geringste Kenntnis davon, was es kostet. Wir fühlen uns wie Vögel in einem Käfig, der nur ein paar Handbreit Raum zum Fliegen läßt. Es ist aufregend, hinaus auf die wilden Vögel im Flug zu blicken und daran zu denken, wie gerne wir unsere Schwingen ausbreiten würden. Und doch hat ein fliegender Vogel keinen Schutz, keine liebevolle Fürsorge, keine regelmäßige Fütterung. Und dann stehen wir abseits und schauen in ein Fenster und wünschen uns, daß jemand für uns sorgt und wir uns auf ihn stützen können. Wir sind draußen in der Kälte – aber frei. Dieselben Dinge, die unsere Flügel festnageln, helfen uns zu wachsen, *a dv hi*, und mit Weisheit lernen wir fliegen, *ga no hi li*.

Glaubst du, ich sei ein Kind, das sich durch Tand verführen läßt?

Crazy Bear

23. November

Beschäftigte Hände können ein aufgewühltes Gemüt beruhigen. Arbeit lockert Spannung und vertreibt Verwirrung und Schmerz aus dem Sinn. Ein leichteres Herz lindert Druck und läßt gute Laune das Gemüt heilen. Lerne, die Kanäle zu wechseln. Der Geist kann *ayiha*, aus den unsichtbaren Sendungen der Welt auswählen, um eine heiterere Stimmung zu erzeugen. Bewußtheit ist die beste Verteidigung. Sobald etwas hereinzukommen versucht, um Ärger zu machen, sollte es zurückgewiesen werden. Sei sorgfältig beim Füttern des Geistes. Das Denken ist empfänglich für Ungemach, es öffnet sich zum Empfang wie die Blütenblätter einer Blume, gleichgültig, worum es sich handelt. Sei der Kopf, nicht der Schwanz. Der Kopf führt; der Schwanz folgt. Der Kopf denkt und kennt das Glück. Der Schwanz kommt nur hinterher.

Alle Häuptlinge und alle Tapferen sind glücklich.

SANTANA, 1857

24. November

Da Di Ka No He SGi-Di Go We Li SGi eine Cherokee ist, ist es merkwürdig, daß man sie beim Thanksgiving-Theaterspiel in der Schule ein Pilgerväterkostüm tragen ließ. Irgend jemand dachte, eine kleine weiße Schürze und ein steifes Häubchen seien für dieses dunkelhäutige Kind passend. Doch wer hat nicht irgendwann einmal seinen Charakter verfälscht. Zwängen uns unwissende Menschen nicht in Rollen, denen wir in tausend Jahren nicht gerecht werden könnten? Und so seltsam es auch scheint, sie merken vielleicht nie, wie unrecht sie hatten. Zu einer Zeit, da wir Segnungen würdigen, können wir sagen, es spielt keine Rolle, in welches Kostüm uns jemand zu stecken versucht. Wer kann uns, wenn wir wissen, wer wir sind, und der Große Geist unsere Stimme kennt, von unserer wahren Identität trennen? Nur wir selbst sind dazu imstande – aber wir werden es nicht tun.

Niemals war die Erde so lieblich und die Sonne so hell wie heute …

Nikinapi

25. November

Unsere Freundschaft war viele Jahreszeiten hindurch stark, doch gerade jetzt denke ich besonders intensiv an dich. Warum sind solche Veränderungen nötig, um uns daran zu erinnern, daß wir Freunde sind und nicht nur Bekannte. Alles ist wichtig – wie wir zusammen lachten und einander trösteten, die Tränen, die wir teilten, und das tiefe Verstehen. Diese Zeit hebt wie keine andere die Dinge hervor, die uns verwandt machen. Gewiß kann es nur die Hoffnung sein, das vibrierende Leben ungenutzter Kraft – die Kraft der Liebe, die Zeit und Raum und verlorene Verbindungen überbrückt. Es ist die gleiche Kraft, wie sie der Große Geist darstellt, der vollkommen gut ist, ganz Frieden, ganz unser durch göttliches Recht. Es ist eine kostbare Partnerschaft zwischen Freunden.

Diese Perlenschnur ist eine Straße zwischen uns. Fasse sie am einen Ende, ich werde es am anderen tun, und halte sie fest.

Como, 1793

26. November

Schwestern sind besondere Menschen. Im Denken, im Handeln und im Lieben können sie uns eher als jeder andere in der Welt ausstechen. Sie stehen zu uns in schwierigen Zeiten, genießen mit uns die guten Zeiten und sprechen zu uns mit liebevollen Worten, um uns aufzurichten. Die Cherokee nennen diese besonderen Menschen ihre *a na da lv* – ihre geliebten Schwestern. Schwestern beklagen sich niemals, wenn wir uns in Raum und Zeit verlieren – und vergessen nie, uns zu Hause willkommen zu heißen. Schwestern müssen nicht blutsverwandt sein – denn was spielt das für eine Rolle, wenn die Beziehung stärker ist als gemeinsame Vorfahren. Die Liebe überbrückt so viele herbe Situationen und macht uns wahlverwandt. Was könnte es Besseres geben, als eine geliebte Schwester zu sein?

Ich betrachte sie als meine eigenen. Ihre Wünsche sind unsere Wünsche, und von dem, was wir erhalten, hoffe ich, daß auch sie es bekommen.

Running Antelope

27. NOVEMBER

Seit unseren frühen Jahren haben wir gelernt, daß das Alter ein Geisteszustand ist – und daß wir manchmal mehrere Altersstufen gleichzeitig verkörpern. Die Zahl der Jahre, die wir gelebt haben, bedeutet nichts. Manche erlangen niemals Ausgewogenheit und Weisheit. Andere scheinen damit geboren zu sein. Niemand kümmert sich darum, wie alt wir sind, wenn wir etwas Sinnvolles vorhaben, das dem Alter widerspricht. Wenn wir uns in unserer Haut wohl fühlen, spiegelt dies eine Alterslosigkeit wider, die mit den Jahren noch zunimmt. Alter, glaubt der Cherokee, schließt die vielen Stufen des Lebens als Maßstab der Weisheit ein. Wenn unser Geist flexibel bleibt, wird unser Körper geschmeidig und leicht sein – und wenn unser Denken starr ist, wird dies unser Körper ebenfalls widerspiegeln. Entweder wir wachsen und reifen in Schönheit, oder wir verlieren unser Aroma – wie edle Gewürze, die man im Wind liegenläßt.

Diese Leute, die dorthin wollen, werden ziemlich bald alt werden.

TOOKLANNI

28. NOVEMBER

Ab und zu haben wir erlebt, wie von ganz unvermuteter Seite Hilfe kam. Unser Verstand ist auf bestimmte Dinge fixiert, auf bestimmte Arten, wie Dinge getan werden können. Heilung muß von einer Tablette oder einer Spritze kommen, Liebe muß kommen, egal, ob wir liebenswert sind oder nicht, Freude muß von etwas kommen, das passiert – nicht aus unserem Inneren. Wir verweigern uns der besten Hilfe, weil wir sie nicht in einem vertrauten Licht sehen. Wenn es nicht die richtige Farbe ist, die richtige Form, der richtige Ton – kann es dann das unsere sein? Kann es dann überhaupt helfen? Es ist möglich, die natürliche Art, Dinge zu tun, wieder zu erlernen, wenn wir unsere Augen und unsere Herzen dem inneren Wissen öffnen, der Weisheit und dem Frieden des Großen Geistes. Das Leben hat mehr zu bieten, als dein Auge sehen, dein Verstand erfassen kann – doch es ist hier und jetzt und wartet darauf, genutzt zu werden.

Es gibt die Quellen des Großen Geistes … In ihnen zu baden schenkt neues Leben; aus ihnen zu trinken heilt jedes körperliche Gebrechen.

FÜHRER DER ARAPAHO

29. November

Manche von uns bauen Brücken und gehen auf die Suche nach Flüssen, zu denen sie passen. Diejenigen, die über jede Kleinigkeit grübeln und sich sorgen, bauen Brücken. Wie viele Brücken bauen wir, die wir niemals überschreiten müssen? Wie oft weigern wir uns, die Sonnenseite zu sehen, weil wir den Blick auf das, was passieren könnte, nicht aufgeben wollen? Wie viele rechnen damit, sich deprimiert und einsam und fertig zu fühlen? Manchmal scheint es vielleicht, als wären wir im Raum erstarrt und nichts könne sich verändern, nichts gutgehen – doch das ist nur eine Meinung, unterstützt von negativen Vorstellungen, die schon die schlechten Erfahrungen angezogen haben. Bau eine neue Brücke – zurück über das trübe Wasser, und überschreite sie zuversichtlich. Laufe nicht hin und her, sondern reiße sie nieder, und weigere dich, irgendeine andere zu bauen.

Seine tapferen Krieger werden mit uns sein, eine stachlige Mauer der Stärke.

Seattle

30. November

Stehe still. Gleichgültig, wie schwer es ist, stehe still und lasse sich herausbilden, was schon begonnen hat. Sprich nicht, rühre nicht an, was in Gang gesetzt ist. Drängen und Treiben und das Werk noch einmal prüfen, wenn alles normal ist und läuft, kann schädlich sein. *Ga to gv*, stehe still, und schau richtig hin. Wenn das Prinzip solide ist, wird es gute Arbeit leisten. Wenn wir an das glauben, was wir tun, und unseren Fähigkeiten entsprechend unser Bestes getan haben, dann ist es Zeit, die Finger davon zu lassen und es nur noch zu segnen. Schau über die Gegenwart hinaus einer neuen Vision entgegen. Sieh das Endresultat. Sieh das Vollendete. Mach dir keine Sorgen über die Zwischenzeit – sag nur, es funktioniert gut.

Sie sprechen über die Geheimnisse des Tageslichts, durch das die Erde und alle lebenden Wesen, die auf ihr wohnen, beeinflußt werden.

Playful Calf

Dezember

U Ski'Ya

Schneemonat

Bei entsprechender Motivation
ist anscheinend kein Berg zu hoch zum Erklimmen,
keine Strömung zu reißend zum Schwimmen,
wenn man ein Cherokee ist.

Grace Steele Woodward

1. Dezember

Der frühe Morgen hat eine übernatürliche Qualität, unwirklich und doch wirklicher als die meisten Dinge, auf die wir setzen. So viele Schönheiten, so viele Dinge, die in unserem Gesichtskreis stattfinden, werden übersehen und nicht gewürdigt. Sie gehen unbemerkt vorüber und werden um des Landes willen weitergehen – gleichgültig, ob man sie sieht oder ignoriert. Die Natur springt ein, wo die Menschen aufgeben. Sie hat Urteilen getrotzt, die über ihre Existenz gefällt wurden – und schafft noch immer atemberaubende Aussichten. Wenn wir die Gier und den Schmutz heraushalten können, die in unserem Bewußtsein herumstochern, haben wir die gleichen Fähigkeiten. Die Tatsache, daß wir *u ne na i*, reich, sind, entgeht uns, wenn wir auf dem von Taudiamanten funkelnden Gras Abfall verstreuen und in jedem glitzernden Fluß Unrat verteilen.

Die tapferen Kiowa haben von Kindheit an ihre Arznei von der Erde erhalten.

Santana

2. Dezember

In unserem Leben ist das Gesetz des Echos am Werk. Es ist das Gesetz von Geben und Nehmen: Was wir herausgeben, bekommen wir zurück. Es ist nicht auf materielle Dinge beschränkt, sondern bezieht sich auf alle Facetten des Lebens. Was wir sagen, wie wir andere behandeln, wie wir die Wahrheit manipulieren und wie wir es darauf anlegen, jemanden zu verletzen – diese Dinge und mehr haben alle mit unserem Wohlbefinden zu tun. Doch sie werden zu oft für unwichtig gehalten, als *u lv da le s gi* betrachtet, was in Cherokee absurd oder töricht bedeutet. Aber der Tsalagi lebt nach dem Gesetz des Echos. Er weiß, daß es nicht töricht ist. Wir können gar nicht vorsichtig genug sein mit dem, was wir aussenden. Sind wir imstande, auf unsere Worte und Taten ebenso zu achten wie auf die Verschmutzung der Atmosphäre mit Kohlendioxid? Das Ergebnis ist dasselbe – es hat nur eine andere Verpackung.

Sie werden … alle Mittel einsetzen, jeden Stamm überreden, zum Zweck des Friedensschlusses herzukommen, und wenn Sie sie zusammenhaben, töten Sie alle erwachsenen Indianer und nehmen die Kinder … Verkaufen Sie sie als Sklaven, um die Kosten zu ersetzen …

John R. Baylor, Gouverneur der Konföderierten, 1862

3. DEZEMBER

Unserer Einschätzung nach sind die meisten anderen Menschen glücklich, manche überaus glücklich. Aber glauben wir dies, weil wir Vergleiche anstellen? Fragen wir, wie jemand anders so sicher, so unbeschwert sein kann, wenn wir zufällig seine unverzeihlichen Taten aus der Vergangenheit kennen? Neid und Ressentiments anderen Menschen gegenüber sind Waffen gegen uns. Sie halten unseren Blick nach außen gebannt, wo nichts jemals ganz so ist, wie es aussieht. Wir haben keine Ahnung, was im Leben anderer vorgeht, welche Gedanken sie haben und welche Absichten. Es erzeugt große Zufriedenheit, wenn wir uns um unsere eigenen Angelegenheiten kümmern. Wir können korrigieren, was der Korrektur bedarf, Verbesserungen vornehmen, wenn es sein muß – doch laß das Infragestellen sein. Wir können nicht wissen, wie gut oder wie bankrott ein anderes Leben ist, wohl aber, wovon das unsere beherrscht wird.

Handle immer korrekt. Es wird dir Befriedigung verschaffen.

WOVOKA, 1889

4. Dezember

Zu dieser Jahreszeit ist das Land um eine Landstraße ruhig und klar. Natürliche Geräusche, die Krähen, das Klopfen des rotköpfigen Spechtes und der Klang einer Axt in den Wäldern, werden leicht von den kalten Schallwellen getragen. Wie Stimmen ohne Betonung, ohne sanfte Ränder sind sie alle klar aus der Entfernung zu hören. Selbst jetzt ist das Land noch farbig. Grasbüschel, die rosenfarbene Seide der Natur, tanzen im Wind. Immergrüne Pflanzen durchbrechen das Braun und Grau am Rand des Tümpels und sprenkeln die Schatten am Waldrand. Die Blumen mögen fort sein, doch an abgelegenen Stellen bedeckt die Indianerfeigwurz den Boden. Der Winter besitzt eine erlesene Schönheit, rote Sonnenaufgänge, großartige Sonnenuntergänge und Schichten von Blau und Purpur am Horizont. Wachteln, wie Schulkinder in Einerreihe, überqueren die Wiesen beim Fressen. Der Friede läßt keine Alarmglocken läuten, und alles ist gut.

Wenn der Winter herannaht, kannst du in den waldigen Niederungen Schutz suchen ..., Fleisch für dich selbst und Cottonwood-Rinde für deine Pferde finden ... Es ist der richtige Ort.

Arapahoes

5. Dezember

Unsere Hände erzählen, wer wir sind. Sie werden als vollkommene Untertanen des Geistes betrachtet. Wie sich die körperliche Arbeit in den Schwielen auf den Handflächen zeigt, so zeigen sich darauf Güte, Habgier oder Stärke. Nichts anderes drückt menschliches Verhalten auf so viele Weisen aus. Wir arbeiten, spielen, lieben, drohen, zeigen Freude oder Trauer mit unseren Händen, *tsu no ye ni.* Als empfindsame Symbole von Glauben und Freundschaft ziehen unsere Hände alles und jeden, den wir lieben, zu uns heran. Wunderbar gestaltet und vom geistigen Auge, vom geistigen Ohr und vom Wunsch des Herzens gelenkt, bringen unsere Hände fortlaufend unser Leben zum Ausdruck. Eine mißhandelnde Hand entspringt einem mißhandelnden Geist. Doch es gibt auch die sanfte Berührung – selbst für jene, die sie erst noch erleben müssen. Was Worte nicht zu sagen vermögen, können die Hände mit aller Zärtlichkeit und Liebe ausdrücken.

Jetzt schütteln wir einander die Hände und schließen Frieden …

Spotted Tail

6. Dezember

In dem Moment, in dem uns etwas beleidigt, sind wir aus dem Gleis gebracht. Ressentiment durchwogt uns, und nichts will uns mehr gefallen. Wir haben gelernt, wie man geht und spricht und sich auf Menschen verläßt – und auch wie man ihnen mißtraut. Wir haben gelernt, wie man denkt, wie man Menschen und Systeme einschätzt – und wie man sie beschimpft. Wir bilden Meinungen, setzen Werte fest, entscheiden, wie weit wir gehen wollen und wie wenig erforderlich ist, um ein Ziel zu erreichen. Und irgendwo auf dem Weg merken wir, daß andere die gleichen Dinge getan haben und unsere Meinungen nicht respektieren wollen. Wir sind beleidigt – *e s ga-nu li s da ne lv gi*. Beleidigung zu erfahren schafft ein schwaches Glied in der Kette. All unsere Gaben, Talente und Fähigkeiten müssen vereint werden, so daß wir wieder in unserem eigenen Bewußtsein zentriert und ausgeglichen sind. Wenn wir beleidigt werden, sind wir nicht vom Leben ausgeschlossen, aber unser Mund, unsere Augen, unsere Gedanken sind sich des schwachen Gliedes bewußt.

Es ist mir zu Ohren gekommen, daß du nicht ganz im Einklang mit dir bist; nimm dir Zeit, und finde deine Einheit wieder…

Big Bear

7. Dezember

Es ist die einfachste Sache der Welt, jemanden anzuschauen und zu sagen, was wir an seiner Stelle getan hätten. Aber keiner von uns weiß, was wir wirklich tun würden, solange wir nicht an der Stelle des Betreffenden sind und das gleiche durchmachen. Wir sind sanftmütig in unserem Denken, aber bereit zu kämpfen, wenn wir es müssen – so reden wir. Wie albern, über einen guten Kampf zu sprechen und nicht einmal fähig zu sein, aufzustehen für das, woran wir glauben. Wie fahrlässig, zu denken, wir wüßten, was wir täten. Selbstgenügsamkeit ist ein Pluspunkt für uns – aber ist sie jemals in Anspruch genommen worden? Aus diesem Grund brauchen wir das Mitgefühl und die Unterstützung anderer Menschen – wir können einander in Zeiten des Drucks und der Schwierigkeiten stützen. Zusammen bauen wir Mut auf und geben ihn weiter in die Runde an jeden, der ihn braucht – und haben noch immer genug davon übrig.

Unsere Messer waren bereit, und das Herz von Black Hawk schwoll hoch in seiner Brust …

Black Hawk

8. Dezember

Demut ist etwas, wovon wir denken, daß andere Leute es haben sollten. Aber von dem Augenblick an, in dem wir das denken, brauchen wir sie um so mehr. Demut ist das Wissen, daß wir niemand sind, wenn es so aussieht, als wären wir jemand. Sie ist der Glaube, daß wir jemand sind, wenn wir das Gefühl haben, wir seien niemand. Demut heißt, den Anforderungen zu genügen, aber nicht stolz darauf zu sein. Sie bedeutet, die Gnade zu kennen – und zu wissen, daß wir nichts getan haben, um sie zu verdienen. Demut heißt, bescheiden zu sein, aber nicht zu resignieren. Sie ist im tiefsten Sinn – Freundlichkeit. Sie bedeutet, ein ehrlicher Kerl zu sein, der jeden in seiner Umgebung liebt und sich um ihn kümmert – ohne je in Betracht zu ziehen, ob jemand ihn liebt und sich um ihn kümmert. Sie ist *yv wi-a ne hv*, Menschlichkeit, in ihren absolut besten Kleidern.

So ist es bei uns Indianern: Waren und Erde sind sich nicht gleich. Waren sind dazu da, auf der Erde genutzt zu werden.

Yellow Serpent

9. Dezember

Nimm das Plastik weg, den Film, das Künstliche, und gib einem kleinen Jungen einen Stock, um im Schlamm zu stochern, um das Wasser am Ufer des Tümpels aufzumischen – und du hast ihm Glück verschafft. Zeig ihm die Fährte eines Rehs und die Spuren eines Waschbären, und du gibst ihm Neugier. Heb ihn hinauf auf den untersten Ast eines Baumes, und er kann mit Begeisterung den nächsten erklettern. Zeig einem kleinen Jungen etwas anderes als Cartoons, sing für ihn Lieder, die keine Schlager sind, lehre ihn Güte gegenüber kleinen Tieren und anderen Kindern, und du hast ihm ein Leben gegeben, das von Liebe und Freundlichkeit zusammengehalten wird. Das Beste an einer mit einem überschwenglichen kleinen Jungen verbrachten Stunde ist, daß er soviel zurückgibt – leuchtende Augen, Phantasie, Fragen ohne Ende und Lachen über alles und nichts. Es ist eine gut verbrachte Stunde, die in Erinnerung bleiben wird. Hoffentlich wird er sich in späteren Jahren entsinnen, daß er sie mit seiner Großmutter verbracht hat.

Es erfordert nicht viele Worte, die Wahrheit zu sagen.

Häuptling Joseph

10. DEZEMBER

Es zahlt sich aus, vorsichtig zu sein, und so wird unsere Skepsis oft nur von unserer Unwissenheit übertroffen. Wenn wir nicht an etwas glauben können, das sich nicht in Dollars und Cents und anderen greifbaren Vorteilen messen läßt, bleibt das Leben vollkommen oberflächlich. Es gibt mehr Unsichtbares als Sichtbares. Wir verfahren mit dem Unsichtbaren wie mit einem Bankkonto, das keine Arbeitsgänge, sondern nur Ergebnisse ausweist. Wir glauben, das Geld sei auf der Bank, und erwarten es nicht dort, wo wir es sehen können. Wenn wir es brauchen, rufen wir es ab. Der Cherokee glaubt, daß der Große Geist viele andere Dinge, wie Gesundheit, Frieden und Glück, um nur einige zu nennen, für uns auf der Bank hat. Es ist an uns, zu behalten, was wir bilanziert haben, mit Treue seine Stärke zu vermehren und dankbar dafür zu sein. Aber bis wir es abrufen, indem wir das richtige Kennwort verwenden, bleibt es, wo es ist.

Indianer… wissen besser, wie man lebt… Niemand kann bei guter Gesundheit sein, wenn er nicht die ganze Zeit frische Luft, Sonnenschein und gutes Wasser hat.

HÄUPTLING FLYING HAWK

11. Dezember

Warum sind wir bereit, uns mit weniger zufriedenzugeben, als wir haben können? Warum akzeptieren wir, am Rande des Lebens zu stehen und mit sehnsüchtigen Augen nach drinnen zu schauen? Wir sind nicht als Randexistenzen gedacht, die verhungern, während ein Festmahl auf sie wartet. Es ist, wie wenn wir eine Villa besitzen und in einer Kammer wohnen, die Brotkrumen auffangen, wenn wir am Tisch sitzen sollten. Manchmal denkt man, ein paar Augenblicke am Rande des Lebens seien die verlorene Zeit wert. Aber wir neigen eher dazu, einsam zu sein, *u hi so di* nennt es der Cherokee, hineinzuspähen, anstatt einen erweiterten Blick auf die ganze Außenwelt zu haben. Es schafft mehr Leiden, sich vorzustellen, was andere Leute tun, als auf die eigenen Möglichkeiten zu schauen und auf sie zuzugehen. Randexistenzen haben enorme Fähigkeiten – und mit ein bißchen Bestandsaufnahme und Veränderung können sie sie alle nutzen.

Es gab eine Zeit, da hatte ich die Wahl …

Red Eagle

12. Dezember

Wir sind verschieden – du und ich. Es gibt Unterschiede in der Herkunft, in der Erziehung, vielleicht in der Religion. Doch elementarer als all das ist die Form einer Hand oder eines Auges, die Art des Dankens. Wenn wir wissen, wie verschieden wir sind, warum stellen wir dann die Vielfalt der Meinungen, der Einstellung, des Glaubens und der allgemeinen Sicht des Lebens in Frage? Was wäre ermüdender, als uns immer in der Richtung zu sehen, der wir uns zugewandt haben? Wenn es nichts gäbe, das unsere Ansichten in Frage stellt, würden wir dann jemals tiefer denken, uns höher entwickeln? Es sind nicht die Unterschiede zwischen uns, die die Schwierigkeiten hervorrufen, sondern unsere Vorurteile gegenüber den Unterschieden. Doch niemand von uns hat seinen oder ihren Anfang bestimmt. Es ist Unwissenheit, die uns gegen andere Rassen, andere Überzeugungen aufbegehren läßt. Und Unwissenheit ist die Not selbst.

Der Große Geist machte den weißen Mann und den Indianer. Er machte sie nicht gleich.

Daykauray, 1829

13. Dezember

Schutz ist nicht eine Waffe oder eine verschlossene Tür – oder gar ein furchterregendes Aussehen. Schutz kommt aus dem Innern einer Person. Er gibt ein unsichtbares Zeichen, daß diese Person nicht verwundbar ist, sondern ein Wesen, das *sedani*, dem Bösen, trotzt. Sicherheit ist nicht leicht zu definieren. Sie ist weder tollkühn noch überheblich. Vielmehr zeichnet sie sich aus durch ein ruhiges Gleichgewicht, das selbst Tiere respektieren und böse Menschen meiden. Es ist eine Stärke, die keiner, der bei klarem Verstand ist, auf die Probe stellen wird. Dies sind Zeiten, in denen von Vorsicht die Rede ist. Betrachte nichts als selbstverständlich, und trage die schützende Rüstung von Glauben und fester Entschlossenheit. Rabauken sind feige und schlau genug, um zu wissen, daß man sich nicht jemanden als Opfer aussucht, der auf eine solche Situation vorbereitet ist.

Ich will keinen Krieg, sondern Freunde gewinnen.

Santana

14. Dezember

Wir können nicht alles von Anfang bis Ende überblicken. Das Leben ist zu umfangreich, um so weit zu sehen. Manchmal scheint es, daß wir mehr geben müssen, als wir empfangen. Oder wir sind gezwungen, über das hinauszugehen, was wir eigentlich tun wollten. Es kann auch sein, daß wir einen Teil der Last eines anderen übernehmen müssen, um ihn nicht zusammenbrechen zu lassen. Manchmal verzeihen wir mehr, als man uns verzeiht, und haben es schwerer, an die Güte des Großen Geistes zu glauben. Wir mögen Gott aus den Augen verlieren, aber Gott verliert niemals uns aus den Augen. Und dann ist da ein Ausbruch von Sonnenlicht, ein neuer Tag, an dem wir wissen, daß auf dem Mehrgeben ein Segen liegt. Die Waagschalen gleichen sich aus, und wir sehen, daß wir nicht weniger erhalten können, als wir geben, wenn die Gabe unser Bestes ist. Es ist unmöglich – wir können nicht mehr lieben, als wir geliebt werden.

Wenn ich diese Dinge habe und das Beste zurückhalten würde, würde niemand glauben, daß ich es ernst meine. Ich muß etwas geben, das wirklich wertvoll für mich ist, um zu zeigen, daß mit den geringeren Gaben mein ganzes Sein verbunden ist; darum verspreche ich, meinen Körper zu geben.

Mato-Kuwapi

15. Dezember

Die Geheimnisse der Weihnachtszeit geben gewöhnlicher Arbeit eine besondere Bedeutung. Die Bilder und Töne dieser Jahreszeit bedeuten Fertigwerden – mit den Vorbereitungen für das Fest. Wir hören die kreischenden Sägen der Holzfäller und den Aufschlag des Feuerholzes, wenn es auf den Lastwagen geworfen wird. Eine dünne Spirale von Rauch steigt über den Baumwipfeln auf, wo Unterholz ausgeschlagen und verbrannt wird. Gefallene Blätter taumeln in die Flammen, als würde eine große Hand sie alle in die gleiche Richtung fegen. Weihnachten hat immer etwas von seiner Freude aus den Wäldern gewonnen. Eicheln und Trauben von roten Beeren schmücken die drahtigen Weinranken auf dem rauhen Stamm des Hackberry-Baums wie Girlanden. Der Atem hängt in einem nebligen Dunst, und ein Kardinalsvogel läßt Rot durch ein leichtes Schneegeriesel blitzen. Eine Freude, zu sein, eine Freude, zu schauen.

Wir danken zuerst Wakan Tanka für seine Güte … Wir sind sicher, seine Seele lebt …

Chased-By-Bears

16. Dezember

Jemand hat einmal scherzhaft gesagt, es gebe etwas, das man nicht mit Géld kaufen könne, nämlich Armut. Aber man kann. Es bedarf keines Geldes, um die reichste Person in der Stadt zu sein. Jeder, der eine lebensgefährliche Situation überstanden hat, weiß, was reich sein ist. Es ist das durch das Herz gesehene Leben – und für den Betreffenden existiert keine Armut. Zum Glück gehören viele Dinge. Oben auf der Liste steht die Gesundheit von Körper, Geist und Seele. Doch das Betrachten des Wechsels der Jahreszeiten, das Berühren der Gesichter von denjenigen, die wir lieben, frische Luft in den Lungen, freies Atmen – all das ist grenzenloser Reichtum. Der Cherokee-Ausdruck für Reichtum ist *nu we hna v i*, aber für den einzelnen besteht er in dem Recht, frei zu sein, zu beten, eigene Entscheidungen zu treffen. Und das sollte uns alle bereichern.

Letztlich ... sind wir verpflichtet ..., gegenseitig auf uns achtzugeben.

Canassatego, 1742

17. Dezember

Eines unserer grundlegenden Bedürfnisse ist es, akzeptiert zu werden. Wir fürchten die Zurückweisung und bilden uns ein, wir seien nur so viel wert, wie andere uns zugestehen. Aber wir dürfen nicht zulassen, daß die Erfahrungen anderer unsere Grenzen festlegen. Das Streben nach Anerkennung ist ein Circulus vitiosus. Ein Außenseiter kann verdächtig sein – einfach, weil er ein Außenseiter ist. Und jeder Mensch muß sich klar darüber sein, daß Selbstachtung und Selbstakzeptanz dem, was andere denken mögen, vorausgehen. Selbstvertrauen bedeutet, zu wissen, wer wir sind – das gilt für Herz, Geist und Seele –, und niemals zu erlauben, daß ein anderer beiseite geschoben wird, weil es ihm an Status fehlt. Der Cherokee glaubt, daß wir *a da de hu to di*, den Großen Geist beleidigen, wenn wir einen aus seiner Schöpfung kritisieren.

Oftmals sind wir wegen unserer angestammten Art der Bekleidung verlacht worden, aber ist irgend etwas, das wir jemals getragen haben, mit der extremen Albernheit des stahlrippigen Korsetts zu vergleichen?

Standing Bear

18. Dezember

Initiative ist der Wille, zu gewinnen. Sie ist die Entscheidung, genau dort anzufangen, wo wir sind, der eigene Anstoß, der uns über den Buckel auf der Straße bringt. Sie ist das Lächeln und der schnelle Schritt, der uns hinweghilft über das, was falsch zu sein scheint. Sie ist die Fähigkeit, den Regenbogen zu sehen, wenn andere über den Regen weinen. Initiative ist eine neue Welle des Mutes, die bewirkt, daß wir uns aufrichten und unsere Hände und Herzen gebrauchen und nicht in Neid und Angst verfallen. Sie ist ein Ausbruch von Stärke, der das Notwendige in die Wege leitet, um in Gang zu kommen. Und der beste Teil der Selbstmotivation ist es, dem Willen mit guter Arbeit zu folgen, mit zusätzlichem Glauben und noch mehr Mut – dieses Mal werden wir Gold machen! Dieses Mal ist eine neue Zeit, ein neues Herz, ein neuer Mensch, der angesichts von Widerstand nicht schlappmachen wird.

Der Große Geist wirft einen Schatten in dein Herz, wenn du etwas zerstörst …

JOE FRIDAY

19. Dezember

Traurigkeit haftet wie Staubteilchen und läßt uns denken, wir könnten uns nicht anders als traurig fühlen. Doch was macht uns traurig? Ist da etwas Greifbares, womit wir uns auseinanderzusetzen vermögen? Oder ist es einfach alles – und doch nichts Bestimmtes? Manchmal gibt es einen Schmerz der Seele, ein tiefsitzendes Wissen, daß alles nicht in Ordnung ist und die Dinge sich verschlimmern. Niemand respektiert irgendeinen anderen, und wann wird das aufhören? Wie können wir glücklich sein, wenn so vieles um uns her schlecht ist? Dies ist unsere Chance, ein Samenkorn des Glücks zu sein, ein Funke der Hoffnung, ein Stern, auf den jemand schauen und ihm aus einer finsteren Lage heraus folgen kann. Wenn wir in die Falle gehen, anzunehmen, daß man von uns erwartet, traurig zu sein, dann sind wir nicht anders als die Unwissenden. Traurigkeit ist ansteckend – doch das gleiche gilt für Glauben und Fröhlichkeit.

Ich werde jetzt von allen Indianern gehört, und sie sind angetan und haben zu mir gesagt, Bruder Teedyuscung, du treibst etwas voran, was gut ist …

Teedyuscung

20. Dezember

Einige Dinge verdienen es, daß wir uns ihrer erinnern, andere, daß man sie vergißt. Manche von uns versäumen es, positiv zu denken und zu sprechen, weil ihr Gedächtnis zu gut funktioniert. Wir brauchen beides, die Erinnerung und das Vergessen, um im Gleichgewicht zu bleiben. Erinnere dich an etwas, das falsch war, um es nicht noch einmal zu erleben, und vergiß etwas, das richtig war, damit es nicht aus lauter Gewohnheit übersehen wird. Tagtäglich geht es darum, das eine aufzusammeln und anderes abzulegen, festzuhalten, was uns wichtig ist, und abzulassen von dem, was wir nicht brauchen. Wenn man glücklich ist, gibt es nichts Schlimmeres als die Vorstellung eines elenden Zustands; wenn man sich dagegen miserabel fühlt, bleibt einem wenigstens die Erinnerung an glückliche Tage, und so erhält man sich die Fähigkeit, aufs neue glücklich zu sein. Erinnere dich mit Verstand – und denk zuweilen daran, zu vergessen.

Wenn die Sonne untergeht, öffnet er Gott sein Herz, und bevor die Sonne wieder über den Hügeln erscheint, dankt er ihm für den während der Nacht gewährten Schutz.

Cornplanter, 1791

21. DEZEMBER

Der Tastsinn ist derjenige unter unseren Sinnen, der am unangemessensten gebraucht wird. Es gibt nichts Lieberes als die Berührung von jemandem, von dem wir wissen, daß wir uns auf ihn verlassen können, oder bei dem wir uns sicher fühlen. Und es gibt nichts weniger Reizvolles als die schwere Hand, die einem nicht nahe kommen kann, ohne zu drücken und auf Kontakt zu bestehen. Oft verbirgt sich hinter solcher Hartnäckigkeit Unsicherheit und das Bedürfnis, wahrgenommen zu werden – manchmal auch unwissende Kühnheit. Je weniger Zärtlichkeit ein Mensch besitzt, desto mehr verlangt er sie von anderen. Wir alle haben es nötig, berührt und freundlich behandelt zu werden, doch nicht jeder hat die Fähigkeit der liebevollen Berührung entwickelt. Wenn sie nichts taugt, merkt man es sofort und ist befremdet. Wenn es eine gedankenvolle und warme Berührung der Verbundenheit ist, wirkt sie beruhigend, in der Art, wie einen die Liebe berührt.

Der Große Geist schaut auf mich und wird mich hören.

HÄUPTLING JOSEPH

22. Dezember

Es hat etwas auf sich mit einem Weihnachtshimmel, wenn die Nacht klar und still ist und die Sterne hell genug sind, um ohne die Hilfe des Mondes auf dem Weg zu leuchten. Die Landschaft liegt ruhig unter einem solchen Himmel, friedlich und heiter, nur mit dem leisesten Ruf einer fernen Eule. Selbst das Vieh bewegt sich langsam in der Herde oder steht still um einen Stapel Heu herum. Die Natur kann das Land beruhigen und uns Frieden geben, wenn wir es zulassen – wenn wir uns einstimmen können in die Stille und die Ruhe spüren, die die Hast von zu viel Geschäftigkeit dämpft. Weihnachten war ein Geschenk für uns. Die Musik der Glocken über die Dachfirste hinweg ist Balsam für die Seele. Dann wissen wir, was es bedeutet, daß wir in die neue Geburt mit eingeschlossen sind.

Indianer lieben ihre Freunde und Verwandten und behandeln sie zuvorkommend.

Cornplanter

23. Dezember

Dies ist die Zeit, freundlich mit uns selbst zu sprechen. Wenn die Zeit und das Lametta deprimierend zu werden beginnen, ist ein wenig Alleinsein keine schlechte Sache. Wer leistet uns besser Gesellschaft als wir selbst? Wer ist wichtiger für unser Wohlbefinden? Sag niemals, allein zu feiern sei nicht der Mühe wert. Wenn wir uns selbst gute Freunde sind, nützen wir anderen. Dies ist die Zeit, um zwei Geschenke einzupacken. Verwende Zeit und Gedanken auf die Auswahl, auf das Papier und auf das Band. Dann gib eines von ihnen jemandem, der noch kein Geschenk bekommen hat – und hebe das andere auf, um es später zu öffnen. Die Cherokee sind eng miteinander verbunden, aber jeder einzelne weiß, wie wichtig es ist, eine Zeit vollkommener Einsamkeit und Feierlichkeit zu verbringen. Wir müssen wissen, daß wir etwas anzubieten haben, wenn wir alle zusammenkommen – uns selbst.

Ich muß etwas geben, das ich wirklich schätze – darum verspreche ich, (mich selbst) meinen Körper zu geben.

Chased-By-Bears

24. Dezember

Alles, was ein Teil der wichtigen Vergangenheit war, ist ein Teil der noch wichtigeren Gegenwart. Wir sind Teile und Bruchstücke desjenigen, der wir gestern und all die vielen Gestern gewesen sind – und wir sind stärkere Menschen mit neuen Augen und neuen Herzen. Dies ist der Tag, für den alle Vorbereitungen getroffen wurden. Er dämmerte wie jeder andere Tag – aber er kam mit Geschenken. Dies ist der Wendepunkt, der Ort, an dem wir beginnen, über den Berg und um die Wegbiegung zu sehen. Ein neuer Weg kommt in Sicht, und es gibt keine Notwendigkeit mehr, über die Schulter zurückzublicken. Was hätte gewesen sein können, kann uns nicht beherrschen oder betrüben. Bessere, glücklichere und freudvollere Zeiten *e gi ni yo ha*, suchen nach uns. Und sie haben uns gefunden.

Der Grund dafür, daß Wakan Tanka nicht zwei Vögel … oder zwei Menschen völlig gleich macht, ist, daß jeder hier seinen Platz hat …, um ein unabhängiges Individuum zu sein, das auf sich selbst gestellt ist.

Okute

25. Dezember

Jeder von uns kennt verwandte Seelen. Es sind jene Leute, die genau wissen, wie wir uns fühlen und was wir denken und brauchen. Sie sprechen selten darüber. Solche Beziehungen bedürfen keiner Diskussion. Ihre stille Gemeinschaft ist Balsam für die Seele und kommt ohne Worte aus. Wo immer wir sind, treffen wir diese besonderen Menschen, die die Einsamkeit kennengelernt und das leere Echo gehört haben, dadurch aber nichts verderben ließen. Sie sind das, was der Cherokee *a ga-li s gv ti tia* nennt. Sie stehen auf der Sonnenseite. Jetzt markieren sie den Weg für uns, indem sie uns sagen, daß das Leben gut ist und wir es richtig machen werden – und was uns wirklich zu hören not tut: daß wir nicht allein sind. Dann können wir uns umwenden und jemand anders an der Hand nehmen, um ihn durch die einsamen Lebenslagen zu führen.

Der Mahner in meiner Brust hat mich den Willen des Großen Geistes gelehrt …

Senachwine

26. Dezember

Es gibt immer einen Weg. Die Lösungen kommen nicht dadurch zustande, daß wir uns mit aller Kraft in ein Problem verbeißen. Wenn wir Abstand halten, um eine bessere Sicht zu gewinnen, haben wir gute Chancen für mehr als eine Lösung – wir können wählen. Wir sind bekannt dafür, daß wir auf der falschen Antwort bestehen – indem wir glauben, der Weg, den wir sehen, sei der einzige. Aber wenn etwas unsere Hand aus ihrem Klammergriff löst, können die Ideen herausfließen wie Wasser aus einem Schlauch. Wenn wir damit aufhören, zu ächzen und zu stöhnen, und unsere Phantasie arbeiten lassen, kann sie in Bereiche vordringen, die unserem gewöhnlichen Wissen unzugänglich sind. Es sollte ein Akt der Vorausschau sein – eine große Erwartung, daß der Große Geist die Antwort dorthin legt, wo wir sie genau in diesem Moment finden können.

Du sandtest nach uns; wir kamen …

Tall Bull

27. Dezember

Wer soll sagen, was heilig ist? Der Tsalagi (Cherokee) glaubt, daß alles heilig ist, was der Große Geist gemacht hat. Ein Berg, ein Baum, der flüsternde Bach ist heilig. So viel ist bei der Übersetzung verlorengegangen, daß wir dazu neigen, auszusondern, was ein anderer für heilig und gut hält. Unsere grenzenlose Verbundenheit mit allem, was heilig ist, kann uns ein großes Verständnis von Frieden und Gesundheit und allem, was nötig ist, geben. Wenn wir dem ausgetretenen Pfad folgen und glauben, wir müßten, um heilig zu sein, arm, niedergeschlagen und Opfer eines zornigen Gottes sein, werden wir zum Narren gemacht. Die Vorstellung, wir sollten uns den Weg verdienen, überfordert uns. Wenn wir die ganze Last niedersetzen und uns dem Licht zuwenden, wird süße Gnade über uns ausgegossen.

Der Große Geist gebot ihm (Pontiac), sich zu setzen: Ich bin der Schöpfer von Himmel und Erde, der Bäume, Seen, Flüsse und aller anderen Dinge. Ich bin der Schöpfer der Menschheit; und weil ich dich liebe, mußt du meinen Willen ausführen.

28. Dezember

Dies ist Amerika – ein Ort, an dem die Menschen der Ablehnung zustimmen können, ohne ihren Status zu verlieren. Hier vermischen sich oft verschiedene Kulturen in einem einzigen Individuum – häufig mit einer stärker ausgeprägten Blutslinie. Jede fügt ihre Eigenart und Stärke dem Ganzen hinzu. Wir sind groß darin, einander zu beschimpfen. Der Indianer wurde als trunksüchtig, faul und leicht zu täuschen bezeichnet. Bevor die Europäer kamen, wußte er nichts von Alkohol, lebte gut, nahm die gesündeste Nahrung zu sich und trug den ganzen Winter die feinsten Pelze. Bei kaltem Wetter ging er oft nach Süden, und die Sommer verbrachte er in den Bergen. Er liebte sein Volk, sein Land, seinen Gott, seinen Frieden. Er ist der wirkliche, der authentische Indianer.

Bei all deinen offiziellen Handlungen muß dein Eigeninteresse zurückstehen. Du sollst auf das Wohl des ganzen Volkes achten und nicht nur die gegenwärtige, sondern auch die nächste Generation im Blick haben – die Ungeborenen der zukünftigen Nation.

Dekanawidah, 1720

29. Dezember

Ländliche Geräusche sind an einem kalten Winterabend in Fülle zu hören. Eine Kuh blökt, Hunde bellen, Stimmen schallen über das gefrorene Land. Der Abend bringt den tröstenden Gedanken an das Zuhause. Holz für das Feuer, Suppe für das Abendessen, eine Katze, die sich auf dem Fensterbrett streckt und darauf wartet, gefüttert zu werden. Und winterliche Sonnenuntergänge sind der Inbegriff von allem, was schön ist. In den letzten paar Minuten, ehe die Sonne untergeht, befeuert sie den Horizont mit glühender Asche, verschleiert die Hügel in Blau und wandelt sich dann zu tiefem Purpur, Rot und Gold – dabei die Baumwipfel vergoldend und sich in Fensterscheiben widerspiegelnd. Wenn es im Winter auch ein paar graue Stunden gibt, so sind doch viel mehr gefüllt mit Gedanken an zu Hause, an Gemeinschaft und mit Zeit, sie zu genießen.

Ich bitte dich … bei allem, was dir heilig und teuer ist …, erhebe dich zur Würde und Größe deiner Stellung als der Vater deiner tapferen kleinen Schar, wirf die Fesseln des bösen Geistes ab …

Keokuk, 1832

30. Dezember

Es gibt Zeiten, da vergessen wir den Weg, den wir zusammen gegangen sind, wie schwierig er war und wie gut. Unbezweifelte Loyalität hat sich zwischen uns entwickelt. Wir wissen, wir können von Verständnis und Freundlichkeit abhängig sein, aber am meisten von Vergebung. Wir haben alles, was wir nicht verstanden, beiseite gelassen, bis es klar wurde, doch wir haben andere nicht ausgeschlossen, nicht ihre Bedeutung vergessen. Der Große Geist schrieb in unseren Vertrag, wir sollten besonders darauf achten, jeden Bruch im Leben mit guten Gedanken, guten Taten und guten Worten zu füllen. Von Anfang an haben wir guten Samen gepflanzt. Jetzt ist die Zeit, die Ernte miteinander zu teilen. Wir werden auf Wegen des Friedens wandeln und anderen signalisieren, daß es gut um uns steht.

Als euer Häuptling habe ich die Pflicht, auf den Pfaden des Friedens euer Vater zu sein und auf dem Kriegspfad euer Anführer und Verteidiger.

KEOKUK, 1832

31. Dezember

Die Wälder waren schon immer ein Ort der Verzauberung, eine Welt filigraner Strukturen und geheimnisvoller Stille. Die schnee- und eisbedeckten Äste riesiger Eichen bilden verwickelte Muster gegen den Himmel, und streifige Spitze, weiß auf weiß, liegt wie in Reihen gekräuselt über dem gefrorenen Teich. Es ist die einzige Zeit des Jahres, in der die weiße Rinde der kahlen Cottonwood-Pappel mit der Landschaft verschmilzt und der hellrote Kardinalsvogel einen scharfen Kontrast dazu bildet. Die Strukturen der Natur sind in Eis geätzt und in uns. Es gibt Stellen in uns, die weich wie Seide sind, *si li gi*, und so glänzend wie Silber, *adelv-negv*. Wir haben Entwürfe in unserer Seele, vielfältig in der Farbe, einsam, belebt mit Wärme und Liebe – und Schönheit, die wir oft als illusionär betrachten. Doch manchmal ist gerade die Illusion das Allerwirklichste.

Du hast uns versprochen, das Wetter werde klar sein und deine Kinder sollten soviel Silber haben, daß sie, wenn sie einander anblicken, so hell aussehen würden wie die aufgehende Sonne.

Häuptling der Ottawa

Erläuterungen zu den Bildmotiven amerikanischer Ureinwohner

Januar: Prähistorische Hopi-Keramikzeichnung, mehrfarbig, ca. 1375–1625, aus Nordostarizona. Aufgezeichnet von Jesse Walter Fewkes 1895.

Februar: Zeichnung eines Kwakiutl-Killerwals, ca. 1900, von einer antiken Seefahrerkultur in Britisch-Kolumbien.

März: Keramikmotiv, ca. 1890–1910, mehrfarbig, aus der Keramiktradition von San Ildefonso Pueblo, New Mexico.

April: Mehrfarbige Keramikzeichnung eines Hirsches mit umrahmenden Blumenmotiven, Zia, ca. 1880–1890, Zia Pueblo, New Mexico.

Mai: Prähistorische Steinscheibe der Mississippi-Issaquena mit eingeflochtenem Schlangenmotiv, ca. 1200–1350, gezeichnet nach dem archäologischen Bericht von Calvin Brown, Moundville Site, Alabama, 1926.

Juni: Prähistorische Hopi-Keramikzeichnung, mehrfarbig, ca. 1375–1625, aus Nordostarizona. Aufgezeichnet von Jesse Walter Fewkes 1895.

Juli: Strahlenumrandete konzentrische Halbkreise aus der präkolumbianischen Mississippi-Kultur (Proto-Caddo), ca. 1200–1350, ausgegraben am Craig Mound, Spiro, Oklahoma.

August: Präkolumbianische Steinscheibe, Moundville, gezeichnet nach der Aufzeichnung von Clarence B. Moore 1905.

September: Querbalkenzeichnung der Cheyenne der Southern Plains, ca. 1878–1880.

Oktober: Korbzeichnung der Chemehuevi (Arizona/Kalifornien), ca. 1900.

November: Mehrfarbige Keramikzeichnung der Zia, ca. 1880–1890, Zia Pueblo, New Mexico.

Dezember: Motiv aus einer prähistorischen Indianerkultur am Mississippi, ca. 1200–1350.

Freundliche Hilfe bei der Lokalisierung und Identifizierung der Bildmotive amerikanischer Ureinwohner leistete Dr. Edwin L. Wade.

Themenverzeichnis

Quellenverzeichnis